연말 연시를 위한 설교

이 윤 근 지음

좋은 책으로 하나님의 사람을 만들어가는

엘   맨

책을 내면서

해마다 송구영신 예배를 드리는 교회들이 많은 것도 사실입니다. 그러나 적절한 성경구절도 없고해서 목회자들이 많은 어려움을 겪는 것도 사실이고 특히 한 교회에서 십년 이상을 시무하신 분들은 더욱 어려운 것입니다. 그래서 필자는 아는 것도 없고 경험도 없지만 다소나마 도움이 되었으면 하는 마음에서 〈연말 연시를 위한 설교〉라는 제목으로 송구영신 예배 강론집을 내놓게 되었습니다. 끝으로 출판을 맡아 수고하신 엘맨출판사 채주희 사장님과 직원 모두에게 감사를 드립니다.

지은이 씀

목차

주여 금년에는…

시 51:10~13

10) 하나님이여 내 속에 정한 마음을 창조하시고 내 안에
정직한 영을 새롭게 하소서
11) 나를 주 앞에서 쫓아내지 마시며 주의 성신을 내게서
거두지 마소서
12) 주의 구원의 즐거움을 내게 회복시키시고 자원하는
심령을 주사 나를 붙드소서
13) 그러하면 내가 범죄자에게 주의 도를 가르치리니 죄
인들이 주께 돌아오리이다

서 론

1994년도 이미 지나갔습니다. 이제 작년도라는 말은 이미 과거라는 말
입니다. 과거는 지나갔으니 아무 소용이 없고 흘러간 물과 같아서 흘러간
물로는 물레방아를 돌릴 수 없음과 같이 흘러간 시간가지고는 아무것도
할 수 없는 것도 사실입니다. 시간은 유수와 같다는 말이 있는데 흘러가
는 시간을 포함해서 흘러오고 있는 시간이 너무나도 빠르게 흐르기 때문
에 아무것도 할 수 없는 처지입니다. 그런데도 새 해는 어김 없이 우리들
앞에 나타나서 금년이라는 새로운 명칭하에 계속해서 흘러가고 있는 것
입니다. 그렇다면 금년에는 어떻게 보내야 할지 한번 알아 보겠습니다.

1. 새로운 마음으로 살아야 합니다.

본문 10 "하나님이여 내 속에 정한 마음을 창조하시고"하였습니다. 마음이란 말은 의식, 감정, 생각, 의지, 정신적인 작용의 총체를 말하는 것입니다. 그런데 지금까지 어떤 마음으로 살았는지 한번 생각하고 금년에는 어떤 생각으로 살아가야 할지를 정해야 합니다. 그런데 바울사도는 말하기를 "너희 안에 이 마음을 품으라 곧 그리스도의 마음이니"(빌 2 : 5) 하였습니다. 예수님의 마음은 온유하고 겸손하며 인애와 자비가 풍성한 그와 같은 마음입니다. 예수님은 남을 사랑하는 마음을 가지고 있습니다. 성 어거스틴은 "마음이 똑바로 향해 있으면 행동도 또한 바르다"하였습니다. 그리고 잠언저자는 기록하기를 "네 마음을 지키라 생명의 근원이 여기서 남이니라"(잠 4 : 23) 하였습니다. 그렇습니다. 금년에는 우리들의 마음은 새로와져서 보다 더 건전한 생각을 가지고 인생을 똑바로 살아야 하겠습니다.

2. 영적으로 새롭게 살아야 합니다.

본문 10 "내 안에 정직한 영을 새롭게 하소서"하였습니다. 영이 새로운 생활을 하는 한해가 되게 살자는 것입니다. 사람은 육신만을 위하여 살 수는 없는 것입니다. 다만 영적으로 새롭게되어 하나님과 깊은 교제를 가지고 신령한 생활을 해야 합니다. 구약에서는 성령의 역사가 특정한 인물들에게 특별하게 역사 하다가 떠나는 수도 있었습니다. 즉 사울왕이 예언도 하였으나 구원과는 연결이 되지 아니하였습니다. 그와 같은 예는 더러 있습니다. 그리하여 시편저자는 "나를 주 앞에서 쫓아내지 마시며 주의 성신을 내게서 거두지 마소서"

(11) 하였습니다. 그러나 신약시대는 그와 같은 법은 없습니다. 다만 성령의 충만함을 받아 (엡 5 : 18) 성령을 근심하게 하는 일이 없도록 살아야 하는 것입니다. (엡 4 : 30) 그리하여 성령 안에서 의와 평강 과 희락하며 살아서 하나님께는 기뻐하심을 받고 사람에게는 칭찬 받는 생활을 해야 합니다. 금년에는 영적으로 신령한 은혜를 체험하 고 사는 복된 한 해가 되어야 하겠습니다.

3. 자원하여 봉사해야 합니다.

본문 12~13 "주의 구원의 즐거움을 내게 회복시키시고 자원하는 심령을 주사 나를 붙드소서 그리하면 내가 범죄자에게 주의 도를 가 르치리니 죄인들이 주께 돌아오리라"하였습니다. 구원의 즐거움을 체 험하고 자원하는 마음으로 봉사해야 합니다. 그렇습니다. 무엇이나 주의 일은 자원하여 즐거움으로 그의 은혜를 보답하겠다는 뜻에서 (시 116 : 12) 해야 합니다. 헌금을 해도 그렇고 봉사를 해도 무엇을 해도 모두 억지나 인색한 마음으로 해서는 안되는 것입니다. 스스로 하고 싶어서 해야 괴롭지를 아니하고 고달프지 아니하며 일을 해도 보람이 있고 즐거움이 있는 것입니다. 그 면에는 무엇을 하든지 스스 로 하고 싶어서 함으로 하나님께는 영광이 되어지고 사람들에게는 덕 이 되어지며 자신에게는 더욱 은혜와 복이 되어야 할 것입니다.

결 론

금년에는 무엇 보다도 먼저 구해야 할 것이 바로 위에서 말한 것들 입니다. 새로운 마음으로 생활이 시작되게 해달라고 기도하고 새로운 영적 생활이 시작되도록 해달라고 기도하며 무엇이나 자원하여 봉사하며 주의 일에 임하게 해달라고 해야 합니다. 그리하여 금년한 해는 이제까지 체험하지 못하였던 것을 체험하고 새로운 생활이 시작 되는 새로운 한 해가 되도록 많은 기도와 응답을 받아 감사하며 사 는 복된 한해가 되시기를 바랍니다.

시작은 중요하다.

시작은 출발점을 말하는데 출발이 좋아야 결과가 좋다. 특히 경주 장을 달리는 선수는 무엇보다도 출발을 잘해야 결과에 큰 영향을 줄 수 있다. 즉 출발 여하가 결과를 좌우할 수 있다는 것이다. 하루의 시 작은 매우 귀하고 한해의 시작도 귀하다. 미국의 성직자인 알렉산더 클락은 "우리의 시작을 잘 지켜보자. 결과들은 그것들 스스로가 잘 관 리할 것이다"하였고 영국의 작가인 윌리엄 셰익스피어는 "처음 시작 할 때 완전 무결하고 출발하라. 그리고 완숙하는 시간이 되기 전에 불 행한 움이 돋나 살펴 보라"하였으며 욥의 친구 빌닷은 "네가 만일 하 나님을 부지런히 구하며 전능하신이에게 빌고 또 청결하고 정직하면 정녕 너를 돌아보시고 네 의로운 집으로 형통하게 하실 것이라 네 시 작은 미약하였으나 네 나중은 심히 창대 하리라"(욥 8 : 5~7)하였 다. 그렇다. 한국 속담에 "시작이 반이라"이라 하였다. 우리는 금년을 무엇을 어떻게 시작하겠는가? 스스로 곰곰이 생각하여 세초부터 세말 까지 하나님께서 함께 하시는 복된 한해가 되어야 하겠다.

한 해만 더

눅 13:6～9

6) 이에 비유로 말씀하시되 한 사람이 포도원에 무화과 나무를 심은 것이 있더니 와서 그 열매를 구하였으나 얻지 못한지라
7) 과원지기에게 이르되 내가 삼년을 와서 이 무화과 나무에 실과를 구하되 얻지 못하니 찍어 버리라 어찌 땅만 버리느냐
8) 대답하여 가로되 주인이여 금년에도 그대로 두소서 내가 두루 파고 거름을 주리니
9) 이후에 만일 실과가 열면 이어이와 그렇지 않으면 찍어 버리소서 하였다 하시니라

서 론

본문 말씀은 예수 그리스도께서 이스라엘 백성들의 회개를 촉구하시며 회개할 수 있는 기회를 연장하고 있는 모습을 볼 수 있으며 오늘의 우리들에게도 해당이 되는 말씀 입니다. 성경에서 포도나 무화과는 이스라엘을 상징하였습니다 (사 5 : 2, 시 80 : 8～11, 호 9 : 10, 렘 24 : 3, 마 21 : 19～22). 그래서 이 비유는 과원은 이스라엘이요 주인은 하나님이시며 과원직이는 예수 그리스도를 말함이요 당시에 3년은 예수 그리스도의 공생애 기간을 말하고 멀리는 은혜 받을 기간

을 말하는 것입니다. 그런데 예수 그리스도가 복음을 그렇게 전해도 이스라엘 민족들은 깨닫지 못하니까 즉 회개하는 기색이 없으니까 주인 되시는 하나님께서는 찍어버리려고 하시니까 예수 그리스도는 끝까지 참아보자는 뜻을 말하는 것입니다. 그리하여 최선을 다해 보자는 것입니다.

1. 무화과는 회개치 않는 자들 입니다.

본문 6 "~와서 그 열매를 구하였으나 얻지 못한지라"하였습니다. 이는 이스라엘 백성들에게 회개를 외쳤으나 사실은 그들은 듣지 아니하고 도리어 예수 그리스도를 죽였습니다. 세례 요한은 그들에게 외치기를 "그러므로 회개의 합당한 열매를 맺고 속으로 아브라함이 우리 조상이라고 생각지 말라 내가 너희에게 이르노니 하나님이 능히 이 돌들로 아브라함의 자손이 되게 하시리라 이미 도끼가 나무 뿌리에 놓였으니 좋은 열매 맺지 아니하는 나무마다 찍어 불에 던지우리라"(마 3:8~10) 하였습니다. 이스라엘 백성들은 회개하라는 경고를 받았으나 그들은 회개치 아니하였습니다. 이스라엘 백성들 뿐만 아니고 오늘의 성도들도 회개치 아니하는 것을 말하는 것입니다. 땅만 버린다는 것은 자신 뿐만 아니고 타인에게 까지도 해를 끼친다는 것입니다. 그도 그럴 수 밖에 없습니다. 요나 한 사람의 회개는 니느웨 성민 12만명이 회개하였습니다. 그러나 한 사람의 회개치 아니함으로 많은 사람들이 죽게 되는 것입니다. 시편 저자는 말하기를 "사람이 회개치 아니하면 저가 그 칼을 갈으심이여 그 활을 이미 당기어 예비하셨도다. 죽일 기계를 또한 예비하심이여 그 만든 살은 화전이로다"(시 7:12~13) 하였습니다.

2. 기회를 더 달라는 것입니다.

본문 8 "대답하여 가로되 주인이여 금년에도 그대로 두소서 내가 두루 파고 거름을 주리니"하였습니다. 이는 주께서 하나님께 중보의 기도를 드리는 것이다. 주님은 지금도 하나님의 우편에 앉아 계시면서 우리를 위하여 기도 하십니다. 바울사도는 기록하기를 "누가 하나님의 택하신 자들을 송사 하리요 의롭다 하신 이는 하나님이시니 그는 하나님 우편에 계신 자요 우리를 위하여 간구하시는 자시니라"(롬 8 : 33~34) 하였고 "하나님은 모든 사람이 구원을 받으며 진리를 아는데 이르기를 원하시느니라 하나님은 한 분이 시요 또 하나님과 사람 사이에 중보도 한 분이시니 곧 사람이신 그리스도 예수라"(딤전 2 : 4~5) 하였으며 "~보라 지금은 은혜 받을만한 때요 보라 지금은 구원의 날이로다"(고후 6 : 2) 하였습니다. 지금도 주께서는 기회를 더 달라고 간구하고 계십니다. 베드로 사도는 기록하기를 "주의 약속은 어떤 이의 더디다고 생각하는 것 같이 더딘 것이 아니라 오직 너희를 대하여 오래 참으사 아무도 멸망치 않고 다 회개하기에 이르기를 원하시느니라"(벧후 3 : 9) 하였습니다. 이는 주께서 하나님께 간구하시며 재림을 늦추시면서 까지 회개하기를 기다리고 계시는 것입니다. 이것이 과원직이의 심정 인 것입니다. 과원직이는 금년에는 거름을 주고 가꾸어 보겠다는 것입니다. 거름을 준다는 것은 완고한 심령을 깊이 파고 은혜의 거름을 더 주시겠다는 것입니다. 하나님은 언제나 죄인이 망하는 것을 기뻐하시지 않고 회개하여 사는 것을 기뻐하십니다 (겔 33 : 11).

3. 끝까지 회개치 않을 때 심판하는 것입니다.

본문 9 "이 후에 만일 실과가 열면 이려니와 그렇지 않으면 찍어 버리소서 하였다 하시니라"하였습니다. 이는 마지막 주께서 하나님께 호소하는 것입니다. 이것이 과원직이의 심정인 것입니다. 한 해만 더 최선을 다 해보고 그래도 시한이 다 되어도 회개의 열매를 맺지 아니한다면 그 때에는 찍어 버리라는 것입니다. 그러나 그 시한이 다 될 때까지는 참아 달라는 것입니다. 그렇습니다. 주님께서 지금까지 참고 계셨지만 주님께서 재림하실 때까지 참아 달라는 것입니다. 주님께서 말씀하시기를 "주인이 가로되 원수가 이렇게 하였구나 종들이 말하되 그러면 우리가 가서 이것을 뽑기를 원하시나이까 주인이 가로되 가만 두어라 가라지를 뽑다가 곡식까지 뽑을까 염려하노라 둘 다 추수 때까지 함께 자라게 두어라 추수 때에 내가 추숫군들에게 말하기를 가라지는 먼저 거두어 불사르게 단으로 묶고 곡식은 모아 내 곡간에 넣으라 하리라"(마 13 : 28~30) 하였습니다. 이는 추수 때는 주님의 재림 때를 말하는 것입니다. 그 때까지 회개치 않는 자는 주님은 책임이 없고 하나님의 뜻에 맡기고 아버지의 처분만 볼 것 뿐 입니다. 예수님은 우리의 죄를 지시고 죽기까지 희생하셨는데 끝까지 참고 하나님께 중보적인 역할을 하시는 것입니다.

결 론

하나님께서는 지금이 심판할 때가 아니냐고 하셔도 예수 그리스도는 조금만 더 기다려 보고 은혜를 베풀어서 회개의 열매를 맺기를 두고 보자는 것입니다. 그리하여 끝까지 참고 견디다가 그래도 회개치 아니할 때는 그만 찍어 버리자는 것입니다. 그래서 금년도 마지막 시간을 보내면서 주님의 음성을 들을 때에 과원지기 처럼 우리 교역자들의 책임이 얼마나 막중한 가를 새삼 느끼지 않을 수 없는 것입니다. 주님의 사랑을 보다 더 진지하게 전하여 한 사람이라도 더 회개의 열매를 맺도록 해야 할 사명이 있다는 것입니다. 그리고 성도들도 주님의 깊으신 마음을 헤아리지 못한 것을 회개하고 내년도에는 주님을 기쁘시게 해드리는 해로 삼고 철저하게 회개하여 회개의 합당한 열매를 맺어야 할 것입니다.

새 해가 되었으니

고후 5:17

17) 그런즉 누구든지 그리스도 안에 있으면 새로운 피조
물이라 이전 것은 지나갔으니 보라 새것이 되었도다

서 론

본문 말씀은 예수 그리스도로 말미암아 중생하여 새로운 사람이
되었다는 뜻 입니다. 다시 말하면 죄로 인하여 죽은 사람이 주의 피
로 새 사람이 되어 옛 사람의 행위는 버렸다는 것입니다. 그렇다면
중생한 사람들은 중생한 사람답게 살아야 한다는 것입니다. 바울사
도는 말하기를 "그러므로 주 안에서 갇힌 내가 너희를 권하노니 너
희가 부르심을 입은 부름에 합당하게 행하여 모든 겸손과 온유로 하
고 오래 참음으로 사랑 가운데서 서로 용납하고 평안의 매는 줄로 성
령의 하나 되게 하신 것을 힘써 지키라"(엡 4:1~3) 하였습니다. 같
은 맥락에서 한 해를 보냈으니 이제 새 해에는 작년보다 더 차원 높

은 생활을 해야 하겠다는 것입니다. 한 해를 뒤돌아보면 너무나도 부끄러워서 견딜 수 없지만 금년에 만회 하겠다는 희망 때문에 그래도 살 맛이 나는 것입니다.

1. 주님의 도우심을 기대해야 합니다

사 43 : 19~20 "보라 내가 새 일을 행하리니 이제 나타낼 것이라 너희가 그것을 알지 못하겠느냐 정녕히 내가 광야에 길과 사막에 강을 내리니 장차 들짐승 곧 시랑과 및 타조도 나를 존경할 것은 내가 광야에 물들을 사막에 강들을 내어 내 백성 나의 택한 자로 마시게 할 것임이라"하였습니다. 이는 하나님께서 사랑하는 자들에게 많은 은혜와 복을 주셔서 은혜를 입은 자들로부터 찬송을 받으시려고 하시는 것입니다. "이 백성은 내가 나를 위하여 지었나니 나의 찬송을 부르게 하려 함이니라"(사 43 : 21) 하였습니다. 하나님께서 하시는 일은 인간은 누구도 예측도 할 수 없습니다. 전도서 저자는 기록하기를 "~그러나 하나님의 하시는 일의 시종(始終)을 사람으로 측량할 수 없게 하셨도다"(전 3 : 11) 하였습니다. 그렇다면 하나님께서 해주시겠지 하는 마음으로 기다리고만 있지 말아야 합니다. 하나님께서는 인간들에게 복을 주시는 과정은 순종과 노력으로 복을 주시는 것입니다. 그러므로 열심히 하나님을 섬기고 (롬 12 : 11) 부지런하게 손으로 일해야 합니다 (신 28 : 12). 그러므로 금년에는 하나님께서 새로운 일을 하실 줄로 믿고 열심히 기도하고 일하는 성도들이 되어서 하나님의 도우심을 받아 새해에는 새로운 변화가 일어나는 복된 가정에 가족들이 되시기를 바랍니다 (겔 36 : 28~32).

2. 신앙생활이 새롭게 되어야 합니다.

겔 36：26～27 "또 새 영을 너희 속에 두고 새 마음을 너희에게
주되 너희 육신에서 굳은 마음을 제하고 부드러운 마음을 줄 것이며
또 내 신을 너희속에 두어 너희로 내 율례를 행하게 하리니 너희가
내 규례를 지켜 행할지라"하였습니다. 시편저자는 기록하기를
"하나님이여 내 속에 정한 마음을 창조하시고 내 안에 정직한 영을
새롭게 하옵소서"(시 51：10) 하였습니다. 바울사도는 기록하기를
"너희는 이 세대를 본받지 말고 오직 마음을 새롭게 함으로 변화를
받아 하나님의 선하시고 기뻐하시고 온전하신 뜻이 무엇인지 분별
하도록 하라"(롬 12：2) 하였습니다. 그렇습니다. 금년에는 지금까
지의 신앙생활이 게으르고 나태했다면 이제부터는 성령의 충만함을
받아 열심을 품고 주를 섬기는 역사가 일어나야 하겠습니다.그리하
여 바울사도처럼 삼층천에 올라갔다오는 일이 일어나든지 (고후 12
：1～4) 아니면 시편저자 처럼 구원의 즐거움을 맛보고 주의 일에 자
원하여 헌신 봉사하는 일이 일어나야 하겠습니다 (시 51：12～13).
여하간 금년에는 작년보다 열심히 신앙생활 하는 해가 되어야
하겠습니다.

3. 육신 생활도 풍족해야 합니다.

신 28：1～6 "네가 네 하나님 여호와의 말씀을 삼가 듣고 내가
오늘날 네게 명하는 그 모든 명령을 지켜 행하면 네 하나님 여호와
께서 너를 세계 모든 민족 위에 뛰어나게 하실 것이라 네가 네 하나님
여호와의 말씀을 순종하면 이 모든 복이 네게 임하며 네게 미치

리니 성읍에서 복을 받고 들에서도 복을 받을 것이며 네 몸의 소생과 네 토지의 소산과 네 짐승의 새끼와 우양의 새끼가 복을 받을 것이며 네 광주리와 떡반죽 그릇이 복을 받을 것이며 네가 들어와도 복을 받고 나가도 복을 받을 것이니라"하였습니다. 그러므로 성도들은 야베스 처럼 기도하여 원하는 소원이 이루어져야 하겠습니다. 야베스는 기도하기를 "야베스가 이스라엘 하나님께 아뢰어 가로되 원컨대 주께서 내게 복에 복을 더 하사 나의 지경을 넓히시고 주의 손으로 나를 도우사 나로 환난을 벗어나 근심이 없게 하옵소서 하였더니 하나님이 그 구하는 것을 허락하셨더라"(대상 4 : 10) 하였습니다. 이는 육신적으로도 잘 된 것을 말하는 것입니다. 그렇습니다. 금년에는 육신적으로도 잘 되어 하나님께 영광을 돌리고 가정 형편도 좋아지는 놀라운 주님의 복된 손길이 함께 해야 할 것입니다.

결 론

새 해가 되었으니 금년에는 인간의 생사화복을 주장하시는 하나님의 은혜와 평강이 함께 하여 하나님께서 권고하시고 복을 주셔서 영적으로는 신령한 은혜가 충만하기를 바라고 육적으로 풍족한 은혜를 받아 구제하며 선한 사업에 최선을 다하는 역사가 집집마다 개인마다 하는 일 마다 형통한 역사가 있기를 바랍니다.

개(犬)해에 붙여

개(犬)는 개과(犬科)에 속하는 짐승이고 가축의 일종이다. 그런데 해마다 짐승의 해로 명명하여 그 해에 태어나는 사람을 개띠, 소

띠, 토끼띠, 범띠, 원숭이띠, 말띠, 각각 짐승들의 이름을 붙여 띠가
세다는 등 여러 가지 말들이 많은 것도 사실이다. 특히 여자들에게
는 말띠 중에도 백말 띠는 시집도 가기 어려운 미신적인 풍습도 없
지 않았다. 이는 띠가 세다 즉 사람이 난 해를 지지 (地支) 의 속성
(屬性) 에 결부시켜 태어난 해의 지지가 나쁘다고 사람을 띠에 매달
려 평생의 운명을 좌우하는 것 같이 야단들이다. 이는 불신자들이
운세에 매달리는 어리석은 행동인 것이다. 그러나 개의 특성에 대하
여 몇가지 알고 좋은 점은 취하고 못된 점은 버리는 지혜를 구해야
할 것이다. 개는 우선 주인을 배신하지 않는다. 개는 도둑을 지킨다.
그리하여 개에 대하여 미담들이 많다. 주인을 구하고 죽은 개도 있
어 개 무덤을 만들어 주었다는 이야기도 있고 반대로 욕심 많은 개
는 입에다 고기를 물고 물에 비치는 그 고기를 다시 물려고 하다가
물고 있는 고기를 물속으로 빠뜨렸다는 이야기도 있고 속담에 "짖는
개는 여위고 먹는 개는 살찐다"는 말도 있다. 이는 세상 모든 것을
보고 징징 짜면 안된다는 것이다. 속담에 "달보고 짖는다"는 격이
다. 여하간 개에 대한 말은 너무나도 많다. "제 밑 핥는 개"이는 제
추한 모습은 모르고 남의 흠만 찾으려는 행위를 꼬집는 말이다. "도
둑개 살안찐다"는 말도 있으며 "돈은 개도 물어가지 않는다"이는 돈
에 초연함을 말하는 것이다. 또한 부도덕한 사람을 "개만도 못한
자"라고 하기도 한다. 성경은 "개가 토한 것을 다시 먹는다"하였다.
"쌀 먹든 개 들키지 않고 등겨 먹든 개 들킨다"는 말도 있는데 이는
고수는 잡히지 않고 졸개만 잡힌다는 뜻이다. 여하간 세상살이가 쉽
지만 아니하다는 것을 알 수 있는데 개에게서도 배울 것은 배우고
버릴 것은 버리는 한 해가 되었으면 한다. 잠언 저자는 기록하기를
"게으른 자여 개미에게 가서 그 하는 것을 보고 지혜를 얻으라"(잠

6 : 6) 하였다. 그렇다면 개에게도 배울 점이 있음을 기억하고 개의
더러운 점은 버리고 좋은 점을 배우는 한 해가되어 금년도 개만 못
하게 사는 해가 아니고 사람으로서 사람답게 사는 한 해가 되었으면
하는 마음 간절하다.

세월을 아끼라

엡 5 : 15〜21

15) 그런즉 너희가 어떻게 행할 것을 자세히 주의하여 지혜 없는 자같이 말고 오직 지혜 있는 자같이 하여
16) 세월을 아끼라 때가 악하니라
17) 그러므로 어리석은 자가 되지말고 오직 주의 뜻이 무엇인가 이해하라
18) 술 취하지 말라 이는 방탕한 것이니 오직 성령의 충만을 받으라
19) 시와 찬미와 신령한 노래들로 서로 화답하며 너희의 마음으로 주께 노래하며 찬송하며
20) 범사에 우리 주 예수 그리스도의 이름으로 항상 아버지 하나님께 감사하며
21) 그리스도를 경외(敬畏)함으로 피차 복종하라

서 론

세월(歲月)은 흘러가는 시간을 말하는 것인데 세상 어느 누구도 흘러가는 시간은 막을 수 없고 잡을 수 없는 것입니다. 로마의 황제였고 철학자였던 마르쿠스 아우렐리우스 안토니우스는 "세월은 일종의 흘러가는 사건들의 강이다. 그 물결은 거세다 한 가지 일이 눈에 띄자마자 그것은 곧 떠내려가고, 다른 것이 그 자리를 차지한다. 이것 또한 떠내려갈 것이다"하였고 미국의 16대 대통령이었던 아브라

함 링컨은 "세월은 허무를 낳는다"하였으며 영국의 속담에 "세월은 사람을 기다리지 않는다"하였습니다. 이 모두의 말들은 세월을 아끼라는 말로 받아 드려져야 하겠습니다. 그래서 금년에는 시간을 아껴서 무엇인가 하나쯤은 해놓은 것이 있도록 해야 할 것입니다.

1. 세월은 살과 같이 빠르기 때문 입니다.

시 90 : 9~10 "우리의 모든 날이 주의 분노 중에 지나가며 우리의 평생이 일식간에 다하였나이다. 우리의 연수가 칠십이요 강건하면 팔십 이라도 그 연수의 자랑은 수고와 슬픔 뿐이요 신속히 가니 우리가 날아가나이다"하였습니다. 이는 인간이 사는 전체를 놓고 보아도 길지 않다는 것입니다. 길지 않는 인생길이 그리 평탄치 많은 아니하고 매우 괴롭다는 것입니다. 욥기서 저자는 기록하기를 "나의 날은 베틀의 북보다 빠르니 소망 없이 보내는구나 내 생명이 한 호흡 같음을 생각하소서 나의 눈이 다시 복된 것을 보지 못하리이다" (욥 7 : 6~7) 하였습니다. 로마 격언에 "세월보다 빠른 것이 없다"하였고 허버트 V. 프로크나우는 "온갖 재능을 다 발휘해도 사람은 세월의 흐름을 막을 수 없다"하였으며 독일 격언에 "오늘의 홍안, 내일은 백골"이라 하였습니다. 그렇습니다. 그러므로 인생들은 세월이 얼마나 빠른가를 알고 그 세월을 아껴서 값지고 보람되게 보내야 하겠습니다. 인간은 시간의 제한을 받고 살도록 지음을 받아 제한된 시간을 다 사용하면 반드시 죽게 되어있습니다 (행17 : 26). 그런 인간이 어떻게 인간의 정욕대로만 살아서야 하겠습니까? (요1서 2 : 16~17) 어센바흐는 "시간을 지배할 줄 아는 사람은 인생을 지배할 줄 아는 사람이다"하였습니다. 그러므로 바울사도처럼 "우리 중에 누구든지 자기를 위하여 사는 자가 없고 자기를 위하여 죽는 자도 없도다 우리가 살아도 주를 위하여 살고 죽어도 주를 위하여 죽나니 그러므로 사나 죽으나 우리가 주의 것이로다"(롬 14 : 7~8) 하였습니다. 세월은 신속히 가는데 죽어도 살아도 주를 위하여 살다가 죽는 성도들이 되도록 해야 하겠습니다.

2. 인간은 나그네와 같기 때문입니다.

창 47 : 9 "야곱이 바로에게 고하되 내 나그네 길의 세월이 일백 삼십년이니이다 나의 연세가 얼마 못되니 우리 조상의 나그네 길의 세월에 미치지 못하나 험악한 세월을 보내었나이다"하였습니다. 나그네는 집을 떠나 여행하는 사람을 말하는데 인생의 세상 살이가 바로 그와 같은 뜻을 가지고 있다는 것입니다. 나그네는 언제인가 반드시 자기의 집으로 돌아가는 것입니다. 히브리서 저자는 기록하기를 "땅에서는 외국인과 나그네로라 증거 하였으니 이같이 말하는 자들은 본향 찾는 것을 나타냄이라 저희가 나온바 본향을 생각하였다면 돌아갈 기회가 있었으려니와 저희가 이제는 더 나은 본향을 사모하니 곧 하늘에 있는 것이라 그러므로 하나님이 저희 하나님이라 일컬음을 받으심을 부끄러워 아니하시고 저희를 위하여 한 성을 예비하셨느니라"(히 11 : 13~16) 하였습니다. 역대상 저자는 기록하기를 "주 앞에서는 우리가 우리 열조와 다름이 없이 나그네와 우거한 자라 세상에 있는 날이 그림자 같아서 머무름이 없나이다"(대상 29 : 15) 이는 인생은 세상에서 영원히 살 수 없음을 말하는 것입니다. 그러므로 나그네와 같은 인생이 고향에 돌아가기 전에 무엇인가 해 놓고 돌아 가도록 세월을 아껴서 고향 가기 부끄럽지 않게 준비하는 일에 최선을 다해야 할 것입니다.

3. 그림자 같기 때문입니다.

시 102 : 11 "내 날이 기울어지는 그림자 같고 내가 풀의 쇠잔함 같으니 이다"하였습니다. 그림자는 잡을 수 없는 것이 특징입니다. 역대상 저자는 "주 앞에서는 우리가 우리 열조와 다름이 없이 나그네와 우거한 자라 세상에 있는 날이 그림자 같아서 머무름이 없나이다"(대상 29 : 15) 하였습니다. 그렇습니다. 인생이 아무리 세상에서 오래 살기를 원한다고 해도 그림자를 잡을 수 없다면 인생의 생명도 한시도 연장 할 수 없다는 것입니다. 그래서 전도서 저자는 기록하기를 "헛된 생명의 모든 날을 그림자 같이 보내는 일평생에 사람에게 무엇이 낙인지 누가 알며 그 신후에 해 아래서 무슨 일이 있을 것을 누가 능히 그에게 고하리요"(전 6 : 12) 하였습니다. 그리고 욥기서 저자는 기록하기를 "우리는 어제부터 있었을 뿐이라 지식이 망매하니 세상에 있는 날이 그림자와 같으니라"(욥 8 : 9) 하였습니다. 그렇습니다. 그림자를 붙잡아 둘 수 없음과 같이 인생은 세상에 영원히 붙잡아 둘 수 없는 것입니다. 그러므로 죽기 전에 세월을 아껴서 무엇인가 보람된 일을 해놓고 죽어야 할 것입니다.

결 론

시간은 고정되어 있지 않고 계속해서 흐르고 있으며 흘러간 시간은 다시 돌아오지 않고 영원히 과거로 사라져 버리는 것입니다. 그러므로 인간들은 시간을 금과 같이 여겨서 보람된 일을 해놓고 죽어

야 할 것입니다. 시간은 살과 같이 빠르고 인간은 나그네와 같은 존
재라서 반드시 죽을 것이며 그림자와 같이 붙잡아 매놓을 수 없는
인생이기 때문에 세월을 아껴서 지혜롭게 살아가야 할 것입니다.

보내면서 맞이하면서

빌 3:12~16

12) 내가 이미 얻었다 함도 아니요 온전히 이루었다 함도
아니라 오직 내가 그리스도 예수께 잡힌 바 된 그것을
잡으려고 좇아가노라
13) 형제들아 나는 아직 내가 잡은 줄로 여기지 아니하고
오직 한 일 즉 뒤에 있는 것은 잊어버리고 앞에 있는 것
을 잡으려고
14) 푯대를 향하여 그리스도 예수 안에서 하나님이 위에
서 부르신 부름의 상을 위하여 좇아가노라
15) 그러므로 누구든지 우리 온전히 이룬 자들은 이렇게
생각할지니 만일 무슨 일에 너희가 달리 생각하면 하나님
이 이것도 너희에게 나타내시리라
16) 오직 우리가 어디까지 이르렀든지 그대로 행할 것이라

서 론

물리적으로는 시간의 변동이 없지만 한 해를 보내면서 또는 맞이하
면서 맞는 시간은 새로운 시간 같은 느낌이 드는 것은 어쩔 수 없는 사
실 입니다. 그래서 송구영신 예배를 드리는 것은 같은 시간이지만 지
나간 시간들을 회상하고 오는 시간들을 설계하는 귀중한 시간으로 다
루고 있는 것입니다. 인간은 언제나 년말에가서 자신을 돌아 보는 습
관을 버리고 범사에 자신을 돌아보며 평상시에 생활을 항상 기뻐하고

쉬지 말고 기도하며 범사에 감사하는 생활들이 되어야 합니다. 바울 사도는 기록하기를 "항상 기뻐하라 쉬지 말고 기도하라 범사에 감사하라 이는 그리스도 예수 안에서 너희를 향하신 하나님의 뜻이니라" (살전 5 : 16~18) 하였습니다. 그러나 한 해를 보내는 마당에서는 생각하는 점이 없을 수 없어 몇가지만 생각하고자 합니다.

1. 온전하게 살았다고 할 수 없습니다.

본문 12 "내가 이미 얻었다 함도 아니요 온전히 이루었다 함도 아니라 오직 내가 그리스도 예수께 잡힌바 된 그것을 잡으려고 좇아 가노라"하였습니다. 한 해를 보내면서 연말에 생각해 보면 정말 온전히 주님의 뜻대로 살았다고 말하기는 매우 어려운 것입니다. 하나님 께서 미워하시는 일들을 얼마나 많이 했을까요 잠언 저자가 기록한 것을 기억하면서 한 해를 뒤돌아 볼 필요성이 있는 것입니다. "여호 와의 미워하시는 것 곧 그 마음에 싫어하시는 것이 육칠 가지니 곧 교만한 눈과 거짓된 혀와 무죄한 자의 피를 흘리는 손과 악한 계교 를 꾀하는 마음과 빨리 악으로 달려가는 발과 거짓을 말하는 망령된 증인과 및 형제사이를 이간하는 자니라"(잠 6 : 16~19) 하였습니다. 그렇습니다. 우리가 하나님의 말씀의 자대로 일년 동안의 생활 을 재 볼 때에 이만 하면 내가 주께서 원하시는 말씀대로 살았다고 자부할 정도로 자신감이 없는 것 속일 수 없는 사실 입니다. 그러므 로 내가 온전히 행하였다고 말하기는 어려운 것입니다. 바울사도처 럼 내가 죄인 중에 괴수라고 하였습니다(딤전 1 : 15). 성경 전체를 보면 은혜를 받은 분들은 모두가 자신들의 부족된 점을 인정하고 회 개하는 모습을 볼 수 있습니다. 우리들도 한 해를 보내면서 성경의

홀륭한 인물들과 같이 그들의 고백과 같은 내용을 되풀이 할 수 밖에 없는 처지에 놓여 있습니다.

2. 잊어버리고 가야 합니다.

본문 13 "형제들아 나는 아직 내가 잡은 줄로 여기지 아니하고 오직 한 일 즉 뒤에 있는 것은 잊어버리고"하였습니다. 우리는 과거에만 매달려 있으면 진보가 있을 수 없고 퇴보만 있을 뿐 입니다. 사람은 과거에만 집착 할 수 없는 것은 위험한 사고방식 입니다. 예수 그리스도께서 말씀하시기를 "예수께서 이르시되 손에 쟁기를 잡고 뒤를 돌아 보는 자는 하나님의 나라에 합당치 아니하니라 하시니라" (눅 9 : 62) 하였습니다. 애굽에서 구원 받아 가나안으로 가는 도중에 이스라엘 백성들은 조금만 어려움이 있으면 모세를 원망하고 하나님을 원망하면서 애굽을 이야기 하는 것입니다. 그리로 돌아가려는 마음을 버리지 못하고 있는 것입니다. 그래서 히브리서 저자는 기록하기를 "잠시 잠깐 후면 오실 이가 오시리니 지체하지 아니하시리라 오직 나의 의인은 믿음으로 말미암아 살리라 또한 뒤로 물러가면 내 마음이 저를 기뻐하지 아니하리라 하셨느니라 우리는 뒤로 물러가 침륜에 빠질 자가 아니요 오직 영혼을 구원함에 이르는 믿음을 가진 자니라"(히 10 : 37~39) 하였습니다. 그래서 잘못한 것은 회개하고 용서 받고 지은 죄는 사함 받은 줄로 믿고 모든 죄를 잊어먹고 지나가야 하겠습니다. 그리고 잘한 것도 잊어먹고 가야 교만하지 아니합니다. 자신에게 유익하지 못한 일들은 속히 잊어먹는 것이 유익한 것입니다.

3. 새로운 각오로 새해를 맞이해야 하겠습니다.

본문 13~14 "앞에 있는 것을 잡으려고 푯대를 향하여 그리스도 예수 안에서 하나님이 위에서 부르신 부름의 상을 좇아가노라"하였습니다. 지금까지는 하나님의 말씀대로 살지 못한 것을 안타깝게 여기고 앞으로 살게 하시는 날까지는 그 동안에 못 다한 일을 만회하겠다는 비장한 각오가 없이는 새해를 맞이할 자격이 없는 것입니다. 지금 죽이지 아니하시고 살려 두시는 것은 허랑 방탕하여 죄를 지으라고 기회를 주심이 아니고 그 동안 실패를 만회할 수 있는 기회를 주심으로 알아야 합니다. 베드로서 저자는 기록하기를 "주의 약속은 어떤 이의 더디다고 생각하는 것 같이 더딘 것이 아니라 오직 너희를 대하여 오래 참으사 아무도 멸망치 않고 다 회개하기에 이르기를 원하시느니라 그러나 주의 날이 도적 같이 오리니 그날에는 하늘이 큰 소리로 떠나가고 체질이 뜨거운 불에 풀어지고 땅과 그 중에 있는 모든 일이 들어나리로다 이 모든 것이 이렇게 풀어지리니 너희가 어떤 사람이 되어야 마땅 하느뇨 거룩한 행실과 경건함으로 하나님의 날이 임하기를 바라보고 간절히 사모하라. 그러므로 사랑하는 자들아 너희가 이것을 바라보나니 주 앞에서 점도 없고 흠도 없이 평강 가운데서 나타나기를 힘쓰라 또 우리 주의 오래 참으심이 구원이 될 줄로 여기라"(벧후 3 : 9~15) 하였습니다. 그러므로 오늘까지 살려 주심에는 반드시 하나님의 뜻이 있음을 기억하고 사는 날까지 열심히 일해서 그 동안에 못 다한 것을 만회하는 한 해로 맞이해야 할 것입니다. 그와 같은 각오도 없이 새 해를 맞이하는 것은 옛 생활을 되풀이 하는 어리석은 생활이 될 것입니다.

결 론

보내는 것은 언제나 아쉬움을 남기는 것입니다. 맞이하는 것은 반 갑고 즐거운 것입니다. 우리가 한 해를 보내면서 그 동안 잘못 한 것 을 회개하고 내년도 부터는 더욱 잘해서 주께 영광을 돌리며 사람들 에게 덕을 세우고 자신과 후손에게는 후회 없는 삶이 되고 복이 되 어야 하겠습니다.

새 사람을 입으라

엽 4 : 22~32

22) 너희는 유혹의 욕심을 따라 썩어져 가는 구습(舊習)을 좇는 옛사람을 벗어버리고
23) 오직 심령으로 새롭게 되어
24) 하나님을 따라 의와 진리의 거룩함으로 지으심을 받은 새사람을 입으라
25) 그런즉 거짓을 버리고 각각 그 이웃으로 더불어 참된 것을 말하라 이는 우리가 서로 지체가 됨이니라
26) 분을 내어도 죄를 짓지 말며 해가 지도록 분을 품지 말고
27) 마귀로 틈을 타지 못하게 하라
28) 도적질하는 자는 다시 도적질하지 말고 돌이켜 빈궁한 자에게 구제할 것이 있기 위하여 제 손으로 수고하여 선한 일을 하라
29) 무릇 더러운 말은 너희 입 밖에도 내지 말고 오직 덕을 세우는 데 소용되는 대로 선한 말을 하여 듣는 자들에게 은혜를 끼치게 하라
30) 하나님의 성령을 근심하게 하지 말라 그 안에서 너희가 구속의 날까지 인치심을 받았느니라
31) 너희는 모든 악독과 노함과 분냄과 떠드는 것과 훼방하는 것을 모든 악의와 함께 버리고
32) 서로 인자하게 하며 불쌍히 여기며 서로 용서하기를 하나님이 그리스도 안에서 너희를 용서하심과 같이 하라

서 론

한 해가 저물어 가는 시점에서 언제나 아쉬워하는 것은 그 동안도 제대로 성도답게 살지 못하였다는 점 입니다. 그래서 주께서는 언제나 거듭난 사람답게 새롭게 살기를 원하고 계십니다. 바울사도는 성도들을 그리스도 안에서 거듭난 새로운 피조물이라고 하였습니다 (고후 5 : 17). 그렇다면 그와 같은 자들은 부르심에 합당하게 살 의무가 있는 것입니다 (엡 4 : 1). 그래서 한 해를 보내고 새 해를 맞이하여 새로운 생활을 해보자는 뜻에서 본문을 택하였습니다. 본문에서는 옛 사람을 벗어 버리고 새 사람을 입으라는 것입니다. 그럼 옛 사람을 벗어버린 생활은 어떤 생활인지 알아 보도록 하겠습니다.

1. 진실을 생명으로 알고 살아야 합니다.

본문 25 "그런즉 거짓을 버리고 각각 그 이웃으로 더불어 참된 것을 말하라 이는 우리가 서로 지체가 됨이니라"하였습니다. 한 해를 진실 되게 살겠다는 것은 매우 좋은 것입니다. 진실 (眞實) 이란 성정이 바르고 헛되지 않는 참된 마음을 말하는 것입니다. 기독교인의 생명은 진실에 있는 것입니다. 다른 종교인들은 몰라도 기독교인들은 진실해야 합니다. 그래서 잠언저자는 기록하기를 "내가 두가지 일을 주께 구하였으니 나의 죽기 전에 주시옵소서 곧 허탄과 거짓말을 내게서 멀리 하옵시며 나로 가난하게도 마옵시고 부하게도 마옵시고 오직 필요한 양식으로 내게 먹이시옵소서 혹 내가 배불러서 하나님을 모른다 여호와가 누구냐 할까 하오며 혹 내가 가난하여 도적질하고 내 하나님의 이름을 욕되게 할까 두려워함이니이다"(잠 30 :

7~9) 하였습니다. 오늘의 이 사회는 거짓이 판을 치고 진실이 없어서 문제가 되는 것입니다. 진실은 진리인 것인데 진리가 빛을 잃으면 아무 쓸모가 없는 것입니다. 도산 안창호는 "꿈속에서라도 진실을 버리지 말라. 꿈에라도 거짓말을 했거든 애통하며 회개하라"하였고 영국의 목사인 요한 웨슬리는 "기독교가 진실하다는 사실을 확실히 증명해주는 것 중의 하나가 바로 하나님의 자녀들은 영광스럽게 죽는다는 것이다"하였으며 영국의 작가인 윌리엄 셰익스피어는 "너자신에게 진실하라. 그럴 때는 밤이 낮을 따라 오는 것같이 어떠한 사람도 너희에게 거짓말을 하지 않게 되리라"하였습니다. 진실의 가치성은 무한 합니다. 잠언 저자는 말하기를 "진실한 증인은 사람의 생명을 구원하여도 거짓말을 뱃는 사람은 속이느니라"(잠 14 : 25) 하였습니다. 속이는 것이 아무 것도 아닌 것 처럼 생각하지만 아담 부부는 속아서 망한 대표 인물 입니다. 그러므로 금년에는 진실하게 살아서 많은 사람의 생명을 구원해 내는 놀라운 역사가 일어나야 하겠습니다.

2. 성내지 말고 살아야 합니다.

본문 26~27 "분을 내어도 죄를 짓지 말며 해가 지도록 분을 품지 말고 마귀로 틈을 타지 못하게 하라"하였습니다. 김경선씨는 말하기를 "분노는 극약과 같아서 빨리 풀면 풀수록 건강을 덜 해친다"하였고 영국의 성직자 매튜 헨리는 "분노가 앞문으로 들어오면 이성은 뒷문으로 달아난다"하였으며 그리스 철학자인 피타고라스는 "분노는 어리석게 시작하여 후회로 끝난다"하였습니다. 분을 내면 반드시 마귀는 틈을 타서 더욱 사건을 어렵게 만든다는 것입니다. 야고보서 저자는 기록하기를 "내 사랑하는 형제들아 너희가 알거니와 사람마다 듣기는 속히 하고 말하기는 더디 하며 성내기도 더디 하라 사람의 성내는 것이 하나님의 의를 이루지 못하느니라"(약 1 : 19~20) 하였습니다. 하나님의 일은 성내가지고 하는 것이 아니고 온유와 덕으로 하는 것입니다. 그래서 바울사도는 기록하기를 "마땅히 주의 종은 다투지 아니하고 모든 사람을 대하여 온유하며 가르치기를 잘 하며 참으며 거역하는 자를 온유함으로 징계할지니 혹 하나님이 저희에게 회개함을 주사 진리를 알게 하실까 하며 저희로 깨어 마귀의 올무에서 벗어나 하나님께 사로잡힌바 되어 그 뜻을 좇게 하실까 함이라"(딤후 2 : 24~26) 하였습니다. 그렇습니다. 분을 내면 마귀가 틈을 타지만 온유함으로 화평을 도모하면 마귀의 올무에서 벗어나게 되는 것입니다. 스타티우스 격언에 "분노는 매사를 그릇 친다" 하였고 영국의 작가인 프란시스 콸스는 "좀 처럼 겁내지 않는 사람이라고 해서 성낼 줄 모르는 것은 아니다. 그는 성내기에 오래 걸린다는 것 뿐이요 일단 성이 나면 걷 잡을 수 없이 강력하고 오래 간직된다. 억누른 인내가 폭발하여 격노하였기 때문이다" 하였으며 로마의 시인 푸불리우스 시루스는 "분노한 사람은 그가 이성을 되찾으면 자기 자신에 대하여 또 다시 분노한다" 하였습니다. 그러므로 분을 내는 것은 자신에게나 타인에게 아무런 유익도 줄 수 없는 무익한 것입니다. 그래서 새 해는 성내지 말고 온유하고 겸손하게 사는 해로 정해야 할 것입니다.

3. 남에게 유익을 주고 살아야 합니다.

본문 28 "도적질 하는 자는 다시 도적질 하지 말고 돌이켜 빈궁한 자에게 구제할 것이 있기 위하여 제 손으로 수고하여 선한 일을 하라"하였습니다. 도적질은 남의 물건을 훔치는 것을 말하는데 이는 남의 소유권을 인정하지 아니하는 처사이고 사회악의 근원이기도 합니다. 특히 성도들은 자기의 유익을 위하여 타인에게 손해를 입혀서는 안되는 것입니다. 바울사도는 기록하기를 "누구든지 자기 유익을 구치 말고 남의 유익을 구하라. 나와 같이 모든 일에 모든 사람을 기쁘게 하여 나의 유익을 구치 아니하고 많은 사람의 유익을 구하여 저희로 구원을 얻게 하라"(고전 10 : 24. 33) 하였습니다. 오늘의 사람들의 생활을 살펴보면 네 것은 내 것이고 내 것은 내 것이라는 식의 사고방식을 가지고 살아가고 있어 극단적인 개인 이기주의나 집단 이기주의가 팽배하여 살벌하다 못하여 삭막한 사회상을 볼 수 있습니다. 그런데 예수 그리스도의 생활은 남에게 해를 끼치지 않고 살았습니다. 심지어는 죄인들을 위하여 오직 하나밖에 없는 귀한 생명까지도 희생시키셨습니다. 그래서 사랑의 극치인 사랑을 몸소 실천하신 것입니다 (요 3 : 16, 롬 5 : 8, 요 15 : 13). 구제는 매우 아름다운 것입니다. 자신이 땀흘려 벌어서 가난하고 불쌍한 사람들에게 나누어 주는 것은 매우 귀한 것입니다. 고린도서 저자는 기록하기를 "～저희와 모든 사람을 섬기는 너희의 후한 연보를 인하여 하나님께 영광을 돌리고"(고후 9 : 13) 하였습니다. 그래서 금년에는 하나님의 영광을 위하여 열심히 일하여 많은 물질의 복을 받아 흩어 구제하고 더욱 부자되는 역사가 일어나기를 바랍니다. (잠 11 : 24～27) 그러므로 금년에는 성도들이 무엇보다도 많은 사람들에게 유익을 주는 한 해가 되어야 할 것입니다.

결 론

새 해를 맞이하여 새 사람을 입어 새 사람답게 살아서 하나님께 영광을 돌리는 생활이 되어야 하겠습니다. 그렇게 하기 위해서는 진실되게 살아야 하겠고 온유하여 화 내는 일이 없이 인자한 모습을 보이며 살아야 하겠으며 남에게 유익을 주는 생활이 있어야 하겠습니다.

새 사람을 입으라

엡 4 : 29~32

29) 무릇 더러운 말은 너희 입 밖에도 내지 말고 오직 덕을 세우는 데 소용되는 대로 선한 말을 하여 듣는 자들에게 은혜를 끼치게 하라
30) 하나님의 성령을 근심하게 하지 말라 그 안에서 너희가 구속의 날까지 인치심을 받았느니라
31) 너희는 모든 악독과 노함과 분냄과 떠드는 것과 훼방하는 것을 모든 악의와 함께 버리고
32) 서로 인자하게 하며 불쌍히 여기며 서로 용서하기를 하나님이 그리스도 안에서 너희를 용서하심과 같이 하라

서 론

유혹의 욕심을 따라 썩어져 가는 구습을 좇는 옛 사람을 벗어 버리고 오직 심령으로 새롭게 되어 하나님을 따라 거룩함으로 지으심을 받은 새 사람을 입어라 하였습니다. 새 사람이라는 것은 옛 사람의 반대되는 말이고 다시는 종노릇 하지 아니하는 생활을 말하는 것입니다 (롬 6 : 6). 그러므로 새 해에는 보다 더 성도답게 사는 한 해가 되도록 해야 할 것입니다.

1. 은혜로운 말을 해야 합니다.

본문 29 "무릇 더러운 말은 너희 입밖에도 내지 말고 오직 덕을 세우는데 소용되는 대로 선한 말을 하여 듣는 자들에게 은혜를 끼치게 하라"하였습니다. 그 동안에 말로서 하나님의 영광을 가리우고 사람들에게 덕을 세우지 못하며 큰 해를 입혔다면 이제 새 해부터는 덕스러운 말을 해서 듣는 자들로 하여금 은혜를 받도록 해야 할 것입니다. 하나님께서 인간을 지으신 목적 중에 하나가 하나님을 찬송하는데 있는데 (사 43 : 21) 그 혀로 하나님을 원망하고 형제를 저주하는 일은 문제가 된다는 말 입니다. 잠언 저자는 기록하기를 "성읍은 정직한 자의 축원을 인하여 진흥하고 악한 자의 입을 인하여 무너지느니라"(잠 11 : 11) 하였고 민수기서 저자는 기록하기를 "~너희 말이 내 귀에 들린 대로 내가 너희에게 행하리니"(민 14 : 28) 하였습니다. 이는 말의 중요성을 알도록 하신 말씀인 것입니다. 우리 한국의 할머니들은 대부분 손자를 업고 하는 말이 아이 귀여운 내새끼 하면서 망할놈 망할놈 하는 말은 아무렇지도 않게 하는데 만약 계속하여 그와 같은 말만 하였다면 한국은 후진국을 영영 면치 못했을 것입니다. 그런데 다행한 것은 아이들이 코가 흘러나오니까 걸레를 코에 대면서 홍해라 홍해 하는 말 때문에 오늘의 중진국이라도 되었다는 것입니다. 천만 다행한 일입니다. 잠언 저자는 기록하기를 "경우에 합당한 말은 아로새긴 은쟁반에 금사과니라"(잠 25 : 11) 하였고 독일의 작가인 요한 고트프리드 폰 헤르더는 "해서 안될 말은 혀로써 봉하라. 황금의 보배보다 한 마디의 말을 소중히 하라"하였으며 잠언 저자는 "나무가 다하면 불이 꺼지고 말장 이가 없어지면 다툼이 쉬느니라"(잠 26 : 20) 하였습니다. 그러므로 금년에는 은

혜스러운 말을 해서 많은 사람들에게 은혜를 끼치는 해로 삼아야 하
겠습니다. 그 이유는 사람의 복록이 그 입술에 있느니라 하신 주님
의 말씀이 있기 때문입니다.

2. 성령을 근심케 말아야 합니다.

본문 30~31 "하나님의 성령을 근심하게 하지 말라 그 안에서
너희가 구속의 날까지 인치 심을 받았느니라 너희는 모든 악독과 노
함과 분냄과 떠드는 것과 훼방하는 것을 모든 악의와 함께 버리고"
하였습니다. 성령을 근심케 한다는 말은 죄를 지어서 성령을 근심케
한다는 말입니다. 하나님께서 인간을 지으신 목적이 있다면 영광과
찬송을 받으시는데 있습니다 (사 43 : 7, 21). 그런데 그와 같은 사명
을 가지고 태어난 인간들이 하나님의 말씀대로 살지 아니하고 자기
의 마음대로 살아서 하나님의 마음을 근심케 하였습니다. 창세기 저
자는 기록하기를 "여호와께서 사람의 죄악이 세상에 관영함과 그 마
음의 생각의 모든 계획이 항상 악할 뿐임을 보시고 땅위에 사람 지
으심을 한탄하사 마음에 근심하시고 가라사대 나의 창조한 사람을
내가 지면에서 쓸어 버리되 사람으로부터 육축과 기는 것과 공중의
새까지 그리하리니 이는 내가 그것을 지었음을 한탄함이니라 하시
니라"(창 6 : 5~7) 하였습니다. 여기서 말하는 근심은 인간들이 말
하는 육을 위한 것이 아니고 오직 인간들이 망하는 것을 보시고 근
심하는 것입니다. 인간들은 먹을 것과 마실 것을 위하여 근심하고
걱정하지만 하나님은 그와는 반대로 인간들이 죄를 지으면 그들이
지옥 가는 것을 안타깝게 여기시고 마음에 근심하시는 것입니다. 그
러므로 금년에는 죄를 멀리하여 하나님을 기쁘시게 해드려야 하겠

습니다. 그렇게 하기 위해서는 지은 죄를 회개하고 요셉 처럼 죄를 피하여 도망가는 생활을 해야 할 것입니다.

3. 사랑하고 용서하고 살아야 합니다.

본문 32 "서로 인자하게 하며 불쌍히 여기며 서로 용서하기를 하나님이 그리스도 안에서 너희를 용서하심과 같이 하라"하였습니다. 하나님께서는 서로 사랑하고 살기를 원하고 계시고 서로 용서하며 살기를 바라고 계시는 것입니다. 기독교는 사랑의 종교라고 누구나 알고 있는 것입니다. 이는 인간이 하나님을 사랑하는 상향적(上向的)인 사랑을 말하는 것이 아니고 하나님이 인간을 먼저 사랑하시는 하향적(下向的)인 사랑인 것입니다. 즉 먼저 사랑하시는 사랑을 말하는 것입니다. 요한서 저자는 기록하기를 "우리가 사랑함은 그가 먼저 우리를 사랑하셨음이라 누구든지 하나님을 사랑하노라 하고 그 형제를 미워하면 이는 거짓말 하는 자니 보는바 그 형제를 사랑치 아니하는 자가 보지 못하는바 하나님을 사랑할 수가 없느니라 우리가 이 계명을 주께 받았나니 하나님을 사랑하는 자는 또한 그 형제를 사랑할지니라"(요1서 4 : 19~21) 하였습니다. 즉 서로가 사랑치 않는 자는 하나님께 속하지 아니하였다고 까지 말씀 하십니다(요1서 4 : 6~8). 그러므로 우리들은 하나님을 먼저 사랑하고 형제를 사랑하며 살아야 하겠습니다(마 22 : 37~40). 사랑은 하나님께 속한 것입니다. 그러므로 위로는 하나님을 사랑하고 아래로는 사람을 사랑하며 사는 한 해가 된다면 이는 무엇보다도 중요한 것입니다. 특히 사랑의 열매로 용서하고 산다면 이는 자신에게 큰 복이 되는 것입니다. 이에 대하여 잠언 저자는 "허물을 용서하는 것이 자기의 영광이니라"(잠 19 : 11) 하였습니다. 그러므로 금년에는 예수 그리스도의 용서하심과 같이 스데반과 같이 손양원목사님과 같이 용서하면서 살아서 영광된 삶을 살아야 하겠습니다.

결   론

새 해에는 새 사람을 입어 새로운 생활이 시작하여야 될 것입니다. 그렇게 하기 위해서는 다윗처럼 기도해야 합니다. 그는 기도하기를 "하나님이여 내 속에 정한 마음을 창조하시고 내 안에 정직한 영을 새롭게 하소서"(시 51 : 10) 하여야 하겠습니다. 그리하여 새 해는 새로운 생활이 시작되어 금년에는 무엇인가 달라져야 할 것입니다.

변화된 생활을 하자

롬 12:1~2

1) 그러므로 형제들아 내가 하나님의 모든 자비하심으로
너희를 권하노니 너희 몸을 하나님이 기뻐하시는 거룩한
산 제사로 드리라 이는 너희의 드릴 영적 예배니라
2) 너희는 이 세대를 본받지 말고 오직 마음을 새롭게 함
으로 변화를 받아 하나님의 선하시고 기뻐하시고 온전하
신 뜻이 무엇인지 분별하도록 하라

서 론

한 해를 보내면서 생각해 보면 아쉬운 점이 적지 않게 많은 것을
누구나 느낄 수 있는 것입니다. 그렇다면 해마다 되풀이 되는 고정관
념에서 벗어나 과감하게 변화를 가져와야 할 것입니다. 시대는 변화
되고 있는데 시대를 따라 변화 되라는 말이 아니고 옛 사람을 벗어나
새 사람으로 변화를 모색하라는 것입니다. 그래서 시대를 본 받지 말
라고 하나님의 선하시고 기뻐하시는 생활을 하자는 것입니다. 변화
(變化)란 말은 변하여 다른 모습이 되는 것을 말하는 것입니다. 새
해를 맞이하여 지금까지의 생활에서 변화된 모습을 보여주는 한 해
가 되어야 하겠습니다.

1. 마음과 영을 새롭게 해야 합니다.

겔 18 : 31~32 "너희는 범한 모든 죄악을 버리고 마음과 영을 새롭게 할지어다 이스라엘 족속아 너희가 어찌하여 죽고자 하느냐 나 주 여호와가 말하노라 죽는 자의 죽는 것은 내가 기뻐하지 아니하노니 너희는 스스로 돌이키고 살지니라"하였습니다. 새 해를 맞이했으니 지금까지 지은 죄를 회개하는 생활이 무엇 보다도 우선되어야 그 다음에 변화된 모습을 볼 수 있습니다. 그렇게 하기 위해서 무엇이나 할 수 있는 마음의 변화가 무엇 보다도 필요한 것입니다. 사람이 마음이 변화되지 아니하면 생활은 더욱 변화되지 아니하는 것입니다. 이는 성령님께서 변화되게 하시지 아니하면 불가능한 것입니다. 성령님께서 우리들의 마음을 예수 그리스도의 마음으로 변화시키시면 분명히 변화된 생활을 할 수 있는 것입니다. 그렇게 해서 마음을 지키면 생명의 근원이 그것에서부터 난다는 것입니다(잠 4 : 23). 그리스의 철학자인 플라톤은 "사람이 가진 것 가운데서 하나님 다음으로 위대한 것은 그 마음이다"하였고 예수 그리스도는 "마음이 청결한 자는 복이 있나니 저희가 하나님을 볼 것이요"(마 5 : 8) 탈무드는 "하나님은 먼저 사람의 마음을 보시고 그리고 나서 두뇌를 보신다"하였습니다. 여하간 금년에는 심령이 변화되어 예수 그리스도의 은혜를 다북히 받는 한 해가 되어야 하겠습니다.

2. 생활의 변화가 있어야 합니다.

엡 4 : 24~28 "하나님을 따라 의와 진리의 거룩함으로 지으심을 받은 새 사람을 입어라 그런즉 거짓을 버리고 각각 그 이웃으로 더불어 참된 것을 말하라 이는 우리가 서로 지체가 됨이니라 분을 내어도 죄를 짓지 말며 해가 지도록 분을 품지 말고 마귀로 틈을 타지 못하게 하라 도적질 하는 자는 다시 도적질 하지 말고 돌이켜 빈궁한 자에게 구제할 것이 있기를 있기 위하여 제 손으로 수고하여 선한 일을 하라"하였습니다. 사람이 회개한 내적 증거는 심령의 변화가 생기고 외적 증거는 생활의 변화가 생기는 것입니다. 그리하여 외적인 증거로서는 십자가를 짊어지고 주님 걸어가신 그 뒤를 따라가는 것입니다. 그 십자가는 예수 그리스도가 지신 십자가를 생각하고 나도 내게 당한 십자가를 지는 것입니다. 이사야 선지자는 예수 그리스도에 대하여 기록하기를 "그가 찔림은 우리의 허물을 인함이요 그가 상함은 우리의 죄악을 인함이라"(사 53 : 5∼6) 하였습니다. 그렇다면 우리들이 짊어질 십자가는 무엇인가(마 16 : 24, 벧전 4 : 13∼19, 갈 6 : 16). 우리가 짊어질 십자가는 사랑의 십자가 입니다(요 15 : 13). 사랑하기가 얼마나 어려운지 사랑하는 것을 십자가라고 하였습니다. 원수까지 사랑하는 것이 그리 쉽지만은 아니합니다(롬 13 : 9∼21). 다시 말해서 말과 혀로만 사랑하는 것이 아니고 진실함과 행함으로 사랑하기가 매우 어렵다는 것입니다(요1서 3 : 18). 무고하게 미워하는 자나(시 69 : 4) 자신은 사랑하는데 상대편에서는 도리어 대적하는 것을 사랑하는 것이 십자가라 그 말입니다(시 109 : 4). 용서의 십자가를 지는 것입니다(엡 4 : 32). 요셉처럼 용서를 해야 합니다(창 50 : 17∼21). 용서하는 것은 십자가를 지는 것이기 때문에 자기의 영광이 되는 것입니다(잠 19 : 11). 그러므로 금년에는 십자가를 지면서 생활의 변화를 받아 십자가 지는 심정으로 진실을 말하고 분을 내지 말고 선한 일을 해야 할 것입니다.

3. 말의 변화가 있어야 합니다.

엡 4 : 29 "무릇 더러운 말은 너희 입밖에도 내지 말고 오직 덕을
세우는데 소용이 되는 대로 선한 말을 하여 듣는 자들에게 은혜를
끼치게 하라"하였습니다. 성도들에게는 말이 얼마나 중요한지 알 수
없는 것입니다. 자신의 복록에도 좌우되는 것입니다. 그리고 한 성
이 흥하고 망하기도 할 수 있습니다. 잠언 저자는 기록하기를 "성읍
은 정직한 자의 축원을 인하여 진흥하고 악한 자의 입을 인하여 무
너지느니라"(잠 11 : 11) 하였습니다. 그러므로 성도들은 선한 말을
하여 듣는 자들에게 은혜를 끼치게 해야 할 것입니다. 가정에서나
교회에서 화평을 도모하는데 가장 필요한 것이 바로 말이라는 것입
니다. 그래서 잠언 저자는 말하기를 "나무가 다하면 불이 꺼지고 말
장이가 없어지면 다툼이 쉬느니라"(잠 26 : 20) 하였고 "경우에 합
당한 말은 아로새긴 은쟁반에 금사과니라"(잠 25 : 10) 하였습니다.
악인이 악담을 한다면 믿는 사람들은 선한 말을 해야 합니다. 선한
말이라는 것은 축복을 말하고(롬 12 : 14) 악담은 저주를 말하는 것
입니다. 저주는 타인에게만 문제가 되는 것이 아니고 자신에게도 저
주가 되는 것입니다. 시편 저자는 "저가 저주하기를 좋아하더니 그
것이 자기에게 임하고 축복하기를 기뻐 아니하더니 복이 저를 멀리
떠났으며 또 저주하기를 옷 입듯 하더니 저주가 물 같이 그 내부에
들어가며 기름 같이 그 뼈에 들어갔나이다"(시 109 : 17~18) 하였
습니다. 유대경전에 "너는 아침 해 같이 명랑한 것을 말하라. 그렇지
않으면 침묵하라"하였고 중국의 도덕가인 공자는 "군자는 행동으로
말하고 소인은 혀로 말한다"하였으며 미국의 수필가인 랄프 왈도 에
머슨은 "다정스런 말, 조용한 말은 결국 가장 힘있는 말이다. 이런

말은 가장 사람을 신뢰케 하고 또 억압하고 정복하는 것이다"하였습니다. 그러므로 금년에는 말하는 모습도 변화를 받아야 하겠습니다.

결 론

금년에는 어느 때보다도 변화를 받아서 하나님께는 영광을 돌리고 사람들에게는 덕을 세우며 자신에게는 은혜와 복이 임하도록 해야 할 것입니다. 그렇게 하기 위하여 마음이 먼저 변화되고 그 다음에는 생활이 변화되며 끝으로 말이 변화되어 선한 말을 해서 복음을 전파하여 하나님의 영광을 나타내는 생활이 되어야 할 것입니다.

하나님의 뜻대로 살자

마 7 : 21～23

21) 나더러 주여 주여 하는 자마다 천국에 다 들어갈 것
이 아니요 다만 하늘에 계신 내 아버지의 뜻대로 행하는
자라야 들어가리라
22) 그날에 많은 사람이 나더러 이르되 주여 주여 우리가
주의 이름으로 선지자 노릇하며 주의 이름으로 귀신을 쫓
아내며 주의 이름으로 많은 권능을 행치 아니하였나이까
하리니
23) 그때에 내가 저희에게 밝히 말하되 내가 너희를 도무
지 알지 못하니 불법을 행하는 자들아 내게서 떠나가라
하리라

서 론

사도행전 저자는 기록하기를 "누구든지 주의 이름을 부르는 자는
구원을 얻으리라 하였느니라"하였습니다. 그런데 주님은 "나더러 주
여 주여 하는 자마다 다 천국에 갈 것이 아니요 다만 하늘에 계신 내
아버지의 뜻대로 행하는 자라야 들어가리라"(21) 하였습니다. 그래서
바울사도는 기록하기를 "너희는 이 세대를 본 받지 말고 오직 마음
을 새롭게 함으로 변화를 받아 하나님의 선하시고 기뻐하시고 온전
한 뜻이 무엇인지 분별하라"(롬 12 : 2) 하였습니다. 그래서 금년에

는 하나님의 뜻이 무엇이지 확실하게 분별하여 살아드리는 복된 한 해가 되어야 하겠습니다.

1. 영생을 목적으로 신앙생활 해야 합니다.

요 6 : 40 "내 아버지의 뜻은 아들을 보고 믿는 자마다 영생을 얻는 것이니 마지막 날에 내가 이를 다시 살리리라 하시니라"하였습니다. 지금까지야 어떤 목적에서 신앙생활을 하였든지 간에 상관하지 말고 앞으로는 예수를 믿는 목적이 병을 고치기 위해서 아니면 가난을 면하기 위하여 아니면 문제를 해결하기 위하여 신앙생활을 하지 말고 영생복락을 위하여 신앙생활을 해야 합니다. 그런데 많은 사람들은 영생보다는 세상적인 문제를 해결하려고 신앙생활 하는 것을 볼 수 있습니다. 그래서 구원받을 만한 믿음은 아무나 가지는 것이 아니고 오직 하나님의 은혜로 믿음을 선물로 받게 되는 것입니다 (엡 2 : 8). 그리하여 믿음은 모든 사람의 것이 아니라고 합니다 (살후 3 : 2). 그럼 누구의 것입니까? 사도행전 저자는 기록하기를 "이방인들이 듣고 기뻐하여 하나님의 말씀을 찬송하며 영생을 주시기로 작정된 자는 다 믿더라"(행 13 : 48) 하였습니다. 여기서는 영생을 주시기로 선택된 자만 믿는다는 말입니다. 그렇습니다. 믿음은 인간편에서 나는 것이 아니고 하나님 편에서 주시기 때문에 아무나 믿을 수 없는 성질의 것입니다. 그리고 믿음의 결국은 물질의 복을 받는 것이 아니고 물질의 복은 믿고 그의 말씀대로 순종하여 받는 것입니다 (신 28 : 1~14). 그리고 믿는 결과는 병고침을 받는 것이 아니고 믿는 자들에게 따르는 표적입니다 (막 16 : 17, 약 5 : 15). 오직 믿음의 결국은 영혼이 구원받아 영생복락에 이르는 것입니다 (벧

전 1:9). 그러므로 예수를 믿는 정신이 죄로 인하여 죽은 영혼이
예수 그리스도를 통하여 구원받아 영생을 회복하는데 있음을 알고
올바른 신앙생활을 해야 합니다. 그와 같은 사상으로 올해부터 신앙
생활에 임해야 하겠습니다.

2. 구별되게 살아야 합니다.

살전 4:3~8 "하나님의 뜻은 이것이니 너희의 거룩함이라 곧
음란을 버리고 각각 거룩함과 존귀함으로 자기의 아내 취할 줄을 알
고 하나님을 모르는 이방인과 같이 색욕을 좇지 말고 이 일에 분수
를 넘어서 형제를 해하지 말라 이는 우리가 너희에게 미리 말하고
증거한 것과 같이 이 모든 일에 주께서 신원하여 주심이니라 하나님
이 우리를 부르심은 부정케 하심이 아니요 거룩케 하심이니 그러므
로 저버리는 자는 사람을 저버림이 아니요 너희에게 그의 성령을 주
신 하나님을 저버림이니라"하였습니다. 그렇습니다 예수를 믿는 사
람들을 가리켜 성도(聖徒)라고 부릅니다. 이는 구별된 백성이라는
뜻이 내포되어 있습니다. 그렇습니다. 예수를 믿는 사람들은 믿지
아니하는 사람들 보다는 구별되게 살아야 합니다. 그렇게 살기 위해
서는 하나님을 두려워 하는 믿음이 있어야 합니다. 바울사도는 이에
대하여 기록하기를"그런즉 사랑하는 자들아 이 약속(영생)을 가진
우리가 하나님을 두려워 하는 가운데서 거룩함을 온전히 이루어 육
과 영의 온갖 더러운 것에서 자신을 깨끗케 하자"(고후 7:1)하였
습니다. 그렇습니다. 성도들은 부르심에 합당하게 살아야 합니다
(엡 4:1). 예수를 믿는 성도들은 믿지 아니하는 사람들 보다는 행
동도 다르고 말하는 것도 달아야 합니다. 그래야 하나님께 영광이

되고 사람들에게 전도가 되는 것입니다. 예를 든다면 믿지 않는 사람들은 자기 유익을 위하여 산다면 예수를 믿는 성도들은 남의 유익을 구하여 그들이 구원을 받게 하는 생활이 있어야 합니다(고전 10 : 33). 그래서 주님께서는 "너희 착한 행실을 모든 사람들에게 보여 그들로 하여금 하나님께 영광을 돌리게 하라"(마 5 : 16) 하였습니다. 여하간 믿지 아니하는 사람들 보다는 생활이 더욱 아름다워야 합니다. 그러므로 금년에는 믿지 않는 사람들과 같이 살지 말고 그들과는 다르게 살아야 하겠습니다.

3. 감사하면서 살아야 합니다.

살전 5 : 18 "범사에 감사하라 이는 그리스도 예수 안에서 너희를 향하신 하나님의 뜻이니라" 하였습니다. 바울사도는 기록하기를 "그리스도의 평강이 너희 마음을 주장하게 하라 평강을 위하여 너희가 감사하는 자가 되라 그리스도의 말씀이 너희 속에 풍성히 거하여 모든 지혜로 피차 가르치며 권면하고 시와 찬미와 신령한 노래를 부르며 마음에 감사함으로 하나님을 찬양하고 또 무엇을 하든지 말에나 일에나 다 주 예수의 이름으로 하고 그를 힘입어 하나님께 감사하라"(골 3 : 15~17) 하였습니다. 헬리팩스경은 "감사할 줄 아는 마음씨는 돈으로 살 수 없는 것 중의 하나이다. 이것은 타고나야지 이 세상의 어떤 것으로도 창조할 수 없다" 하였고 시편 저자는 기록하기를 "감사로 하나님께 제사를 드리며 지극히 높으신 자에게 네 서원을 갚으며"(시 50 : 14) 하였으며 고종은 "몸에 한 가닥 실오라기라도 감았거든 항상 베짜는 여인의 소고를 생각하고 하루 세끼니 밥을 먹거든 매양 농부의 노고를 생각하고 감사하라" 하였습니다. 감사는 성도들의 은혜 보답하는 증거요 하나님의 복을 더 받게하는 비결도 되는 것입니다. 바울은 "사람들의 하나님께 드리는 많은 감사를 인하여 넘쳤느니라"(고후 9 : 12) 하였습니다. 그러므로 금년에는 감사하는 해가 되어지도록 노력해야 하겠습니다.

결 론

하나님의 뜻은 영생을 목적으로 예수를 믿는 것이고 거룩하게 사는 일이며 감사하는 생활인 것입니다. 그리고 주를 위하여 고난을 받고(벧전 4 : 19) 주의 몸된 교회를 위하여 고난을 받는 것입니다. 그러므로 금년에는 하나님의 뜻대로 살아서 영육간에 복을 받는 한 해가 되어야 하겠습니다.

금년에는 순종하여 복을 받자

삼상 15 : 21～23

21) 다만 백성이 그 마땅히 멸할 것 중에서 가장 좋은 것
으로 길갈에서 당신을 하나님 여호와께 제사하려고 양과
소를 취하였나이다
22) 사무엘이 가로되 여호와께서 번제와 다른 제사를 그
목소리 순종하는 것을 좋아하심같이 좋아하시겠나이까
순종이 제사보다 낫고 듣는 것이 수양의 기름보다 나으니
23) 이는 거역하는 것은 사술(邪術)의 죄와 같고 완고한
것은 사신(邪神) 우상에게 절하는 죄와 같음이라 왕이
여호와의 말씀을 버렸으므로 여호와께서도 왕을 버려 왕
이 되지 못하게 하셨나이다

서 론

본문 말씀은 하나님께서 사울 에게 아말렉 사람을 진멸하라고 하
셨는데 사울은 그 말씀을 거역하고 양과 소를 다 멸하지 아니하고 그
중에서 좋은 양과 소를 남겨두었습니다. 그런데 그가 말하기를 그것
은 하나님께 제사 드리기 위하여 남겨놓았다고 하였습니다. 이 말을
들은 사무엘 제사장은 하나님의 말씀을 청종하는 것이 제사 드리는
것보다 더 낫다고 하면서 불순종은 사신 우상에게 절하는 것과 같은
것이라 하였습니다.

1. 항변 없이 순종해야 합니다.

요 6 : 5～13 "예수께서 눈을 들어 큰 무리가 자기에게로 오는 것을 보시고 빌립에게 이르시되 우리가 어디서 떡을 사서 이 사람들로 먹게 하겠느냐 하시니 이렇게 말씀하심은 친히 어떻게 하실 것을 아시고 빌립을 시험코자 하심이라 빌립이 대답하되 각 사람으로 조금씩 받게 할지라도 이백 데나리온의 떡이 부족하리이다. 제자 중 하나 곧 시몬 베드로의 형제 안드레가 예수께 여짜오되 여기 한 아이가 있어 보리떡 다섯 개와 물고기 두 마리를 가졌나이다. 그러나 그것이 이 많은 사람에게 얼마나 되겠삽나이까 예수께서 가라사대 이 사람들로 앉게 하라 하신 대 그 곳에 잔디가 많은지라 사람들이 앉으니 수효가 오천쯤 되더라 예수께서 떡을 축사하신 후에 앉은 자들에게 나눠 주시고 고기도 그렇게 저희의 원대로 주시다 저희가 배부른 후에 예수께서 제자들에게 이르시되 남은 조각을 거두고 버리는 것이 없게 하라 하시므로 이에 거두니 보리떡 다섯 개로 먹고 남은 조각이 열 두 바구니에 찼더라"하였습니다. 순종 하는데 가장 장애 요인은 항변 입니다. 즉 받아드릴 수 없다는 것입니다. 이치에 맞지 않기 때문에 그렇게 할 수 없다는 것이고 그렇게 해서는 안된다는 것입니다. 이쯤 되면 무조건 순종하기는 어렵게 되는 것입니다. 그러므로 자기의 생각을 버리고 하나님의 말씀의 권위에 굴복하여 순종해야 합니다.

2. 남에게 핑계하지 말고 순종해야 합니다.

본문 20～23 "사울이 사무엘에게 이르되 나는 여호와의 목소리를 청종하여 여호와께서 보내신 길로 가서 아멜렉 왕 아각을 끌어왔고 아말렉 사람을 진멸 하였으나 다만 백성이 그 마땅히 멸할 것

중에서 가장 좋은 것으로 길갈에서 당신의 하나님 여호와께 제사하려고 양과 소를 취하였나이다. 사무엘이 가로되 여호와께서 번제와 다른 제사를 그 목소리 순종하는 것을 좋아하심과 같이 좋아하시겠나이까 순종이 제사보다 낫고 듣는 것이 수양의 기름보다 나으니 이는 거역하는 것은 사술의 죄와 같고 완고한 것은 사신 우상에게 전하는 죄와 같음이라 왕이 여호와의 말씀을 버렸으므로 여호와께서도 왕을 버려 왕이 되지 못하게 하셨나이다"하였습니다. 이는 자기가 하나님의 말씀을 순종치 아니하면서 그 핑계를 그렇듯 하게 남에게 떠넘기는 못된 태도인 것입니다. 예를 들어서 아담이 하나님의 말씀을 몰라서가 아니고 그는 하나님의 말씀을 분명하게 알면서도 자신이 부족해서 불순종 해놓고 자신의 아내에게 모든 책임을 돌리고 또한 그의 아내인 하와도 같은 태도를 취하여 그 책임을 뱀에게 떠넘기는 것이 었습니다. 이 모두가 순종하고 싶은 마음이 아예 없었든 것입니다. 이렇게 해서는 안되는 것입니다. 자신이 순종할 마음이 없으면서 남에게 핑계하여 그 책임을 떠넘기면서 불순종 하는 짐짓 죄를 범하여 사울 처럼 불행한 결과를 초래할 가능성을 안고 있기 때문에 절대로 남을 핑계하면서 까지 불순종하는 일은 없어야 하겠습니다. 그리하여 무조건 자신이 순종하는 편으로 생각하고 만약에 불순종한 일이 있을 시에는 남에게 핑계하지 말고 자신의 부족임을 알고 철저하게 회개하는 솔직한 태도를 취해야 할 것입니다.

3. 무조건 떠니 (더니) 순종해야 합니다.

(1) 베드로 처럼 순종해야 합니다.

요 21 : 5~6 "예수께서 이르시되 얘들아 너희에게 고기가 있느냐 대답하되 없나이다 가라사대 그물을 배 오른 편에 던 지라 하신대 이에 던졌더니 고기가 많아 그물을 들 수 없더라"하였습니다. 여기에서 보면 베드로는 자신의 경험이나 기술 같은 것은 조금도 내세우지 아니하고 무조건 순종하였습니다. 이와 같은 순종을 주께서는 요구하시는 것입니다.

(2) 소경 처럼 순종해야 합니다.

요 9 : 6~12 "~침을 뱉어 진흙을 이겨 그의 눈에 바르시고 이르시되 실로암 못에 가서 씻으라 하시니… 이에 가서 씻고 밝은 눈으로 왔더라. 저희가 묻되 그러면 네 눈이 어떻게 떠졌느냐 대답하되 예수라 하는 그 사람이 진흙을 이겨 내 눈에 바르고 나더러 실로암에 가서 씻으라 하기에 가서 씻었더니 보게 되었노라"하였습니다. 이와 같이 진흙을 눈에 바르고 실로암 못에 가서 씻으라고 해도 그럴 수 있느냐는 말이 한 마디도 없었고 그대로 가서 씻었습니다. 이것이 무조건 순종입니다.

(3) 하인들 처럼 순종해야 합니다.

요 2 : 5~10 "그 어머니가 하인들에게 이르되 너희에게 무슨 말씀을 하시든지 그대로 하라 하니라. 예수께서 저희에게 이르시되 항아리에 물을 채우라 하신즉 아구까지 채우니 이제는 떠서 연회장에게 갖다 주라 하시매 갖다 주었더니 연회장은 물로 된 포도주를 맛보고 어디서 났는지 알지 못하되 물 떠온 하인들은 알더라"하였습니다. 이와 같은 예를 들라면 얼마든지 들 수 있으나 생략하기로 하겠습니다.

결 론

신명기 저자는 기록하기를 하나님의 명령과 규례를 지켜 행하면 나가도 복이고 들어와도 복이며 떡반죽까지 복이 임한다고 하였고 머리는 될지언정 꼬리 되는 일은 없다고 하였습니다(신 28 : 1~14). 그러므로 우리 성도들은 하나님의 말씀에 순종하여 복을 받는 성도들이 되어야 하겠습니다.

금년에는 모든 명령을 지키자

신 11 : 8~15

8) 그러므로 너희는 내가 오늘날 너희에게 명하는 모든 명령을 지키라 그리하면 너희가 강성할 것이요 너희가 건너가서 얻을 땅에 들어가서 그것을 얻을 것이며
9) 또 여호와께서 너희의 열조에게 맹세하사 그와 그 후손에게 주리라고 하신 땅 곧 젖과 꿀이 흐르는 땅에서 너희의 날이 장구하리라
10) 네가 들어가 얻으려 하는 땅은 네가 나온 애굽 땅과 같지 아니하니 거기서는 너희가 파종한 후에 발로 물 대기를 채소밭에 댐과 같이 하였거니와
11) 너희가 건너가서 얻을 땅은 산과 골짜기가 있어서 하늘에서 내리는 비를 흡수하는 땅이요
12) 네 하나님 여호와께서 권고하시는 땅이라 세초부터 세말까지 네 하나님 여호와의 눈이 항상 그 위에 있느니라
13) 내가 오늘날 너희에게 명하는 나의 명령을 너희가 만일 청종하고 너희의 하나님 여호와를 사랑하여 마음을 다하고 성품을 다하여 섬기면
14) 여호와께서 너희 땅에 이른 비, 늦은 비를 적당한 때에 내리시리니 너희가 곡식과 포도주와 기름을 얻을 것이요
15) 또 육축을 위하여 들에 풀이 나게 하시리니 네가 먹고 배부를 것이라

서 론

하나님께서는 모든 명령을 지키라고 요구 하십니다. 그리고 그 명령을 지키는 여부에 따라 화와 복이 좌우 됩니다. "그가 하시는 말씀이

내가 오늘날 복과 저주를 너희 앞에 두나니 너희가 만일 내가 오늘날 너희에게 명하는 너희 하나님 여호와의 명령을 들으면 복이 될 것이요 너희가 만일 내가 오늘날 너희에게 명하는 도에서 돌이켜 떠나 너희 하나님 여호와의 명령을 듣지 아니하고 본래 알지 못하던 다른 신들을 좇으면 저주를 받으리라"(신 11 : 26~28) 하였습니다. 그러므로 하나님께서 지키라고 하는 명령은 무조건 순종하면 복이 되고 순종치 아니하면 화가 되는 것입니다. 그러므로 복과 저주 중에서 어느 것을 선택하시겠습니까? 그럼 명령을 지키면 어떻게 되는지 알아 보겠습니다.

1. 강성하여 집니다.

본문 8 "그러므로 너희는 내가 오늘날 저희에게 명하는 모든 명령을 지키라 그리하면 너희가 강성할 것이요 너희가 건너가서 얻을 땅에 들어가서 그것을 얻을 것이며"하였습니다. 그렇습니다. 누구든지 하나님의 말씀을 지키면 죄악에서 멀어지기 때문에 무척 강해지는 것입니다. 잠언저자는 기록하기를 "악인은 쫓아 오는 자가 없어도 도망하거니와 의인은 사자와 같이 담대하니라"(잠 28 : 1) 하였습니다. 강성(强盛)이란 말은 힘차고 왕성함을 말하는 것입니다. 즉 시기를 받을 정도로 강성해짐을 말하는데 예를 든다면 "이삭이 그 땅에서 농사하여 그 해에 백배나 얻었고 여호와께서 복을 주심으로 그 사람이 창대하고 왕성하여 마침내 거부가 되어 양과 소가 떼를 이루고 노복이 심히 많음으로 불레셋 사람이 그를 시기하여 그 아비 아브라함 때에 그 아비의 종들이 판 모든 우물을 막고 흙으로 메웠더라 아비멜렉이 이삭에게 이르되 우리보다 크게 강성한즉 우리를 떠나가라"(창 26 : 12~16) 하였습니다. 하나님께서 그의 명령을 지키는 사람들에게는 강성한 복을 주신다고 약속하였으니 우리들은 금년에는 하나님의 명령을 지켜서 모두가 강성한 복을 받는 한 해가 되시기를 바랍니다.

2. 좋은 날이 오래 지속되어 집니다.

본문 9 "또 여호와께서 너희 열조에게 맹세하사 그와 그 후손에게 주리라고 하신 땅 곧 젖과 꿀이 흐르는 땅에서 너희의 날이 장구하리라"하였습니다. 젖과 꿀이 흐르는 땅은 기름진 땅을 말하는데 그와 같이 좋은 땅에서 오래 살 수 있다는 것입니다. 즉 하나님께서 함께 하시는 땅에서 행복하게 살 수있다는 것입니다. 하나님의 명령을 지키는 사람은 그 곳에 가서 영원히 영생 복락을 누리고 살 수 있는 자격을 획득한 사람이라고 보아도 잘못은 아닌 줄 압니다. 그 이유는 하나님께 속한 사람은 하나님의 말씀을 듣기 때문입니다. 하나님의 말씀을 듣는 다는 것은 곧 하나님께 속하였다는 증거고 (요1서 4:6) 하나님께 속하였다는 것은 그 안에 있다는 것입니다. 그 안에 있다는 것은 두려움이 없고 평안하고 즐겁다는 것입니다. 사도요한은 기록하기를 "누구든지 예수를 하나님의 아들이라 시인하면 하나님이 저 안에 거하시고 저도 하나님 안에 거하느니라"(요1서 4:15) 하였습니다. 이렇게 되면 주 안에서 평안함을 누리게 되는 것입니다. 찬송가 작가는 "주 안에 있는 나에게 딴 근심 있으랴 십자가 밑에 나아가 내 짐을 풀었네 주님을 찬송하면서 할렐루야 할렐루야 내 앞길 멀고 험해도 나 주님만 따라가리"하였습니다. 베드로 사도는 기록하기를 "그러므로 생명을 사랑하고 좋은 날 보기를 원하는 자는 혀를 금하여 악한 말을 그치며 그 입술로 궤휼을 말하지 말고 악에서 떠나 선을 행하고 화평을 구하여 이를 좇으라 주의 눈은 의인을 향하시고 그의 귀는 저의 간구에 기울이시되 주의 낯은 악행하는 자들을   향하시느니라"(벧전   3：10∼12) 하였습니다.   그렇습니다. 하나님의 명령을 지켜 행하면 좋은 날이 오래 지속되는 것입니다.

3. 세초부터 세말까지 형통하여 집니다.

본문 12 "하나님 여호와께서 권고하시는 땅이라 세초부터 세말까지 네 하나님 여호와의 눈이 항상 그 위에 있느니라"하였습니다. 이는 하나님의 명령을 지키는 사람은 새 해 첫날부터 끝날까지 그가 지켜 주신다는 것입니다. 그리고 여호와의 눈이 항상 함께 있겠다고 하셨는데 이는 하나님께서 이스라엘에 대한 관심을 말하는 것입니다. 즉 지극한 애정과 관심을 말하는 것입니다. 이 모두가 하나님의 명령을 지킨 결과 입니다. 한해가 형통할 수 있는 비결은 오직 하나님께서 함께 해주셔야만 되는 것이라는 것을 알고 그가 함께 하시는데는 그의 명령을 지켜야 된다는 것도 잊어서는 안되는 것입니다. 요셉이 애굽으로 팔려가서 고용살이를 하는데도 하나님께서 그와 함께 하시니 형통하였다고 하였습니다. "여호와께서 요셉과 함께 하심으로 그가 형통한 자가 되어 그 주인 애굽 사람의 집에 있으니 그 주인이 여호와께서 그와 함께 하심을 보았더라"(창 39：2∼3) 하였습니다. 그렇습니다. 누구든지 하나님께서 함께만 하신다면 그의 평생에는 형통할 것입니다. 그러므로 인간들은 하나님을 믿고 그의 명령을 지켜 행하여 평생토록 형통한 역사가 일어나야 할 것입니다. 그래야 요셉과 같이 모든 사람들에게 인정을 받고 살 것입니다.

결 론

지난해를 보내고 새 해를 맞이한 성도 여러분 금년에도 하나님의 요구하시는 그의 말씀을 지켜 행하여 그의 마음에 맞는 성도들이 됨으로 강성하여지고 좋은 날이 계속되기를 바라며 금년 뿐만 아니고 평생토록 형통한 역사가 일어나기를 주님의 이름으로 축원 합니다.

성장하는 신앙생활

벧전 2:1~5

1) 그러므로 모든 악독과 모든 궤휼과 외식과 시기와 모든 비방하는 말을 버리고
2) 갓난아이들 같이 순전하고 신령한 젖을 사모하라 이는 이로 말미암아 너희로 구원에 이르도록 자라게 하려 함이라
3) 너희가 주의 인자하심을 맛보았으면 그리하라
4) 사람에게는 버린 바가 되었으나 하나님께는 택하심을 입은 보배로운 산 돌이신 예수에게 나아와
5) 너희도 산 돌같이 신령한 집으로 세워지고 예수 그리스도로 말미암아 하나님이 기쁘게 받으실 신령한 제사를 드릴 거룩한 제사장이 될찌니라

서 론

사람이나 짐승은 시간이 흘러 달이 가고 해가 가면 자신도 모르는 사이에 키가 자라고 무게가 느는 것을 알 수가 있습니다. 그렇다면 신앙도 시간이 흐르면 흐를수록 그렇게 자라가야 할 것입니다. 바울사도는 말하기를 "오직 사랑 안에서 참된 것을 하여 범사에 그에게까지 자랄지니라"하였습니다. 그런데 우리는 아직도 신앙적인 면에서는 육적 근성과 육에 속한 행동 때문에 신앙이 자라지 못하고 사람을 의지하는 것 때문에 신앙생활이 성장하지 못하는 실정에 있습니다.

그래서 금년에는 신앙적인 면에서 성장해야 합니다.

1. 말씀을 먹고 자라야 합니다.

본문 2 "갓난 아이들같이 순전하고 신령한 젖을 사모하라. 이는 이로 말미암아 너희로 구원에 이르도록 자라게 하려 함이라"하였습니다. 아이가 성장하는데 무엇보다도 음식을 잘 먹어야 합니다. 마찬가지로 성도가 신앙이 성장하려면 무엇보다도 하나님의 말씀인 성경을 먹어야 합니다. 예수 그리스도께서는 "사람이 떡으로만 살 것이 아니요. 하나님의 입으로 나오는 말씀으로 살 것이라"(마 4 : 4) 하였습니다. 그렇습니다. 성도가 하나님의 말씀을 읽고 듣고 지키면 신앙은 자연히 자라 가기로 되어 있습니다. 그러므로 금년에는 성경을 많이 읽고 잘 듣고 깨달아 지켜서 신앙이 몰라보게 성장해야 할 것입니다. 성장하지 아니하면 아무래도 정상적인 성장과정이라고는 할 수 없고 비정상적이기 때문에 어떤 방법을 동원해서라도 성장할 수 있게 만들어야 근심이 없어지는 것입니다. 부모가 자녀가 제대로 성장하는 것을 보아야지 마음이 놓이고 기쁘고 즐겁지 그렇지 못하면 언제나 근심과 걱정을 떨쳐 버릴 수 없는 것입니다. 오늘보다 내일이 다르고 이달보다 내달이 다르며 금년보다 내년이 점점 몰라보게 달라져야 하는 것입니다. 자기의 자식이 아니래도 남의 자식이라도 학식이나 재주가 놀랄 정도로 부쩍느는 것을 경탄하여 쓰는 말로서 눈을 부비고 주의하여 다시 본다는 말을 괄목상대(刮目相對)라고 하는 말이 있습니다. 그래서 여몽은 "사람이 사흘 동안 헤어졌다가 만나게 되면 마땅히 괄목상대(刮目相對)해야 하는 법이다"하였습니다. 이는 꼭 학식만 자라는 것을 말할 수는 없는 것입니다. 모든 면에서 자라는 것을 기대하는 말인 것입니다. 그러므로 금년에는 모든 면에서 성장해야 하겠지만 특히 신앙적인 면에서는 더욱 성장해야 할 것입니다.

2. 질병을 고치고 자라야 합니다.

본문 1 "그러므로 모든 악독과 모든 궤휼과 외식과 시기와 모든 비방하는 말을 버리라"하였습니다. 아이가 자라는데 모든 질병을 고쳐주어야 하는 것은 너무나도 당연한 일이라고 봅니다. 어린아이가 자라나는 과정에서 기생충이 있다면은 성장하는데 막대한 지장을 초래합니다. 마찬가지로 성도가 신앙이 자라는데도 혈기 및 시기와 질투 및 남을 비방하는 행동은 신앙성장의 암적 존재와 같은 것입니다. 그러므로 신앙이 성장하려면 먼저 악독과 외식을 버려야 합니다. 다시 말해서 거짓을 버리고 진실을 말하고 저주를 버리고 축복해야 하며 신앙 생활에 지장을 초래하는 모든 악은 모양이라도 버려야 합니다. 그래서 금년에는 신앙생활이 몰라보게 성장해야 할 것입니다. 사람이 성장하는데 가장 장애물이 있다면 성장을 가로 막는 질병일 것입니다. 질병은 성장을 지연시키는 것이 아니고 아예 생명까지도 빼앗아 제대로 성장하지도 못한 채 죽게하는 때도 있는 것입니다. 그러므로 건강을 유지하기 위하여 골고루 영양을 섭취하듯이 그 면에 성도들의 신앙이 성장하기 위하여는 하나님의 말씀을 골고루 섭취하여 튼튼하게 건전하게 매일 매일 신앙 상태가 달라지게 성장하는 한 해가 되도록 노력을 해야 합니다. 즉 어제보다는 오늘이 더 달라지고 오늘보다는 내일이 달라지며 이 달보다는 내달이 달라져야 하겠으며 금년보다는 내년이 점점 달라지는 면이 보여져야 하겠습니다. 바울사도는 말하기를 "이 모든 일에 전심전력 다하여 너희 진보를 모든 사람에게 나타나게 하라"(딤전 4 : 15) 하였습니다.

3. 적당한 운동을 해서 자라야 합니다.

본문 5 "예수 그리스도로 말미암아 하나님이 기쁘시게 받으실 신령한 제사를 드릴 거룩한 제사장이 될지니라"하였습니다. 우리는 스스로가 하나님께 예배를 드릴 수 있는 자격이 있습니다. 그리고 헌신하고 봉사할 수 있는 자격도 있으며 착한 행실로 통해서 하나님께 영광을 돌릴 수 있는 자격도 있습니다(마 5 : 16). 그래서 베드로 사도는 말하기를 "오직 너희는 택하신 족속이요 왕같은 제사장들이요 거룩한 나라요 그의 소유된 백성이니 너희를 불러내신 자의 아름다운 덕을 선전하게 하려 하심이라"하였습니다. 어린 아이가 성장하려면 적당한 활동이 필요합니다. 마찬가지로 성도가 신앙이 자라려면 적당한 주의 사업에 참례하는 활동이 필요합니다. 주의 일은 해야 더욱 열심이 생기고 보람도 느끼게 됩니다(고전 10 : 31~33). 사람의 성장에 운동을 배제할 수는 없는 것입니다. 운동이 부족함으로 인하여 성장에 지장을 초래하는 일이 많습니다. 신앙도 마찬가지로 운동과 같은 믿음의 행위를 무시할 수는 없는 것입니다. 예수 그리스도는 말씀하시기를 "이같이 너희 빛을 사람 앞에 비취게하여 저희로 너희 착한 행실을 보고 하늘에 계신 너희 아버지께 영광을 돌리게 하라"(마 5 : 16) 하였습니다. 행동은 자랐다는 증거요 성장의 결과임을 나타내 보이는 것입니다. 그러로 금년에는 지금까지 보이지 못한 행위를 보여서 금년에 신앙이 부쩍 성장했다는 말을 들어야 할 것입니다.

결 론

금년에는 하나님의 말씀으로 영의 양식을 삼고 읽고 지키며 모든
악을 모양이라도 버리고 건전한 상태에서 헌신하고 봉사하며 신앙
이 몰라보게 자라도록 해야 할 것입니다.

장래를 내다보는 신앙

히 11 : 23~32

23) 믿음으로 모세가 났을 때에 그 부모가 아름다운 아이임을 보고 석달 동안 숨겨 임금의 명령을 무서워 아니하였으며
24) 믿음으로 모세는 장성하여 바로의 공주의 아들이라 칭함을 거절하고
25) 도리어 하나님의 백성과 함께 고난받기를 잠시 죄악의 낙(樂)을 누리는 것보다 더 좋아하고
26) 그리스도를 위하여 받는 능욕(凌辱)을 애굽의 모든 보화보다 더 큰 재물로 여겼으니 이는 상 주심을 바라봄이라
27) 믿음으로 애굽을 떠나 임금의 노함을 무서워 아니하고 곧 보이지 아니하는 자를 보는 것 같이 하여 참았으며
28) 믿음으로 유월절과 피 뿌리는 예를 정하였으니 이는 장자를 멸하는 자로 저희를 건드리지 않게 하려 한 것이며
29) 믿음으로 저희가 홍해를 육지같이 건넜으나 애굽 사람들은 이것을 시험하다가 빠져 죽었으며
30) 믿음으로 칠일 동안 여리고를 두루 다니매 성이 무너졌으며
31) 믿음으로 기생 라합은 정탐군(偵探軍)을 평안히 영접하였으므로 순종치 아니한 자와 함께 멸망치 아니하였도다
32) 내가 무슨 말을 더 하리요 기드온, 바락, 삼손, 입다와 다윗과 사무엘과 및 선지자들의 일을 말하려면 내게 시간이 부족하리로다

서 론

"믿음은 바라는 것들의 실상이요 보지못하는 것의 증거니"(히 11 : 1) 하였습니다. 믿음은 현재의 문제만 해결하는 것이 아니고 장래의 바램이 포함되어 있는 것입니다. 그래서 믿음은 모험이라고 합니다. 그래서 콜롬부스가 지구는 둥글다고 믿고 그것을 증명하기 위하여 모험을 감행하여 결국에는 지구가 평평하지 아니함을 증명하고 말았습니다. 이는 오랜 시간을 투자하여 얻은 수확입니다. 마찬가지로 우리 믿음의 선배들도 미래를 내다보는 믿음을 가지고 그것이 이루어지기를 바라고 계속 전진하여 목표를 달성하고 말았습니다. 그래서 몇 사람만 생각하면서 은혜를 받고자 합니다.

1. 모세 어머니의 믿음입니다.

본문 23 "믿음으로 모세가 낳았을 때에 그 부모가 아름다운 아이임을 보고 석달 동안 숨겨 임금의 명령을 무서워 아니하였으며"하였습니다. 이는 모세의 어머니가 모세를 낳아놓고 그 아이가 장차 이스라엘을 위하여 큰 일을 할 것을 믿고 바로왕의 명령을 거역하고 그 아이를 석달동안 숨겨 키웠습니다. 그 이유는 모세가 보통 아이가 아님을 알기 때문이었습니다. 이와 같은 모험은 생명을 건 모험이었습니다. 그도 그럴 것이 아이를 키우다가 들키면 당장에 아이는 죽고 자신도 온전하지 못하기 때문입니다. 그와 같은 상황에서 위험을 무릅쓰고 아이를 숨겨서 키운 것은 모세가 장차 큰 일을 할 것으로 믿었기 때문이었습니다. 그렇습니다. 이는 자식에게서 희망을 보았습니다. 그래서 그냥 내다 버리지 못하겠다는 것입니다. 반드시 모세는 나라와 부모를 위하여 큰 일을 할 수 있으리라는 기대감이 컸습니다. 그래서 그를 어떻게 해서라도 숨겨서 키워야 하겠으며 최악의 경우라도 그렇게 할 수 없을 때는 마지막 방법인 갈 상자에 담아서 물에 떠내려가게 하고 지켜보겠다는 것입니다. 그후에 일은 하나님께서 하시고 자신이 할 일은 모두 하겠다는 결심이 생긴 것입니다. 그 이유는 내다보는 무엇이 있었기 때문 입니다. 내다 본다는 말은 소망을 말하는 것인데 영국의 저술가인 사무엘 죤슨은 "소망을 가질 수 있다고 하는 것이 큰 축복이요,그 소망만이 우리를 속일 수 없다는 것을 인식시킬 수 있다"하였고 독일의 종교개혁자 마르틴 루터는 "소망은 강한 용기며 새로운 의지이다"하였으며 베드로서 저자는 기록하기를 "너희 믿음과 소망이 하나님께 있게 하셨느니라"(벧전 1 : 21) 하였습니다. 여하간 금년에는 믿음으로 장래를 내다보는 소망적인 믿음과 사랑이 넘치는 한 해가 되어야 할 것입니다.

2. 모세의 믿음 입니다.

　본문 24～26 "믿음으로 모세는 장성하여 바로의 공주의 아들이라 칭함을 거절하고 도리어 하나님의 백성과 함께 고난 받기를 잠시 죄악의 낙을 누리는 것보다 더 좋아하고 그리스도를 위하여 받는 능욕을 애굽의 모든 보화보다 더 큰 재물로 여겼다"고 하였습니다. 이는 모세가 장차 하나님께서 상주심을 바라보았기 때문입니다. 모세의 형편은 장래의 것을 생각하지 아니하였다면 현재의 부귀영화를 버린 것은 어리석다고 할 수 밖에 없습니다. 그러나 그에게 있어서는 그렇지 아니 합니다. 그는 장차 자기에게 나타날 영생 복락을 더 좋아했기 때문입니다. 즉 세상에 속한 일시적인 복보다 하늘에 속한

영원하고 신령한 복을 더 가치 있게 여겼기 때문입니다. 모세는
어머니의 믿음을 본 받아 장래를 내다보는 신앙의 사람이었습니다.
히브리서 저자는 기록하기를 "믿음은 바라는 것들의 실상이요 보지
못하는 것들의 증거니 선진들이 이로써 증거를 얻었느니라"(히 11：
1~2) 하였습니다. 그렇습니다. 믿음은 반드시 장래를 내다보는 눈
이 있고 장래를 기다리는 인내력이 있는 것입니다. 그래서 잠시 후
면 그와 같은 뜻이 이루어질 줄로 알고 뒤로 물러가는 일이 없고 앞
으로 밀고 나아가는 추진력이 있는 것입니다. 그렇게 하는 신앙심을
주께서는 매우 기뻐하시는 것입니다(히 10：37~39). 미국의 목사
인 제임스 F. 클라크는 "인간의 모든 힘은 보이지 않는 것을 믿는
믿음에서 온다. 믿는 자는 강하고 의심하는 자는 약하다. 강한 확신
은 위대한 행동을 우선한다"하였고 미국의 시인인 죤 그린리프 휘티
어는 "믿음의 단계들은 겉보기에는 진공 상태에 떨어지는 것 같으
나, 바닥에는 반석이 있음을 발견하게 된다고 하였으며" 영국의 신학
자인 프레드릭 윌리엄 러버트슨은 "믿는다는 것은 강하게 되는 것이
다. 의심은 힘을 속박한다. 믿음은 곧 힘이다."하였습니다. 그렇습니
다. 믿음은 곧 힘이라 모세는 그 강한 힘으로 애굽의 영광을 버리고
하나님의 백성들과 고통을 기쁨으로 자초한 것입니다. 우리들도 모
세처럼 믿음으로 장래를 내다보고 어떤 고통도 참고 견디는 한 해가
되어야 하겠습니다.

3. 라합의 믿음 입니다.

본문 31 "믿음으로 기생 라합은 정탐군을 평안히 영접 하였으므
로 순종치 아니한 자와 멸망치 아니하였도다"하였습니다. 이는 라합

이 내다보는 믿음이 없었다면 결코 그와 같이 위험한 일은 하지 아니하였을 것입니다. 생각해 봅시다. 만약에 들키면 장래는 그만두고라도 당장에 역적으로 몰려 죽음을 면치 못할 것입니다. 그러나 그는 앞으로 여리고 가 어떻게 될 것에 대하여 너무나도 잘 알고 있기 때문에 그와 같이 위험한 일을 감행하게 된 것입니다. 라합의 생각은 틀림없이 이스라엘 백성들이 여리고를 함락하여 그 땅을 지배하게 된다는 것을 너무나도 잘 알고 있기 때문에 그와 같이 엄청난 일을 하게 된 것입니다(롬 8 : 18). 그리하여 그는 그의 믿음대로 결과를 거두고 말았습니다. 사람이 믿음이 있으면 행위가 담대해 지는 것입니다. 비록 기생의 몸이지만 하나님의 백성들을 살려 주어야 자신과 가족이 살 수 있다고 굳게 믿을 때에 나중 일은 조금도 생각지 않고 정탐군들을 숨겨주는 모험을 감행하게 되었습니다. 그렇습니다. 믿음은 겁나는 것이 없게 만드는 것입니다. 만약에 믿음의 사람들이 겁내는 것이 있다면 아무것도 할 수 없는 것입니다. 다니엘 처럼 사자굴에 들어갈 각오로 하루에 세번씩 기도하는 행위는 믿음이 없이는 불가능한 행동이고 그의 세 친구들 처럼 믿음이 아니면 불가마 속에 들어갈 용기가 없었을 것입니다. 믿음이 강한 자들이 모두 순교자들이 되었고 주를 위하여 핍박을 받는 자들이 되었습니다. 그러므로 금년에는 라합처럼 믿음으로 모든 일들을 처리해야 할 것입니다. 그래야 장래의 모든 일들이 제대로 이루어질 것입니다.

결 론

본문 32 "내가 무슨 말을 더 하리요 기드온 바락 삼손 입다와 다윗과 사무엘과 및 선지자들의 일을 말하려면 내게 시간이 부족하리로

다"하였습니다. 이는 이와 같은 예는 얼마든지 있다는 것입니다. 성도 여러분 금년에는 기필코 장래성 있는 믿음을 가지고 느긋하게 추진하여 기어코 목표를 달성해서 하나님께 영광을 돌려 보내고 사람들에게는 덕을 세우고 자신에게는 영원한 복이 되시기를 바랍니다.

본래의 인간 회복

막 5 : 1~20

1) 예수께서 바다 건너편 거라사인의 지방에 이르러
2) 배에서 나오시매 곧 더러운 귀신 들린 사람이 무덤 사이에서 나와 예수를 만나다
3) 그 사람은 무덤 사이에 거처하는데 이제는 아무나 쇠사슬로도 맬 수 없게 되었으니
4) 이는 여러 번 고랑과 쇠사슬에 매였어도 쇠사슬을 끊고 고랑을 깨뜨렸음이러라 그리하여 아무도 저를 제어할 힘이 없는지라
5) 밤낮 무덤 사이에서나 산에서나 늘 소리 지르며 돌로 제 몸을 상하고 있었더라
6) 그가 멀리서 예수를 보고 달려와 절하며
7) 큰소리로 부르짖어 가로되 지극히 높으신 하나님의 아들 예수여 나와 당신과 무슨 상관이 있나이까 원컨대 하나님 앞에 맹세하고 나를 괴롭게 마옵소서 하니
8) 이는 예수께서 이미 저에게 이르시기를 더러운 귀신아 그 사람에게서 나오라 하셨음이라
9) 이에 물으시되 네 이름이 무엇이냐 가로되 내 이름은 군대니 우리가 많음이니이다 하고
10) 자기를 이 지방에서 내어 보내지 마시기를 간절히 구하더니
11) 마침 거기 돼지의 큰 떼가 산 곁에서 먹고 있는지라
12) 이에 간구하여 가로되 우리를 돼지에게로 보내어 들어가게 하소서 하니
13) 허락하신대 더러운 귀신들이 나와서 돼지에게로 들어가니 거의 이천 마리 되는 떼가 바다를 향하여 비탈로 내리달아 바다에서 몰사하거늘
14) 치던 자들이 도망하여 읍내와 촌에 고하니 사람들이 그 어떻게 된 것을 보러 와서
15) 예수께 이르러 그 귀신들렸던 자 곧 군대 지폈던 자가 옷을 입고 정신이 온전하여 앉은 것을 보고 두려워하더라

16) 이에 귀신 들렸던 자의 당한 것과 돼지의 일을 본 자
들이 저희에게 고하매
17) 저희가 예수께 그 지경에서 떠나시기를 간구하더라
18) 예수께서 배에 오르실 때에 귀신 들렸던 사람이 함께
있기를 간구하였으나
19) 허락지 아니하시고 저에게 이르시되 집으로 돌아가
주께서 네게 어떻게 큰 일을 행하사 너를 불쌍히 여기신
것을 네친속에게 고하라 하신대
20) 그가 가서 예수께서 자기에게 어떻게 큰 일 행하신
것을 데가볼리에 전파하니 모든 사람이 기이히 여기더라

서 론

한 청년이 마귀로 인하여 정신이 이상이 되어서 본래의 인간성을 상실하고 인간이지만 인간다운 생활을 하지 못하고 인간이하의 생활을 하게 되었습니다. 그런데 예수 그리스도께서 그를 불쌍히 여기시어 그 귀신을 쫓아내어 주시고 본래의 인간성을 회복시켜 주셨습니다. 그리하여 그는 정상적인 인간의 생활을 하게 되는 것입니다. 우리는 새 해를 맞이하여 본래의 인간성을 회복하는 한 해로 삼아서 진정한 인간성을 회복해야 할 것입니다.

1. 인간성 상실의 원인이 무엇인가?

본문 2 "더러운 귀신들린 사람이""라고 하였습니다. 이는 그 청년의 본래의 인간성을 상실한 원인은 자의에 의해서가 아니고 귀신이라는 타의에 의해서 그렇게 되었다는 것입니다. 그렇습니다. 아담과 하와가 본래의 인간성을 상실한 것은 사단의 꾀임에 빠져서이지 아담 자신이 아니었습니다. 물론 아담이 하나님의 말씀을 불순종한

것은 그 책임을 면키는 어려운 것입니다. 그러나 직접적인 원인은 사단에게 있다고 아니할 수 없는 것입니다. 가롯유다가 예수님을 팔아먹은 것은 마귀가 예수를 팔려는 생각을 넣었기 때문이라고 하였습니다(요 13:2). 사람의 건전한 생각을 불건전한 생각으로 바꾸는 것도 마귀의 역사라고 아니할 수 없는 것입니다. 다윗과 같은 성군도 사단이 격동하여 인구조사를 하게 되었습니다. 사단이 역사하면 사람의 본래의 성품을 상실하고 비인간적인 행동을 하게 되는 것입니다. 사람은 본래의 인간성을 아담이 죄를 지은 후부터는 처음과 같지 아니하고 타락한 인간성으로는 완전하지 못하고 문제가 있는 인간으로 타락하고 말았습니다. 그러므로 오직 예수 그리스도를 믿음으로 "그리스도 안에 있으면 새로운 피조물이라 이전 것은 지나갔으니 보라 새 것이 되었도다"(고후 5:17) 하는 말씀과 같이 옛 사람을 벗어버리고 의와 진리로 새롭게 되어 새 사람을 입기 전에는 언제나 마귀의 지배를 받아 옛 사람의 행동을 그대로 할 수 밖에 없는 것입니다. 즉 본래의 인간성을 상실한 대로 밖에 살 수 밖에 없다는 것입니다. 마귀는 사람의 본래의 인간성을 상실하도록 죄를 짓게 만든 것입니다. 그러므로 본래의 인간성을 회복하는 비결은 마귀를 쫓아내는 길 외에는 다른 도리가 없는 것입니다. 즉 거라사 지방의 귀신들려 고통 하던 사람을 예수 그리스도께서 마귀를 몰아내셔서 본래의 상태로 돌아오게 한 것 처럼 말입니다.

2. 어떻게 본래의 인간성을 회복하였는가?

본문 8 "예수께서 저에게 이르시기를 더러운 귀신아 사람에게서 나오라 하셨음이라"하셨습니다. 이는 이 청년이 본래의 인간성을 회복하는데는 자의에 의해서는 불가능하였고 오직 전능하신 그리스도의 도움으로만 가능했다는 것입니다. 그도 그럴 것이 본래의 인간성을 상실할 때도 마귀의 역사에 의해서 였기 때문에 회복하는데도 전능하신 하나님의 도우심이 없이는 도저히 불가능한 것입니다. 오늘의 타락한 인간들을 회복하는데도 예수 그리스도께서 역사하시지 아니하면 불가능한 것입니다. 마귀는 언제나 인간을 괴롭히고 사람으로서 사람답게 살 수 없게 하는데 수단과 방법을 가리지 않고 있는 것입니다. 귀신이 사람 안으로 들어와서 사람의 정신을 사로 잡으면 때로는 불에도 넘어지게도 하고 물에도 넘어지게 하며 결국에는 죽게도 만드는 것입니다. 그리고 사람의 본래의 정신을 흐리게 만들어 사리를 판단하는데 곤란하게 하며 행동도 정상적인 행동이 아니고 이상적인 행동을 하게 만드는 것입니다. 그리하여 사람을 추하게 만들고 인격적으로 대접을 받지 못하게 하는 것입니다. 그러나 예수 그리스도께서는 그를 불쌍하게 여기셔서 그에게서 역사하는 마귀를 몰아내셔서 다시 본래의 인간성으로 회복시키시는 것입니다. 그렇게 하여 천대받던 사람을 존경을 받게 하시고 대접을 받게 하시며 인간으로서 인격적으로 제대로 대접을 받게 하시는 것입니다. 그러므로 본래의 인간성을 잃고 사람으로서 짐승과 같은 생활을 하여 짐승과 같은 취급을 받던 사람들을 본래의 인간으로 되돌려 놓아서 존경과 대접을 받게 하시는 예수 그리스도를 믿음으로 본래의 인간성을 회복하여 사람답게 살아가야 할 것입니다.

3. 본래의 인간성을 회복한 결과는 무엇인가?

본문 15 "귀신들렸던 자 곧 군대 지폈던 자가 옷을 입고 정신이 온전하여 앉았더라"하였습니다. 지금까지는 마귀로 인하여 정신이 온전하지 못하여 온갖 더러운 짓을 다했는데 이제 예수로 인하여 정신이 온전하여졌으니 생각이 다르고 행동이 다르며 말하는 것이 달라졌습니다. 부끄러움을 모르던 자가 부끄러움을 알게 되었고 떠들던 사람이 조용해 졌으며 남을 해롭게 하던 사람은 그가 이제는 유익하게 하고 부덕을 끼치던 자가 덕을 세우니 이는 놀라운 변화인 것입니다. 즉 생활 전부가 바뀐 것입니다. 그리하여 사람들이 기이하게 여길 정도였습니다. 이는 본래의 인간성을 회복한 결과를 말하는 것인데 그 결과는 보다 싶이 많은 사람들의 존경의 대상이 되었고 가치회복이 얼마나 중대한 가를 보여주는 장면이기도 합니다. 귀신들려 인간 이하의 생활을 할 때는 그를 조롱하고 제대로 처다보는 사람도 없었는데 그의 정신이 온전하게 회복된 후에는 과거와는 너무나도 다른 점을 알 수 있습니다. 즉 폐품이 다시 용광로에 들어가서 녹아서 새로운 제품으로 탄생하여 사람들의 귀여움을 받는 이상으로 된 상태를 말하는 것입니다. 어떤 목사님께서 교회를 옮기시는데 새로 부임하는 교회에 오실 때에 이사짐 속에 다 깨진 놋 요강이 딸려와서 그것을 마루 밑에다 버렸는데 새로 부임한 교회 장로님께서 주물공장을 경영하시는데 그 분이 그 쓸모 없는 요강을 주시라고 해서 가져다가 녹여서 새로운 밥 그릇과 국 그릇을 만들어 목사님에게 다시 가져와서 선물로 드렸는데 그것이 곧 목사님의 밥상에 오르게 되었다는 것입니다. 이것이 가치 회복의 결과인 것입니다. 본래의 인간성을 상실하면 깨진 놋요강과 같은 처지지만 예수 그리스도로 인하여 본래의 인간성을 회복하면 새로운 가치평가를 받게 되는 것은 어쩔 수 없는 것입니다.

결 론

거라사 지방에 있었던 청년은 본래부터 그렇게 비참한 인간이 아니고 마귀로 인하여 본래의 인간성을 상실하고 사람이지만 사람이하의 생활을 하게 되었으나 예수 그리스도로 인하여 본래의 인간성을 회복하고 하나님께서 지으신 목적에 어긋남이 없이 살게 되었습니다. 오늘의 우리는 어떤 편에 속하여 살고 있습니까? 우리도 그 면에는 본래의 인간성을 회복해야 하겠습니다.

내일 죽으리니 먹고 마시자

사 22 : 12~14

12) 그날에 주 만군의 여호와께서 명하사 통곡하며 애호
하며 머리털을 뜯으며 굵은 베를 띠라 하셨거늘
13) 너희가 기뻐하며 즐거워하여 소를 잡고 양을 죽여 고
기를 먹고 포도주를 마시면서 내일 죽으리니 먹고 마시자
하도다
14) 만군의 여호와께서 친히 내 귀에 들려 가라사대 진실
로 이 죄악은 너희 죽기까지 속하지 못하리라 하셨느니라
주 만군의 여호와의 말씀이니라

서 론

유대인들은 하나님 앞에서 죄를 범하였습니다. 그런데 그들은 회
개할 줄을 모르고 회개하라는 하나님의 경고도 무시하고 오히려 먹
고 마시고 즐기는 일에만 급급하고 있으니 이를 지켜보는 선지자는
마음이 아파서 견딜 수가 없는 것입니다. 그리고 하나님께서 직접 말
씀하시기를 "그 날에 주 만군의 여호와께서… 굵은 베를 띠라 하셨
거늘"(12) 이는 하나님께서 유대인들의 죄를 아시고 회개를 촉구하
셨으나 그들은 자포자기하고 내일 죽을 테니까 먹고 마시는 일이나
하자는 것입니다. 이는 하나님의 사랑을 거역하는 배은의 행위인 것

입니다(롬 2 : 4~5). 이와 같은 생활은 장래성이 조금도 없는 생활인 것입니다. 우리는 해마다 새로 태어 났다고 생각하고 새로 시작한다는 각오하에서 한 해를 설계해야 합니다. 내일이 없다고 희망없는 자들 처럼 막되게 살아서는 안되는 것입니다.

1. 쾌락주의가 됩니다.

본문 13 "너희가 기뻐하며 즐거워하며"하였습니다. 이는 울어도 시원치 아니한 형편에 먹고 마시고 즐기는 일로 일관하고 있으니 잘못 되어도 한참 잘못된 것입니다. 야고보서 저자는 말하기를 "들으라 부한 자들아. 울고 통곡하라"(약 5 : 1) 하였습니다. 장래 당할 고통을 인하여서는 울고 회개해야 할 사람이 현재 쾌락만을 위하여 삶의 전부를 바치려는 생각은 어리석은 것입니다. 부자가 매일같이 잔치를 베풀어 즐기는 일에만 급급하다가 결국에는 무서운 지옥에 가고 말았습니다(눅 16 : 19~31). 바울 사도는 말하기를 "일락을 좋아하는 자는 살았으나 죽었느니라"(딤전 5 : 6) 하였습니다. 그리고 말세 성도들은 하나님을 사랑하는 것보다는 쾌락 사랑하기를 더 좋아한다고 하였습니다(딤후 3 : 4). 이는 망할 자들의 마지막 몸부림이나 다를 바가 없는 것입니다. 성도의 기쁨은 구원받은 체험인 것입니다(시 51 : 12~13). 그리고 주 안에서 기뻐해야 합니다(빌 4 : 4). 그런데 주 밖에서 술과 음란과 온갖 죄를 지으면서 기뻐하는 것은 멸망을 초래할 것 뿐입니다. 사람이 해가 바뀌면 금년에는 어떻게 즐겁게 살까 하여 수단과 방법을 가리지 않고 동분서주 하며 쾌락을 찾아 헤매 이는데 이는 내일의 희망이 없고 인생의 철학도 없이 되는 대로 살아가는 인생들의 사고방식인 것입니다. 그러므로 쾌락주의 자가 되는 것은 좋은 것이 아니고 주 예수 그리스도 안에서

즐거움을 만끽하고 평생을 주 안에서 기쁘게 살아가겠다는 신앙적
인 계획은 매우 좋은 것입니다. 기왕에 쾌락주의 자가 되려면 희망
이 없는 쾌락주의 자가 되지 말고 진정한 즐거움을 맛보며 살 수 있
는 예수 그리스도를 모시고 즐거워 하는 삶을 살아야 하겠습니다.

2. 먹고 마시는 자가 됩니다.

본문 13 "소를 잡고 양을 죽여… 먹고 마시자 하는 도다"하였습
니다. 먹고 마시는 것은 삶을 위한 수단입니다. 그리고 어느 누구에
게나 필요한 것입니다. 그런데 문제는 삶의 수단으로 먹고 마시는
것이 아니고 즐기기 위하여 먹고 마시자는 것입니다. 사람이 먹고
마시는 일을 그만둔다면 죽지 살지는 못하는 것입니다. 옛 말에 금
강산 구경도 식후경이라는 말은 구경보다는 먹고 마시는 것이 우선
이라는 것입니다. 그러나 본문에서 말하는 먹고 마시자는 것은 삶의
수단의 차원을 벗어난 즐기기 위한 수단으로 삼는데 문제가 있는 것
입니다. 그래서 바울사도는 "일락을 좋아하는 이는 살았으나 죽었느
니라"(딤전 5:6) 하였습니다. 그리고 십자가의 원수들이 배로 신을
삼고 산다고 하였습니다(빌 3:19). 노아 시대 사람들이 먹고 마시
다가 홍수로 멸망을 당하였습니다. 먹든지 마시든지 주의 영광을 위
한다면 문제는 간단합니다(고전 10:31). 그러나 자신의 향락을 위
하여 먹고 마시는 것이 문제입니다. 먹고 마시는 것으로 진정한 쾌
락을 추구할 수는 없는 것입니다. 아무리 좋은 음식이라도 계속해서
먹으면 나중에는 그 것이 맛이 있는 음식인지 아니면 맛이 없는 음
식인지 알 수 없는 지경에 이르게 되는 것입니다. 그러므로 먹는 거
세서 쾌락을 찾을 것이 아니라 사람으로서 보람된 일을 함으로 진정
한 기쁨을 찾아야 합니다. 즉 선을 행하면서 진정한 기쁨을 맛보고

사는 철학이 있는 삶이 되어야 하겠습니다. 전도서 저자는 기록하기를 "사람이 사는 동안에 기뻐하며 선을 행하는 것보다 나은 것이 없는 줄을 내가 알았고"(전 3 : 12) 하였습니다. 이는 솔로몬이 경험으로 터득한 진리의 말입니다.

3. 현실만 생각하는 자가 됩니다.

본문 13 "내일 죽으리니 먹고 마시자 하는 도다"하였습니다. 이는 내세를 부정하는 불신자이기 때문에 문제가 심각하다는 것입니다. 그렇습니다. 사람은 짐승과 달라서 먹고 마시는 것만 전부는 아닙니다. 사람의 제일되는 목적이 하나님을 섬기고 그의 영광을 위하여 사는 것입니다(사 43 : 7, 21, 고전 10 : 31, 엡 1 : 6~14). 그런데 죽으면 그만이라는 사고는 영혼의 존재를 부인하는 것이며 내세를 부인하는 것입니다. 그래서 현실이 중요하니 먹고 마시고 즐기자는 것입니다. 이는 어리석은 사람임을 스스로 증명하는 것입니다(눅 12 : 16~21). 바울 사도는 말하기를 "저희의 마침은 멸망이요. 땅의 일을 생각하는 자라"(빌 3 : 19) 하였습니다. 땅의 것만 생각하면 하늘의 것은 생각지 아니하고 현실 것만 생각하면 내세의 것은 생각지를 아니하는 것입니다. 그렇게 되면 기도할 필요성을 느끼지 아니하고(욥 21 : 15) 하나님이 없다고 하며(시 14 : 1) 섬기지도 아니합니다. 그러나 우리는 현실뿐만 아니고 내세가 있으니(요 14 : 1~3, 롬8 : 18) 하나님을 섬기고 내세의 소망 속에서 현실을 믿음으로 삶의 승리를 얻어야 하겠습니다(히 11 : 1, 고전 15 : 19~22). 이는 장래성이라고는 조금도 없기 때문에 경제적인 면에서는 조금도 저축하는 일도 없고 있으면 있는 대로 모두 먹고 마시고 즐기며 춤추고 모두 낭비해 버리는 소비형의 삶을 살고 있는 것입니다. 그러니 부자 되기는 어려운 것입니다. 또한 지식적인 면에서도 배우려고 하지 않고 장래를 생각하는 면이 좀처럼 보이지 않고 공부하고자 하는 의욕이 없는 것입니다. 이와 같은 삶은 희망이 없는 절망에 빠져 될 대로 되라는 식의 삶이 되는 것입니다. 우리는 금년에는 그와 같은 삶을 살아서는 안되겠습니다. 보다 더 희망적인 사고를 가지고 장래를 위하여 계획하고 설계하는 신앙적인 보람된 삶을 살아야 하겠습니다.

결 론

내일에 죽는 것으로 인생은 모든 것이 끝나는 것으로 알지 말고 세상에서 죽는 순간에 영원한 영생 복락이 시작된다는 것을 알고 하나님을 믿고 성도답게 살고 내세를 위하여 준비하는 지혜로운 삶이 되도록 노력하여야 하겠습니다 (잠 1 : 7, 9 : 10). 그리하여 세상 쾌락보다 주 안에서 즐거워하고 (빌 4 : 4) 먹고 마시는 것보다 성령 안에서 희락하며 (롬 14 : 17~18) 내세의 소망 속에서 주님의 재림을 사모하면서 살아야 하겠습니다 (계 22 : 20). 이와 같은 신앙을 가지고 금년 한 해도 보람된 해가 되도록 노력해야 할 것입니다.

마지막 점검

행 9:1~22

1) 사울이 주의 제자들을 대하여 여전히 위협(威脅)과 살기(殺氣)가 등등하여 대제사장에게 가서
2) 다메섹 여러 회당에 갈 공문을 청하니　이는 만일 그 도를 좇는 사람을 만나면 무론남녀하고 결박(結縛)하여 예루살렘으로 잡아오려 함이라
3) 사울이 행하여 다메섹에 가까이 가더니 홀연히 하늘로서 빛이 저를 둘러 비추는지라
4) 땅에 엎드러져 들으매 소리있어 가라사대 사울아 사울아 네가 어찌하여 나를 핍박하느냐 하시거늘
5) 대답하되 주여 뉘시오니이까 가라사대 나는 네가 핍박하는 예수라
6) 네가 일어나 성으로 들어가라 행할 것을 네게 이를 자가 있느니라 하시니
7) 같이 가던 사람들은 소리만 듣고 아무도 보지 못하여 말을 못하고 섰더라
8) 사울이 땅에서 일어나 눈은 떴으나 아무것도 보지 못하고 사람의 손에 끌려 다메섹으로 들어가서
9) 사흘 동안을 보지 못하고 식음을 전폐하니라
10) 그때에 다메섹에 아나니아라는 제자가 있더니 주께서 환상 중에 불러 가라사대 아나니아야 하시거늘 대답하되 주여 내가 여기 있나이다 하니
11) 주께서 가라사대 일어나 직가(直街)라 하는 거리로 가서 유다 집에서 다소 사람 사울이라 하는 자를 찾으라 저가 기도하는 중이다
12) 저가 아나니아라 하는 사람이 들어와서 자기에게 안수하여 다시 보게 하는 것을 보았느니라 하시거늘
13) 아나니아가 대답하되 주여 이 사람에 대하여 내가 여러 사람에게 듣사온 즉 그가 예루살렘에서 주의 성도에게 적지않은 해를 끼쳤다 하더니
14) 여기서도 주의 이름을 부르는 모든 자를 결박할 권세

를 대제사장들에게 받았나이다 하거늘

15) 주께서 가라사대 가라 이 사람은 내 이름을 이방인과 임금들과 이스라엘 자손들 앞에 전하기 위하여 택한 나의 그릇이라

16) 그가 내 이름을 위하여 해를 얼마나 받아야 할 것을 내가 그에게 보이리라 하시니

17) 아나니아가 떠나 그 집에 들어가서 그에게 안수하여 가로되 형제 사울아 주 곧 네가 오는 길에서 나타나시던 예수께서 나를 보내어 너로 다시 보게 하시고 성령으로 충만하게 하신다 하니

18) 즉시 사울의 눈에서 비늘 같은 것이 벗어져 다시 보게 된지라 일어나 세례를 받고

19) 음식을 먹으매 강건하여지니라 사울이 다메섹에 있는 제자들과 함께 며칠 있을새 즉시로 각 회당에서 예수의 하나님의 아들이심을 전파하니

21) 듣는 사람이 다 놀라 말하되 이 사람이 예루살렘에서 이 이름 부르는 사람을 잔해하던 자가 아니냐 여기 온 것도 저희를 결박하여 대제사장들에게 끌어가고자 함이 아니냐 하더라

22) 사울은 힘을 더 얻어 예수를 그리스도라 증명하여 다메섹에 사는 유대인들을 굴복시키니라

서 론

본문 말씀은 바울사도가 유대교회에서 기독교로 개종하기전 마지막 변화되는 모습을 볼 수가 있습니다. 우리는 1994년 마지막 주일을 지키고 있습니다. 금년을 마지막 보내면서 얼마나 많이 변화되었습니까? 한번 점검해보고 가야 하겠습니다. 한 해를 보내면서 생각해 보면 늘 아쉬운 점이 적지 않게 많은 것입니다. 그러나 아쉬운 점만 한탄하면서 보낼 것이 아니고 한 해를 점검하고 문제점을 발견하여 내년도는 같은 실수를 하지 않겠다는 의지를 가지고 새 해를 맞이하는 마음의 준비가 매우 필요한 것입니다.

1. 나의 사상이 얼마나 변화되었는지 점검해 봅시다.

본문 22 "다메섹에 사는 유대인들을 굴복시키느니라"

본문1~2 "사울이 주의 제자들을 대하여 살기가 등등하여 다메섹에 있는 성도들을 잡아가지고 예루살렘으로 오려는 사상이 있습니다." 개종하기전에는 예수 믿는 사람들을 잡아 죽이려는 반기독자의 사상이었습니다. 그런데 다메섹 도상에서 그 사상은 무너지고 말았습니다. 이것이 바울의 일생에 단 한번의 유일한 변화였습니다. 우리는 금년도 마지막 주일을 맞이하여 뒤를 돌아볼 때 기독교 사상에 철두철미하게 살았는지 한번 생각해보고 최종 점검하고 새 해를 맞이해야 하겠습니다. 그리스의 철학자인 아리스토텔레스는 "사상의 실체는 생활이다" 하였고 프랑스 철학가인 리크 드 클라피에르 보브나르그는 "위대한 사상은 마음으로부터 생긴다" 하였으며 영국의 비평가인 사무엘 테일러 코울리지는 "현명한 자들 만이 사상을 지배하고 인류의 대다수는 그들의 사상적 지배를 받는다" 하였습니다. 그런데 정치적인 사상이 아니고 이념과 체제가 다른 사상이 아닌 신앙적인 사상이 얼마나 변화되었느냐가 문제가 되는 것입니다. 인간들은 종교심은 많아서 아무 신이라도 믿는데 문제가 있습니다. 그래서 천지를 창조하시고 인간의 생사화복을 주장하시는 창조주를 섬기는 신앙사상을 가졌느냐 가지지 못하였느냐가 문제가 되는 것입니다. 그러므로 금년에는 철저하게 점검하여 내년에는 바울이 유대교 사상을 버리고 기독교 사상을 정립하듯이 우리들은 진정한 기독교 사상으로 무장하여 마귀들과 싸워이기는 한 해가 되도록 설계해야 하겠습니다.

2. 나의 체질은 얼마나 변화되었는지 점검해 봅시다.

본문 4 "바울사도의 귀는 변화가 되어서 주의 음성을 듣게 되었습니다" 옛 날에는 주의 음성을 들었으나 깨닫지를 못하였지만 그의 사상이 변화된 후에는 주의 음성을 듣게 되었습니다. 그리고 그의 입은 주님을 부르게 되었습니다(본문5). 과거에는 그의 입이 예수를 저주받은 자라고 몰아쳤지만 지금은 주라고 부르고 있는 것입니다. 그 뿐 아닙니다. 그의 눈은 정확하게 볼 수가 있었습니다(본문 18). 그는 과거에는 잘못 보고 잘못 듣고 잘못 말하고 잘못 행동했으나 이제는 변화가 되었습니다. 오늘 우리는 얼마나 변화되었습니까? 마지막 점검을 하고 다음주일을 맞이해야 하겠습니다. 체질 개선은 건강에도 좋은 것입니다. 특히 정신적인 체질 개선은 더욱 신앙생활에 매우 유익한 것입니다. 금년에는 우리들의 귀가 변하여 하나님의 음성을 제대로 들을 수 있어야 하겠고 입이 변하여 그의 복음을 전하고 주를 찬양하는 입술이 되어야 하겠으며 마음이 변하여 주만 생각하는 자들이 되어야 하겠습니다. 그렇게 될 때에 반드시 신앙생활은 현저하게 달라질 것입니다. 지금까지의 내가 아니고 변화된 나의 삶을 살 것입니다. 즉 개과천선(改過遷善)이 된다는 말 입니다. 노수진씨는 "변화하면서도 그 올바름을 유지하는 것이 귀중한 것이다"하였고 레탄트왕은 "성령은 동양인의 뿌리 깊은 고집도 다 변화시킬 수 있다"하였으며 김경선씨는 "성경은 만민을 변화시킬 능력을 가지고 있다"고 하였습니다. 그렇습니다. 금년에는 철저하게 변화의 정도를 조사하여 내년에는 성경으로 나의 고질적인 좋지 못한 체질을 변화시키는 역사가 있어야 하겠습니다.

3. 나의 생활이 얼마나 변화됐는지 점검해 봅시다.

본문 20～22 "옛날에는 예수전하는 자들을 죽이고 학대하든 그가 이제는 자신이 예수를 증거 하게 된 것입니다" 그는 전해도 소극적이 아니고 적극적으로 전했습니다. 예수 믿는 자들을 죽이려고 하든 그가 이제는 예수를 전하기 위하여 자신의 생명도 아끼지 아니하는 정도가 되었습니다. 성도여러분 우리들도 기왕에 예수를 믿으려면은 신학적으로는 기독교사상에 바로 정립되어야 하고 신앙적으로는 예수를 나의 구주로 뜨겁게 믿어야 하고 생활적으로는 예수 믿는 사람답게 살아야 하겠습니다 (딤후 3 : 14). 우리는 금년에 신앙인답게 살았는지 마지막 점검을 하고 지나가야 하겠습니다. 그리하여 내년에는 보다 더 변화된 삶을 살도록 설계를 해야 하겠습니다. 사람이 해마다 발전이 없으면 문제가 있는 것입니다. 특히 우리 기독교인들은 새로 변화되는 모습이 남달이 두드러지게 나타나야 합니다. 다시 말해서 해마다 진보적인 변화가 있어야 한다는 것입니다. 그렇지 아니하면 마치 어린아이가 성장하지 못하고 태어날 때나 지금이나 별다른 차이가 없는 것과 같은 것입니다. 그렇다면 누가 제일 걱정과 괴로움이 많을까요 두 말할 필요없이 그를 낳으신 부모님들일 것입니다. 마찬가지로 신앙생활에도 변화가 없으면 하나님께서 걱정하시고 보는 이들에게도 걱정거리가 되는 것입니다.

결 론

바울사도는 다메섹 도상에서 변화되어 그후부터 그는 새로운 생활을 하다가 세상을 떠났습니다. 우리들도 마지막주일되는 오늘에

변화되어 새해는 물론이지만 평생토록 새로운 생활하다가 세상 떠
나시기를 바랍니다. 금년에는 반드시 변화되는 역사가 있기를 바랍
니다. 변화되지 않으면 태어나서 자라지 못하는 기형아처럼 되는 것
입니다.

마음을 새롭게 하소서

시 51 : 10〜17

10) 하나님이여 내 속에 정한 마음을 창조하시고 내 안에 정직한 영을 새롭게 하소서
11) 나를 주 앞에서 쫓아내지 마시며 주의 성신을 내게서 거두지 마소서
12) 주의 구원의 즐거움을 내게 회복시키시고 자원하는 심령을 주사 나를 붙드소서
13) 그러하면 내가 범죄자에게 주의 도를 가르치리니 죄인들이 주께 돌아오리이다
14) 하나님이여 나의 구원의 하나님이여 피흘린 죄에서 나를 건지소서 내 허가 주의 의를 높이 노래하리이다
15) 주여 내 입술을 열어 주소서 내 입이 주를 찬송하여 전파하리이다
16) 주는 제사를 즐겨 아니 하시나니 그렇지 않으면 내가 드렸을 것이라 주는 번제를 기뻐 아니 하시나이다
17) 하나님의 구하시는 제사는 상한 심령이라 하나님이여 상하고 통회하는 마음을 주께서 멸시치 아니하시리이다

서 론

할렐루야 1994년도도 무사히 보내고 소망의 1995년도를 맞이하여 하나님의 은혜가 성도 여러분들 가정에 충만하시기를 바랍니다. 새 해를 맞이하여 무엇보다도 마음이 새로워져서 새로운 생활이 시작되

어야 하겠습니다. 예레미야 선지자는 말하기를 "만물보다 거짓되고
심히 부패한 것은 마음이라 누가 능히 이를 알리요 마는"하였습니
다. 그래서 바울사도는 기록하기를 "너희는 이 세대를 본받지 말고
오직 마음을 새롭게 함으로 변화를 받아 하나님의 선하시고 기뻐하
시고 온전하신 뜻이 무엇인지 분별하도록 하라"(롬 12 : 2) 하였습니
다. 그렇습니다. 금년에는 우리의 마음이 변화여 새롭게 사는 놀라
운 역사가 있기를 바랍니다.

1. 정한 마음으로 새롭게 하소서 해야 합니다.

본문 10 "하나님이여 내 속에 정한 마음을 창조하시고 내 안에 정
직한 영을 새롭게 하소서"하였습니다. 이 말의 뜻은 깨끗한 마음으로
하나님을 섬기고 깨끗한 생활을 할 수 있게 해달라는 뜻인 것입니다.
다윗은 마음가짐도 사람의 생각대로 안된다는 것을 알았습니다. 그래
서 다윗은 옛날의 아담이 범죄하기 전의 깨끗한 마음을 달라고 기도
하는 것입니다. 예레미야 선지자는 이렇게 말하였습니다. "만물보다
도 부패하고 거짓된 것이 인간의 마음이라고 하였습니다"(렘 17 : 9)
다윗의 기도의 내용은 깨끗한 마음을 창조하여 주시고 하나님 잘 섬
기는 신앙의 마음을 달라고 기도하는 것입니다. 그 이유는 사람은 무
엇이나 마음먹기에 따라서 생활이 달라지기 때문입니다. 사람이 깨끗
하고 선한 마음을 먹으면 그 행위가 선하고 깨끗해지는 것입니다. 우
리들도 다윗과 같이 깨끗하고 굳은 마음을 주시라고 기도하시고 깨끗
한 생활로서 한해를 살아야 하겠습니다. 바울사도는 마음으로 믿어
의에 이르고 입으로 시인하여 구원에 이른다고 하였습니다(롬 10 :
10). 그러므로 마음부터 변화되어야 생활이 변화되는 것입니다. 그렇

게 하기 위해서는 예수님의 마음을 닮아가야 합니다 (빌 2 : 5).

2. 자원하는 마음으로 새롭게 해달라고 해야 하겠습니다.

본문 12 "주의 구원의 즐거움을 내게 회복시키고 자원하는 심령을 주사 나를 붙드소서"하였습니다. 자원이라는 말은 누구의 간섭도 받지 않고 자기 스스로 하고 싶어서 하는 것을 말하는 것입니다. 다윗의 기도는 자기 스스로 하나님의 말씀대로 살게 해달라고 하고 있습니다. 신앙생활은 자기 스스로 자원해서 해야되는 것입니다. 회개도 마찬가지입니다. 헌신도 봉사도 마찬가지입니다. 스스로 자원해서 해야지 누가 시켜서 하는 것은 좋은 것이 아닙니다. 자원하는 심령은 감사하는 마음이 없이는 할 수가 없는 것입니다. 자원해서 은혜 갚는 마음에서 무엇이나 해야 합니다 (눅 22 : 42~44). 시편 저자는 "여호와께서 내게 주신 은혜를 무엇으로 보답할꼬"(시 116 : 12) 하였고 바울사도는 "각각 그 마음에 정한 대로 할 것이요 인색함으로나 억지로 하지 말지니 하나님은 즐겨 내는 자를 사랑하시느니라 하나님은 능히 모든 은혜를 너희에게 넘치게 하시나니 이는 너희로 모든 일에 넘치게 하게 하려 하심이라"(고후 9 : 7~8) 하였습니다. 자원이라는 말은 스스로라는 말과 같은 것입니다. 즉 피동적이 아니고 능동적으로 하라는 것입니다. 구원받은 성도들이 주의 일을 하는 과정에서 마지 못해서 억지로 한다면 이는 도리가 아닌 것입니다.

3. 회개하는 마음으로 새롭게 하옵소서 해야 합니다.

본문 17 "하나님의 구하시는 제사는 상한 심령이라 상하고 통회

하는 마음을 주께서 멸시치 아니하시리라"이렇게 말했습니다. 다윗은 지금까지 죄를 짓고 회개할 줄 모르고 그 죄를 은폐하려고 밧세바의 남편 우리아를 전쟁터 최전방에 내 보내어 전사하게 만들었지만 지금은 스스로 회개케 해달라고 기도하고 있습니다. 주님께서 의인을 부르러 온 것이 아니요 죄인을 불러 회개시키러 왔기 때문에 스스로 회개할 때에 하나님께서는 모든 죄를 용서하여 주십니다. 그리고 회개하는 자를 귀하게 여기십니다 (눅 15 : 7). 우리들도 스스로 회개하는자가 되게 해 달라고 기도해야 하겠습니다. 회개는 누구의 강압에 못이겨 억지로 해서 될 일이 아니고 탕자처럼 스스로 회개하는 태도가 필요합니다. 회개는 기독교의 기본적인 문제 입니다. 예수 그리스도께서 이 땅에 오신 목적이 "내가 온 것은 의인을 부르러 온 것이 아니요 죄인을 불러 회개시키려 왔노라"(눅 5 : 32) 하였습니다. 그리고 그는 처음 외치신 말씀이 "회개하라 천국이 가까왔느니라"(마 4 : 17) 하였습니다. 그렇습니다. 금년에는 철저하게 회개하여 성령의 충만한 역사가 있기를 바라고 (행 2 : 38) 진정한 기쁨을 맛보아야만 하겠으며 (행 3 : 19) 질병도 낫고 물질적으로도 복을 받아야 할 것입니다 (욥 42 : 6, 10).

결 론

새해를 맞이하여 깨끗한 마음이 되게 해달라고 기도하시고 자원하는 마음 달라고 기도하고 회개하는 마음 달라고 기도하고 회개하는 마음 달라고 기도하여 새해에 새로운 생활을 하여 하나님의 은혜 가운데서 한해를 살아가시기를 바랍니다.

약자를 도우러 오신 주님

요 5 : 1~15

1) 그후에 유대인의 명절이 있어 예수께서 예루살렘에 올라가시니라

2) 예루살렘에 있는 양문(羊門) 곁에 히브리 말로 베데스다라 하는 못이 있는데 거기 행각 다섯이 있고

3) 그 안에 많은 병자, 소경, 절뚝발이, 혈기 마른 자들이 누워(물의 동함을 기다리니

4) 이는 천사가 가끔 못에 내려와 물을 동하게 하는데 동한 후에 먼저 들어가는 자는 어떤 병에 걸렸든지 낫게 됨이러라)

5) 거기 삼십팔 년 된 병자가 있더라

6) 예수께서 그 누운 것을 보시고 병이 벌써 오랜 줄 아시고 이르시되 네가 낫고자 하느냐

7) 병자가 대답하되 주여 물이 동할 때에 나를 못에 넣어 줄 사람이 없어 내가 가는 동안에 다른 사람이 먼저 내려가나이다

8) 예수께서 가라사대 일어나 네 자리를 들고 걸어가라 하시니

9) 그 사람이 곧 나아서 자리를 들고 걸어가니라 이날은 안식일이니

10) 유대인들이 병 나은 사람에게 이르되 안식일인데 네가 자리를 들고 가는 것이 옳지 아니하니라

11) 대답하되 나를 낫게 한 그가 자리를 들고 걸어가라 하더라 한대

12) 저희가 묻되 너더러 자리를 들고 걸어가라 한 사람이 누구냐 하되

13) 고침을 받은 사람이 그가 누구신지 알지 못하니 이는 거기 사람이 많으므로 예수께서 이미 피하셨음이라

14) 그 후에 예수께서 성전(聖殿)에서 그 사람을 만나 이르시되 보라 네가 나았으니 더 심한 것이 생기지 않게 다시는 죄를 범치 말라 하시니

15) 그 사람이 유대인들에게 가서 자기를 고친 이는 예수라 하니라

서 론

강한 자는 존재할 수 있으나 약자는 존재할 수 없습니다. "약육강식"이란 말은 약한자는 강한 자에게 먹히게 되는 것입니다. 그래서 약자는 법으로 보호하는 것입니다. 그래서 연약한 자를 도우려고 오셨습니다 (마 8 : 17, 마 4 : 23). 약자는 어디서나 멸시와 천대를 받고 있으며 사람 취급을 받지 못하고 이곳에가서 울고 저곳에 가서 울며 자신의 처지가 비참함을 한탄하는 사람들이 적지 않게 많은 것입니다. 약자는 언제나 피해를 보고만 살고 있습니다. 속담에 고래 싸움에 새우 등 터진다는 말이 있습니다. 그래서 금년에는 약한자를 도와서 주님을 기쁘시게 해드리고 약자들의 슬픔을 덜어주는 해가 되도록 서로가 노력해야 하겠습니다.

1. 약하여 절망에 빠진자를 찾아오시는 주님이십니다.

본문 5~6 "질병으로 38년 고생한 이를 찾아오신 주님이셨습니다"육체적인 면에서나 정신적인 면에서 지칠 대로 지친상태에서 절망에 빠져있는 그에게 찾아 오셨습니다. 주님은 "멸시받고 천대받는 자를 찾아오셔서 믿음으로 부요하게하시는 주님이십니다"(약 2 : 1~5) 세상인심은 외로운 자를 멸시하고 사업에 실패하고 병들고 가난한 자를 멸시하지만 주님은 언제나 그러한 자를 도와 주십니다. 우리들도 그렇게 해야 합니다 (살전 5 : 14). 절망은 사람을 자살까지도 가능케 하는 것입니다. 영국교회 주교인 제레미 콜리어는 "절망은 공포의 자식이요 나태와 성급함의 자식이며 이는 정신과 결단의 결함을 탓하기도 한다. 나는 운명의 책에 기록된 나의 불행이 필요에 의해 서명되고 인쳐진 것을 보기 전까지는 결코 절망하지 않을 것이다"하였고 영국의 작가인 오웬 펠담은 "절망하는 자는 하나님의 전지 전능하심을 비하시키고 말씀의 공정성을 인정하지 못하는 자로서 하나님을 불충분하신 분으로 보고 있음을 암시하는 것이다. 그는 성경 말씀을 헛되이 읽는 자요 세상을 주관하시고 인간의 모든 것을 다스리시는 하나님의 최고 권위를 부정 하는 자이다"하였으며 이탈리아의 시인인 피에트로 메타스타시스는 "절망하는 자는 사랑과 믿음이 결려된 자이다. 믿음과 소망과 사랑은 빛을 혼합해서 말하는 세 개의 횃불이기 때문이다. 이 셋은 그 중 어느 하나만 없어도 빛을 발하지 못한다"하였습니다. 그러므로 우리들도 절망에 빠진 사람들에게 복음을 전하여 소망을 주어야 하겠습니다.

2. 강자틈에 낀 약자를 찾아 오시는 주님이십니다.

본문 7 "내가 가는 동안에 다른 사람이 먼저 갑니다" 이는 법대로 순서대로 기다리다가는 평생에 있어서 자기 차례는 오지 아니하는 것입니다. 그 이유는 강자가 순서를 무시하기 때문입니다. 양보심이 없고 이해심이 없으며 희생정신이 없기 때문입니다. 자기만을 위하여 사는 형편이기 때문입니다. 그런데 주님께서는 그와 같이 약한자를 찾아오셔서 도와 주시는 것입니다. 세상 사람들은 자기보다 강한 자에게 아부하고 자기보다 못한 자에게는 멸시하고 천대하는 것입니다. 그러나 주님은 그와 정반대 입니다. 세상에는 강자들의 횡포 또한 만만치 아니함을 익히 알고 있는 것입니다. 느브갓네살과 아합왕과 같은 자들은 자기의 힘을 바탕으로 해서 약한자의 개인의 재산을 빼앗고 국가적으로 우상을 세워놓고 그것을 섬기라고 하는 일들이 있는 것이다. 이는 힘없는 백성인 나봇과 같이 조상으로부터 물려받은 유산을 힘 없이 빼앗기고 목숨까지 잃는 억울함을 당하고 느브갓네살 같은 권세자 때문에 아벳느고 사드락 메삭과 같은 자들이 불가마 속에 들어가야 하는 순교자들이 나타는 것입니다. 우리 한국이 강자들의 틈바구니에 끼어 얼마나 많은 고통을 당하였습니까? 그러나 하나님께서는 약한 자를 멸시치 아니하시고 귀하게 여기시는 것입니다. 그러므로 우리 성도들은 약자들을 불쌍히 여기는 마음으로 천한 자들을 따뜻하게 대해 주는 한 해가 되어지기를 바랍니다. 야고보서 저자는 기록하기를 "하나님 앞에서 정결하고 더러움이 없는 경건은 곧 고아와 과부를 그 환난 중에 돌아보고 또 자기를 지켜 세속에 물들지 아니하는 것이니라"(약 1 : 27) 하였습니다.

3. 약자를 찾아오셔서 도우시는 주님이십니다.

본문 8~9 "네 자리를 들고 걸어가라고 하시니 그 사람이 곧 나아서 걸어 갔다"고 하였습니다. 세상사람들은 거들떠 보지도 아니하는 사람을 주님께서는 불쌍히 여기시고 고치셨습니다. 그는 주님의 말씀에 순종하여 복을 받았습니다. 베데스다 못으로 들어가라 고하면 그의 노력이 필요하지만 네 자리를 들고 걸어 가라하시니 이는 순종이 필요한 것이었습니다. 약자는 인생을 의지하지 말고 (시 146 : 3~5) 도와주시는 하나님만 의지 하면 됩니다 (삼상 2 : 6~10, 히 13 : 6). 하나님은 언제나 약한 자를 찾아오셔서 도와 주시는 것입니다. 엘리야가 아합왕에게 고초를 당하여 힘없이 피하여 다닐 때에 주께서는 그를 도우시는데 때로는 까마귀를 통해서 먹을 것을 주시고 때로는 사르밧 과부를 통하여 먹여주시며 때로는 천사를 통하여 먹을 것을 주시는 것이였습니다. 그런가 하면 밤새도록 고기 한 마리도 잡지 못한 베드로에게 찾아오셔서 고기를 잡게 하셨습니다. 그뿐이 아니오라 앉은 뱅이를 고쳐주시고 귀머거리를 듣게 하시며 문둥이를 고쳐주시고 여러 가지 약하고 병든 자들을 고쳐 주셨습니다. 마태복음 저자는 기록하기를 "저물매 사람들이 귀신 들린 자를 많이 데리고 예수께 오거늘 예수께서 말씀으로 귀신을 쫓아 내시고 병든 자를 다 고치시니 이는 선지자 이사야로 하신 말씀에 우리 연약한 것을 친히 담당하시고 병을 짊어 지셨도다 함을 이루려 하심이더라" (마 8 : 16~17) 하였습니다. 그렇다면 우리들도 주님을 본 받아 약한 자들을 도우면서 사는 생활이 되도록 노력하는 한해가 되어야 하겠습니다.

결 론

주님께서 초림하신 목적은 절망에 빠진 사람을 도와 주시려고 강자틈에 끼어 어려운 일을 당하는 자를 찾아 오셔서 도와 주시기 위해서 오셨습니다. 그렇다면 우리들도 이사실을 널리 전해야 할 의무가 있음을 기억하고 강자보다는 약자를 도와서 주의 삶을 실천하는 한해로 삼아야 하겠습니다.

은혜를 보답합시다

골 1 : 6~12

6) 이 복음이 이미 너희에게 이르매 너희가 듣고 참으로 하나님의 은혜를 깨달은 날부터 너희 중에서와 같이 또한 온 천하에서도 열매를 맺어 자라는도다
7) 이와 같이 우리와 함께 종 된 사랑하는 에바브라에게 너희가 배웠나니 그는 너희를 위하여 그리스도의 신실한 일군이요
8) 성령 안에서 너희 사랑을 우리에게 고한 자니라
9) 이로써 우리도 듣던 날부터 너희를 위하여 기도하기를 그치지 아니하고 구하노니 너희로 하여금 모든 신령한 지혜와 총명에 하나님의 뜻을 아는 것으로 채우게 하시고
10) 주께 합당히 행하여 범사(凡事)에 기쁘시게 하고 모든 선한 일에 열매를 맺게 하시며 하나님을 아는 것에 자라게 하시고
11) 그 영광의 힘을 좇아 모든 능력으로 능하게 하시며 기쁨으로 모든 견딤과 오래 참음에 이르게 하시고
12) 우리로 하여금 빛 가운데서 성도의 기업의 부분을 얻기에 합당하게 하신 아버지께 감사하게 하시기를 원하노라

서 론

성도는 하나님의 은혜를 보답해야하고 자녀는 부모님의 은혜를 보답해야 하며 제자는 스승의 은혜를 보답해야 하는 것입니다. 지금까지 살아오면서 하나님께나 부모님께 및 스승에게 얼마나 은혜를 보

답했는지 생각하고 금년에는 은혜를 보답하면서 살아가야 할 것입니다. 사람이 은혜를 모르면 금수와 다를 바가 없는 것입니다. 은혜를 모르는 사람은 짐승과 같은 것입니다. 개도 제 주인의 은혜를 기억하는데 하물며 사람이 하나님의 은혜를 알지도 못하고 보답하지도 아니한다면 이는 인간의 도리가 아닌 것입니다. 어떤 사람은 말하기를 "은혜는 첫째는 선행하는 것이요, 둘째는 후행하는 것이다. 선행하는 것은 회심 전에 불가항력적으로 회심하도록 하는 것이고 후행은 회심한 후에 주시는 하나님의 능력과 보호를 의미한다"고 하였습니다. 여하간 우리는 하나님의 은혜로 구원을 받았으니 그 은혜를 보답하면서 살아야 하겠는데 해마다 다짐하지만 실제는 그렇게 하지 못하는 상태에 있는 것입니다. 그러나 금년에는 반드시 은혜를 보답하는 해가 되기를 바랍니다.

1. 하나님의 은혜를 보답합시다.

본문 6 "하나님의 은혜를 깨달은 날부터"하였습니다. 성도들은 물론이지만 일반인들도 그의 은혜를 힘입어 살아가고 있는 것은 사실이지만 그 은혜를 감사하며 보답하고자 하는 사람들은 심히 적은 것입니다. 즉 배은망덕한 금수와 같은 생활을 하고 있는 것입니다. 지금까지 살아있는 것과 자유와 평화 좋은 환경에서 살아가고 있는 것은 모두가 하나님의 은혜인 것입니다. 시편기자는 "여호와께 내게 주신 모든 은혜를 무엇으로 보답할꼬"(시 116 : 12~13) 하였습니다. 그러므로 우리들도 금년에는 주의 은혜를 보답하는 뜻에서 주일 잘 지키고 전도하며 십일조 드리고 감사와 찬송으로 주님께 영광 돌려 보내야 할 것입니다. 하나님의 은혜는 말로 다 할 수 없는 것입니다. 바울사도는 말하기를 "죄가 너희를 주관치 못하리니 이는 너희가 법 아래 있지 아니하고 은혜 아래 있음이니라"(롬 6 : 14) 하였고 "그러나 나의 나 된 것은 하나님의 은혜로 된 것이니 내게 주신 그의 은혜가 헛되지 아니하여 내가 모든 사람보다 더 많이 수고하였으나 내가 아니요 오직 나와 함께 하신 하나님의 은혜로라"(고전 15 : 10) 하였으며 "하나님이 능히 모든 은혜를 너희에게 넘치게 하시나니 이는 너희로 모든 일에 항상 모든 것이 넉넉하여 모든 착한 일을 넘치게 하게 하려 하심이라"(고후 9 : 8) 하였습니다. 이 모든 은혜를 무엇으로 보답해야 하겠습니까? 금년에는 주의 은혜를 보답하려고 노력해야 하겠습니다.

2. 부모님의 은혜를 보답합시다.

엡 6 : 1~3 "자녀들아 너의 부모를 주 안에서 순종하라 이것이 옳으니라 네 아버지와 어머니를 공경하라 이것이 약속 있는 첫 계명이니 이는 네가 잘되고 땅에서 장수하리라"하였습니다. 자식이 부모를 공경하는 것은 만고불변의 진리인 것입니다. 복 받기를 위하여 공경하는 것이 아니고 길러주신 은혜를 보답하는 뜻에서 공경하는 것입니다. 바울사도는 가정에 자녀가 있거든 먼저 자기 집에서 효를 행하여 부모에게 보답하기를 배우게 하라(딤전 5 : 4)고 하였습니다. 부모의 은혜를 보답하는 방법은 즐겁게 해드리고(잠 23 : 25, 17 : 22) 허물을 덜어드려야 하며(창 9 : 20~27, 벧전 4 : 8) 권위에 복종하여 부모를 경홀히 여기지 말아야 하고(신 27 : 16) 조롱하지 말아야 하며(잠 30 : 17) 부모 소유를 도적질 하지 말아야 합니다(잠 28 : 24). 영국의 퀘어커 교도인 윌리엄 펜은 "하나님 다음으로 귀한

분은 당신의 부모이다"하였고 미국의 신학자인 드라이언 에드워즈
는 "그대를 낳고 그대를 세심히 돌보며 양육하였고 젊었을 때는 그
대에게 교육시켰고, 전적으로 그대를 사랑한 부모를 공경하라. 공경
하고 복종하고 사랑하라. 그렇게 함으로 부모의 마음에 기쁨을 드리
는 것이요 하나님의 풍성하신 복을 그대에게로 내리게 하는 것이며.
장차 그대의 자녀가 그대가 한대로 그대에게 할 것이요, 그대의 삶
을 평안하게 하는 것이다"하였으며 미국의 목사인 헨리 워드 비치
는 "우리는 우리들 자신이 부모가 되기 전까지는 부모의 진정한 사
랑을 알지 못한다. 우리들의 자녀의 요람에서 처음으로 우리의 사랑
과 관심을 쏟을 때 비로소 하나님은 성전문을 여시고 아버지와 어머
니의 사랑의 거룩함과 신비를 우리에게 드러내 보이신다. 그리고 세
월이 흘러 부모들이 우리들의 주변에서 떠나 가셨을 때 언제나 우리
마음에서 떠나지 않는 슬픔이 있다. 그것은 우리가 이제야 알았노라
고 말해도 소용이 없는 부모의 사랑이요 사랑하는 분들에 관한 고상
한 특성의 가장 심오한 경험이다. 그들이 세상에 살아 계실 때 그 모
든 것을 알았더라면 얼마나 좋을까 하고 아쉬워해 보지만, 지상에서
는 영원히 풀 수 없는 문제가. 마음 한 구석에 깊이 자리 잡고 떠나
지 않는 것이다"하였습니다. 그렇습니다. 우리들은 부모님 살아계
실적에 효도해야 후회가 없을 것입니다.

3. 스승의 은혜를 보답합시다.

딤전 5 : 17 "잘 다스리는 장로들을 배나 존경할 자로 알되 말씀
과 가르침에 수고하는 이들을 더할 것이라"고 하였습니다. 하나님은
영생을 주신 분이고 부모님은 낳아서 길러주신 분이며 스승은 삶의

지혜와 지식을 가르쳐 주신 분입니다. 그런데 어찌 그 은혜들을 모른척하고 살아가겠습니까? 그러므로 현재 배우는 학생은 스승을 존경하면서 배우고 이미 졸업하신 분들은 종종 찾아 뵙고 인사 및 대접을 해야 할 것입니다. 스승은 사부 (師父) 라하여 가르치는 아버지라는 말인데 스승의 은혜를 모르면 이는 배은 망덕한 자라고 하지 아니할 수 없는 것입니다. 만약에 스승이 없었다고 한다면 지식을 누구에게 배우겠습니까 그런데 가르친다고 하는 것은 너무나도 어려운 일인 것입니다. 그래서 속담에 "스승의 변은 개도 먹지 않는다"고 하였습니다. 이는 스승의 고충이 얼마나 큰가를 말하는 것입니다. 그런데 지금은 스승의 존재를 귀하게 여기지도 아니하고 대접도 하지 아니하는 제자들이 얼마든지 있습니다. 심지어는 스승의 머리를 깎아버리는 일도 있고 스승의 사진을 땅에 놓고 발로 밟아버리는 일도 있으니 오늘의 사제간 (師弟間) 의 도리는 찾아 볼 수 없는 정도인지 오래입니다. 그렇지만 우리들은 스승의 은혜를 보답하는 진정한 지성인들이 되어야 하겠습니다.

결 론

올해는 그 동안 살기 바빠서 소홀했던 일들을 찾아서 재검토하고 재정비하여 알차게 살아가는 해가 되도록 해야 할 것입니다.

신앙의 경주

눅 13 : 22~30

22) 예수께서 각 성 각 촌으로 다니사 가르치시며 예루살렘으로 여행하시더니
23) 혹이 여짜오되 주여 구원을 얻는 자가 적으니이까 저희에게 이르시되
24) 좁은 문으로 들어가기를 힘쓰라 내가 너희에게 이르노니 들어가기를 구하여도 못하는 자가 많으리라
25) 집주인이 일어나 문을 한번 닫은 후에 너희가 밖에 서서 문을 두드리며 주여 열어 주소서 하면 저가 대답하여 가로되 나는 너희가 어디로서 온 자인지 알지 못하노라 하리니
26) 그때에 너희가 말하되 우리는 주 앞에서 먹고 마셨으며 주는 또한 우리 길거리에서 가르치셨나이다 하나
27) 저가 너희에게 일러가로되 나는 너희가 어디로서 왔는지 알지 못하노라 행악(行惡)하는 모든 자들아 나를 떠나가라 하리라
28) 너희가 아브라함과 이삭과 야곱과 모든 선지자는 하나님 나라에 있고 오직 너희는 밖에 쫓겨난 것을 볼 때에 거기서 슬피 울며 이를 갊이 있으리라
29) 사람들이 동서남북으로부터 와서 하나님의 나라 잔치에 참여하리니
30) 보라 나중된 자로서 먼저 될자도 있고 먼저 된 자로서 나중 될 자도 있느니라 하시더라

서 론

22~24까지는 좁은 문으로 들어가야됨을 말하고 25~27까지는 늦게 온 사람은 주께서 알지 못한다는 것이며 28~30까지는 쫓겨난 자의

참혹함을 말하는 것입니다. 경주는 운동장에서 달리는 것인데 경쟁자는 많지만 상 얻는 자는 하나라는 점입니다. 그러므로 열심히 해야 하고 출발 정신과 끊기 있는 지구력과 인내가 필요한 경기입니다. 금년 한 해의 삶의 경주를 하는데 연초부터 연말까지 삶의 경주를 잘 하여 상급을 받는 한 해가 되도록 노력해야 하겠습니다.

1. 출발하는 정신이 좋아야 합니다.

본문 22~24 "구원을 얻은 자가 적으니까 좁은 문으로 들어가기를 힘쓰라 들어가기를 구하여도 못하는 자가 많으니라"하였습니다. 뛰는 사람이 많이 있지만 상 받는 사람은 한명에서 삼명에 불과합니다. 그래서 경주하는 자의 정신이 무엇보다도 중요한 것입니다. 시작을 어떻게 하느냐는 것은 결과를 좌우하는 것입니다. 같은 원리로 예수를 처음 믿을 때 어떤 정신으로 예수를 믿느냐가 정말 중요한 것입니다. 바울은 말하기를 "운동장에서 달음질하는 자들이 다 달아날지라도 오직 상 얻는 자는 하나인 줄을 너희가 알지 못하느냐 너희도 얻도록 이와 같이 달음질 하라"(고전 9 : 24) "이는 유업의 상을 주게 받을 줄 앎이니 너희는 주 그리스도를 섬기라"(골 3 : 24) 그러므로 예수를 믿을 때부터 단단한 각오와 일사각오의 정신을 가지고 시작을 해야합니다. 미국의 성직자인 알렉산더 클락은 "우리의 시작을 잘 지켜보자. 결과들은 그것들 스스로가 잘 관리할 것이다"하였고 영국의 작가인 윌리엄 셰익스피어는 "처음 시작할 때 완전 무결하게 하고 출발하라. 그리고 완숙하는 시간이 되기 전에 불행한 움이 돋나 살펴보라"하였으며 김경선씨는 "시작이 없는 끝은 있을 수 없다. 태초에 하나님이 천지를 창조하셔서 이 때까지 존재하건만

무신론자들은 시작이 없이 자연히 생겨 났다고 한다"하였습니다. 그러므로 금년에 연초부터 삶의 시작을 잘 해서 한 해를 무사히 보내야 하겠습니다.

2. 법대로 달려야 합니다.

본문 25～27 "나는 너희가 어디로서 온 자인지 알지 못하노라 행악하는 모든 자들아 나를 떠나라"하였습니다. 이는 불법을 행한 자들의 말로가 어떠함을 보여주는 것입니다. 아무리 경기를 잘해도 경기법칙을 어기면 상을 탈 수가 없는 것입니다. 그래서 바울은 말하기를 "내가 달음질 하기를 방향없는것 같이 아니하고 싸우기를 허공을 치는 것같이 아니하여 내가 내몸을 쳐 복종케 함은 남에게 복음을 전파한 후에 자기가 도리어 버림이 될까 두려워 함이로다"(고전 7 : 26～27) 신앙생활도 하나님의 말씀의 법을 떠나면 결코 잘할 수가 없고 하나님의 말씀대로 해야 제대로 하는 것입니다. 예수님은 "문으로 들어가지 아니하는 것이 도적이라"(요 10 : 1～2)고 하였습니다. 좋은 법은 올바른 일을 하기는 쉽게 되어있고, 악한 일을 하기는 어렵게 되어 있는 것입니다. 그래서 법은 사람들이 모여 사는 사회를 지탱하기 위한 질서라고 보아야 할 것입니다. 영국의 판사인 윌리엄 블랙스턴경은 "법은 백성들의 도덕 감각을 구체적으로 표현한 것이다"하였고 영국의 정치가인 에드워드 하이드클래아렌돈은 "법은 우리의 자유의 표준이요, 보호자이다. 법은 경계선을 그어놓고 방어한다. 그러나 법없는 자유를 생각한다는 것은 마치 모든 사람의 손에 칼이 들려져서 서로 죽이는 일을 하는 것으로, 필경 자기보다 약한 자는 살해될 것이다. 이는 자유를 외치는 자들에게는 조

금도 즐거운 일이 되지 못한다"하였으며 아테네 입법자인 솔론은
"한 나라가 튼튼하게 되려면 행정관들은 법에 복종해야 되고 백성들
은 행정장관들에게 복종해야 한다"하였습니다. 그러므로 한 해를
바로 살려면은 하나님의 법을 먼저 지키고 그리고 인간에게 세운 법
도 지켜야 하겠습니다 (벧전 2 : 13~17).

3. 계속해서 달려야 합니다.

본문 3 "나중된 자로서 먼저될 자도 있고 먼저된자로서 나중될
자도 있느니라"하였습니다. 이는 처음 시작한 출발점에서 얼마나 꾸
준히 끝까지 달렸느냐가 문제인 것입니다. 히브리서 기자는 "또 뒤
로 물러가면 기뻐하지 아니하시고 그리고 뒤로 물러가 침륜에 빠질
자가 아니요 오직 영혼을 구원함에 이 르는 믿음을 가진 자라"(히
10 : 38~39)고 하였습니다. 신앙 생활은 전심전력 다하여 진보적인
면을 보여야 합니다. 그렇게 하기 위해서는 상급을 목표로 하고 달
려야 하고 (빌 3 : 14) 승리한 자가 받는 상급 및 영광을 생각하고 끝
까지 인내하면서 달려야 합니다 (롬 8 : 18, 마 24 : 3, 약 5 : 11). 운
동장에서 달리는 경주는 무엇보다도 지구력이 있어야 합니다. 즉 인
내력이 남달리 강해야 합니다. 같은 맥락에서 성공적인 삶을 살아가
려면 무엇보다도 인내력이 필요한 것입니다. 인내는 쓰지만 열매는
달다는 말이 있는데 노력은 성공의 어머니라고 하지만 인내 없는 노
력은 성공하기 힘든 것입니다. 칠전팔기 (七顚八起)라는 말이 있는
데 일곱번 넘어져도 여덟 번째는 일어난다는 말입니다. 그렇게 하기
위해서는 무엇보다도 인내심이 필요한 것입니다. 영국의 박애주의
자인 토마스 포웰 벅스턴 경은 "나는 한 가지 교훈을 가지고 있다.

내가 이 교훈 덕택에 대단한 것을 이루지는 않아도 내가 전에 가지고 있던 사소한 것들은 모두 이 교훈 덕택에 이룬 것이다. 즉 평범한 재능과 비범한 인내를 가질 때 모든 것을 다 성취할 수 있다"하였고 미국의 작가인 사무엘 G. 굿리치는 "인내는 연약함에 힘을 주고 가난함에 세상의 부(富)를 열어준다. 인내는 황량한 땅에 풍요를 뿌리고, 가시와 찔레가 있는 사막 같은 자리에 아름다운 꽃이 피고 번성하고 열매 맺게 한다"하였으며 예수 그리스도는 "너희의 인내로 너희 영혼을 얻으리라"(눅 21 : 19) 하였습니다. 그러므로 금년에는 독특한 인내력을 발휘하여 성공하는 한 해가 되도록 노력하여야 하겠습니다.

결 론

운동장의 경주나 신앙의 경주나 원리는 같기 때문에 열심히 법대로 올바른 정신을 가지고 계속해서 잘해야 합니다. 그래야 금년에도 성공적인 삶을 살아서 영육간에 아울러 승리함을 얻을 것입니다.

그리스도의 초림을 생각하고

빌 2 : 5~8

5) 너희 안에 이 마음을 품으라 곧 그리스도 예수의 마음
이니
6) 그는 근본 하나님의 본체시나 하나님과 동등됨을 취할
것으로 여기지 아니하시고
7) 오히려 자기를 비어 종의 형체를 가져 사람들과 같이
되었고
8) 사람의 모양으로 나타나셨으매 자기를 낮추시고 죽기
까지 복종하셨으니 곧 십자가에 죽으심이라

서론

예수 그리스도는 약 2천년전에 하늘의 영광과 보좌를 버리시고 죄
많은 이 땅에 오셨습니다. 우리는 예수께서 오신 사실을 생각해야 합
니다. 그리고 그를 본받아 합당하게 살아야 그를 진정으로 기쁘시게
해드리는 것입니다. 그렇다면 그가 어떻게 이 땅에 오셨는가를 살펴
볼 필요성이 있습니다. 그 이유는 성탄절을 보다 더 보람되게 보내기
위하여서 입니다. 성탄절은 먹고 마시고 즐기며 선물이나 나누는 날
로 알고 있다면 이는 매우 잘못된 것입니다. 그런데 오늘의 성탄절을
지켜보면 술 집에서 먼저 성탄기분을 내고 상점에서 각 직장에서부

터 시작이 되니 교회도 일반인들의 풍습을 따라 큰 의미 없이 보내는 이들이 적지 않다는 것입니다. 그러므로 금년의 성탄절은 예년과는 달리 주님께서 기뻐하시는 성탄절로 지켜야 하겠습니다.

1. 자기 신분을 낮추시고 오셨습니다.

본문 6 "그는 근본 하나님이시나 하나님과 동등 됨을 취하지 아니하시고"하였습니다. 이는 자기의 신분을 낮추시고 오셨다는 것입니다. 그는 말하기를 "인자가 온 것은 섬김을 받으려 함이 아니라 도리어 섬기려하고 자기 목숨을 많은 사람의 대속물로 주려함이라" (마 20 : 28) 하였습니다. 심지어는 종의 형체를 입으시고 섬기는 자의 모습으로 오셨습니다. 이와 같은 사실을 생각하고 우리들도 겸손하게 생활하여 초림하신 예수 그리스도를 본받아 주님을 기쁘시게 하심이 진정한 성탄축하가 될 것입니다. 낮추었다는 것은 겸손함을 말하는 것인데 주님의 성탄을 맞이하여 어느 해보다도 겸손하여 많은 사람들에게 은혜를 끼쳐야 합니다. 겸손한 마음은 모든 은혜를 받는 용기라는 말이 있습니다. 그래서 겸손한 성도가 되어야 하겠습니다. 영국의 작가인 죤 드라이든은 "겸손은 제일의 덕이다"하였고 어떤 사람이 말했는지는 알 수 없으나 "겸손에 이르는 다섯 가지 덕에 대하여 첫째, 자기의 죄를 알아 비천에 거하라. 둘째, 자기의 죄를 통회하고 사실대로 고백하라. 셋째, 남이 자기 결점을 알고 하는 업신여김은 달게 받으라. 넷째, 모욕을 참을 뿐 아니라 달게 받으라. 다섯째, 모든 전쟁과 공포를 하나님께 돌리고 자기에게 돌리고 남에게 돌리지 말라"하였으며 예수 그리스도는 "나는 마음이 온유하고 겸손하니 나의 멍에를 메고 내게 배우라 그러면 너희 마음이 쉼을 얻으리라"(마 11 : 29) 하였습니다. 그러므로 성탄절을 맞이하여 더욱 겸손한 성도들이 되어야 하겠습니다.

2. 희생하려고 오셨습니다.

본문 8 "자기를 낮추시고 죽기까지 복종하였다"고 하였습니다. 예수 그리스도는 자신을 위하여 오시지 아니하시고 자신이 희생하여 타인을 살리시려고 오셨다는 것입니다. 즉 한 알의 밀이 되어 자신은 썩고 많은 사람을 살리시고저 하셨다. 그 말입니다. 환영이나 대접이나 그 어떠한 칭찬도 원치 아니하시고 오직 자신을 희생시켜서 많은 사람을 구속하시기 위한 것이었습니다. 이와 같은 사실을 알고 구원받은 우리 성도들도 희생정신을 발휘하여 구주 성탄을 진정으로 축하해야 할 것입니다. 그렇게 하기 위해서는 무엇 보다도 주님의 정신을 이어 본받아 희생하는 성도들이 되어야 하겠습니다. 촛불은 다른 것들을 비추고 자신은 소멸된다는 말이 있는데 예수 그리스도의 초림은 하나님 편에서 볼 때나 예수 그리스도께서 보실 때는 매우 큰 희생인 것입니다. 영국의 소설가인 에드워드 죠지 벌워―리튼은 "자기를 희생하는 사람은, 잘못을 저지르지 않는다"하였고 영국의 비평가인 죠지 버나드 쇼는 "자기 희생은 부끄럼없이 다른 사람도 희생하도록 할 수 있다"하였으며 영국인의 시인인 사무엘 다니엘은 "헌신은 복종의 어머니다"하였습니다. 이는 희생없이는 헌신 할 수 없고 헌신 없이는 희생할 수 없는 것입니다. 그러므로 구주 초림하신 날을 맞이하여 자기 희생에 최선을 다하여 예수 그리스도의 초림하신 뜻을 널리 몸소 알려야 할 것입니다. 그런데 오늘의 성도들은 희생없이 성탄절을 맞이하여 즐기는 날로만 알고 보내는 정도의 수준입니다. 이는 많은 문제가 있다고 보는 것입니다. 그도 그럴 것이 희생하시려고 오신 예수 그리스도를 맞이하는 태도가 희생 정신 없이 이 날을 보내고 있다는 것입니다. 그러므로 성탄절을 맞이하여 희생하여 남을 돕는 일에 최선을 다해야 할 것입니다.

3. 우리들도 그의 정신을 본받아야 하겠습니다.

본문 5 "너희안에 이 마음을 품으라 곧 그리스도 예수의 마음이니"하였습니다. 예수의 마음은 항상 온유하고 겸손합니다. 그래서 그에게 가서 배우면 마음에 쉼을 얻는 것입니다 (마 11 : 29). 우리들도 자기를 낮추고 타인을 위하여 희생할 때 예수 그리스도께서 이 땅에 초림하신 목적을 충분히 이룰 것입니다. 이것이 진정한 구주 성탄을 축하하는 태도일 것입니다. 예수 그리스도의 마음은 섬김을 받으려는 것이 아니고 도리어 섬기려는 것이 었습니다. 예수께서 말씀하시기를 "너희 중에 누구든지 으뜸이 되고자 하는 자는 너희 종이 되어야 하리라 인자가 온 것은 섬김을 받으려 함이 아니라 도리어 섬기려 하고 자기 목숨을 많은 사람의 대속물로 주려 함이니라" (마 20 : 27~28) 하였습니다. 이는 교만하지 않고 겸손하여 사람들의 영혼을 구원하려고 자기를 희생시키겠다는 정신 입니다. 그리고 주 예수 그리스도는 행동으로 그의 정신이 무엇인가를 보여주시는데 자신이 물을 떠다가 제자들의 발을 씻어 주시고 하시는 말씀이 너희도 이와 같이 행하라고 하였습니다 (요 13 : 4~15). 그리하여 바울사도는 예수 그리스도를 본 받고 다른 사람들에게도 자기를 본받으라고 외쳤습니다 (고전 11 : 1). 그러므로 금년 성탄절을 맞이하여 예수 그리스도의 정신을 본 받아야 하겠습니다.

결 론

거창한 행사로서 구주 성탄을 축하하지 말고 그분의 뜻을 이루어서 진정으로 기쁘시게 해드리는 실속 있는 축하를 할 수 있게 해야 할 것입니다.

새해 새 사람

엡 4 : 22~24

22) 너희는 유혹의 욕심을 따라 썩어져 가는 구습(舊習)
을 좇는 옛 사람을 벗어 버리고
23) 오직 심령으로 새롭게 되어
24) 하나님을 따라 의와 진리의 거룩함으로 지으심을 받
은 새사람을 입으라

서 론

다사다난했던 1994년도는 역사속으로 사라지고 대망의 1995년도
의 새해를 맞이한 이때 새로운 기분과 새로운 계획, 새로운 생활이
시작되어야 하겠습니다. 그런데 해마다 비장한 각오를 가지고 새 사
람이 되어야 하겠다고 마음을 굳게 다짐하지만 실천하는 면에서는
생각대로 되지 않고 한 해를 아쉬움 속에서 넘기는 일들이 적지 않습
니다. 그래도 새 해가 되면 또 한번 새로운 각오로 한 해를 맞이하는
것입니다.

1. 옛 사람을 벗어 버려야 하겠습니다.

본문 22 "너희는 유혹의 욕심을 따라 썩어져 가는 구습을 좇는 옛 사람을 벗어 버리고"하였습니다. 때묻고 더러워진 옷은 벗어 버리는 것이 마땅한 것입니다. 새해를 맞이하여 옛날 더러운 행동은 벗어 버려야 할 것입니다. 바울사도는 옛사람은 예수와 함께 십자가에 못을 박히자는 것입니다. 이것이 죄를 멸하는 것이라고 하였습니다(롬 6:6). 즉 회개하자는 말입니다. 작년까지도 버리지 못하고 끊지 못한 주초 문제와 도박 그리고 죄의 근원이 되는 모든 것을 끊어 버리자는 것입니다. 더러운 구습의 사람은 벗어버리고 새로운 모습의 사람으로 변화되자는 그 말입니다. 사람이 나이가 아무리 많아도 성격이 변화되지 아니하면 해가 아무리 바뀌어도 소용이 없는 것입니다. 그러므로 성령의 충만함으로 변화를 받아 새 해에 새 사람답게 살아야 할 것입니다. 시편 저자는 기도하기를 "하나님이여 내 속에 정한 마음을 창조하시고 내 안에 정직한 영을 새롭게 하소서"(시 51:10~11) 그렇습니다 아무리 인간이 새롭게 되려고 노력하지만 하나님께서 도와주시지 아니하시면 불가능한 것입니다. 스가랴서 저자는 기록하기를 "그가 내게 일러 가로되 여호와께서 스룹바벨에게 하신 말씀이 이러하니라 만군의 여호와께서 말씀하시되 이는 힘으로도 되지 아니하며 능으로도 되지 아니하고 오직 나의 신으로 되느니라"(슥 4:6) 하였습니다. 이는 인간의 노력만 가지고는 도저히 새롭게 될 수 없다는 것입니다. 그래서 고린도서 저자는 기록하기를 "그런즉 누구든지 그리스도 안에 있으면 새로운 피조물이라 이전 것은 지나 갔으니 보라 새 것이 되었도다"(고후 5:17) 하였습니다. 그러므로 금년에는 하나님의 도우심을 받아 성령의 충만함으로 모든 면에서 새롭게 되는 역사가 일어나기를 바랍니다.

2. 새 마음을 가지자는 것입니다.

롬 12 : 2 "오직 마음을 새롭게 하여 변화를 받아 하나님의 선하시고 기뻐하시는 온전하신 뜻이 무엇인지 분별하도록 하라"하였습니다. 사람이 마음이 변하기 전에는 생활이 변하지 아니하는 것입니다. 그러므로 사람은 마음을 단단히 먹어야 하는 것입니다. 마음을 어떻게 먹느냐에 따라서 생활이 달라지는 것입니다. 바울은 마음으로 깨달아 의에 이르고 입으로 시인하여 구원에 이른다 하였습니다 (롬 10 : 10). 예레미야 선지자는 만물보다 거짓되고 부패한 것이 마음이라 하였습니다 (렘 17 : 9). 그래서 시편 기자는 "하나님이여 내 속에 정한 마음을 창조하시고 내 안에 정직한 영을 새롭게 하소서" (시 51 : 10) 하였습니다. 마음이 청결한 자는 하나님을 본다. (마 5 : 8) 고 하였습니다. 그러므로 마음이 변하여 새로운 생활이 시작되게 해야 할 것입니다. 사람이 바른 생활을 하려면 먼저 마음이 변해야 됩니다. 즉 심령이 변화되어야 생활이 변화된다는 것입니다. 금년에는 성령으로 마음이 변화하여 새로운 생활이 되어야 하겠습니다. 사람이 변화된 증거는 먼저 심령의 변화가 와야하고 그 다음에 생활에 변화가 와야 하는 것입니다. 누구든지 그 동안의 생활이 잘못된 것인 줄 알아야 고치는 생활이 뒤 따르는 것입니다. 에베소서 저자는 기록하기를 "너희는 유혹의 욕심을 따라 썩어져 가는 구습을 좇는 옛 사람을 벗어버리고 오직 심령으로 새롭게 되어 하나님을 따라 의와 진리의 거룩함으로 지으심을 받은 새 사람을 입어라 그런즉 거짓을 버리고 각각 그 이웃으로 더불어 참된 것을 말하라 이는 우리가 서로 지체가 됨이니라 분을 내어도 죄를 짓지 말며 해가 지도록 분을 품지 말고 마귀로 틈을 타지 못하게 하라 도적질하는 자는 다시 도적질 하지 말고 돌이켜 빈궁한 자에게 구제할 것이 있기 위하여 제 손으로 수고하여 선한 일을 하라 무릇 더러운 말은 너희 입밖에도 내지 말고 오직 덕을 세우는데 소용이 되는 대로 선한 말을 하여 듣는 자들에게 은혜를 끼치게 하라"(엡 4 : 22~29) 하였습니다. 이는 마음만 변하기를 바라지 않고 생활이 변하기를 바라는 것입니다.

3. 새 사람다운 생활을 해야 합니다.

고후 5 : 17 "그리스도 안에 있으면 새로운 피조물이라 이전 것은 지나 갔으니 보라 새것이 되었도다"하였습니다. 새해를 맞이하여 새로운 생활이 시작되는 것은 너무나도 당연한 계획인줄 압니다. 바울은 어두움의 일을 벗어 버리고 빛의 갑옷을 입자라고 하였습니다(롬 13 : 13). 우리들도 새해를 맞이 했으니 지난해 보다는 새로운 생활이 시작되어야 하겠습니다. 주일도 잘 지키고 전도도 하며 십일조도 그 외에 교회와 가정을 위하여 열심히 봉사하는 새로운 생활이 시작되어야 할 것입니다. 새 사람은 말로만 새 사람이 되었다고는 할 수 없고 그의 생활이 새 사람이 된 것을 증명해 주어야 합니다. 예수 그리스도의 말씀에 "그의 열매로 그들을 알지니 가시나무에서 포도를 또는 엉겅퀴에서 무화과를 따겠느냐 이와 같이 좋은 나무마다 아름다운 열매를 맺고 못된 나무가 나쁜 열매를 맺나니 좋은 나무가 나쁜 열매를 맺을 수 없고 못된 나무가 아름다운 열매를 맺을 수 없느니라 아름다운 열매를 맺지 아니하는 나무마다 찍혀 불에 던지우니라 이러므로 그의 열매로 그들을 알리라"(마 7 : 16~20) 하였습니다. 이는 말로만 좋은 나무라고 해서 될 일이 아니고 반드시 그의 열매가 증거해야 하는 것입니다. 그러므로 사람도 새롭게 변했다면 반드시 생활도 변해야 합니다. 그래서 금년에는 새로운 생활로서 하나님께 영광을 돌려야 하겠습니다. 그 이유는 새로운 생활이 있기 전에는 성령을 근심케 하는 더러운 생활을 하였지만 새롭게 된 후에는 그렇게 해서는 안되기 때문 입니다. 에베소서 저자는 기록하기를 "하나님의 성령을 근심하게 하지 말라 그 안에서 너희가 구속의 날까지 인치심을 받았느니라 너희는 모든 악독과 노함과 분냄과 떠드는 것과 훼방하는 것을 모든 악의와 함께 버리고 서로 인자하게 하며 불쌍히 여기며 서로 용서하기를 하나님이 그리스도 안에서 너희를 용서하심과 같이 하라"(엡 4:30~32) 하였습니다. 그렇습니다. 그와 같은 변화는 당연한 것입니다.

결   론

새해를 맞이하여 새로운 변화를 받아 새로운 생활을 시작하여 새로운 사람의 생활이 나타나게 해야 하겠습니다. 그 이유는 지금까지 우리들의 생활이 변화되지 못하여 하나님께 영광을 돌리지 못하고 사람들에게 덕을 세우지 못하였으며 자신과 후손들에게 복되게 살지 못하였지만 금년에는 반드시 변해야 하겠습니다. 그리하여 하나님께는 영광을 돌리고 사람들에게는 덕을 세우며 자신과 후손에게는 복된 삶을 살아야 하겠습니다.

한 해를 보내면서

빌 3 : 12~16

12) 내가 이미 얻었다 함도 아니요 온전히 이루었다 함도
아니라 오직 내가 그리스도 예수께 잡힌 바 된 그것을 잡
으려고 좇아가노라
13) 형제들아 나는 아직 내가 잡은 줄로 여기지 아니하고
오직 한 일 즉 뒤에 있는 것은 잊어버리고 앞에 있는 것
을 잡으려고
14) 푯대를 향하여 그리스도 예수 안에서 하나님이 위에
서 부르신 부름의 상을 위하여 좇아가노라
15) 그러므로 누구든지 우리 온전히 이룬자들은 이렇게
생각할지니 만일 무슨 일에 너희가 달리 생각하면 하나님
이 이것도 너희에게 나타내시리라
16) 오직 우리가 어디까지 이르렀든지 그대로 행할 것이라.

서 론

1994년도 오늘이 마지막 주일입니다. 한 해를 보내면서 새해를 맞이
하려고 하니 깊은 감회에 빠지게 되는 것입니다. 일년동안 무엇을 했
으며 새해는 어떻게 맞이할까 등등 야릇한 감정에 사로 잡히게 되는
것입니다. 그러므로 우리는 한 해를 정리하고 새해를 계획한다는 뜻
에서 생각할 것이 많을 것입니다.

1. 과거를 반성해 보아야 합니다.

본문 13 "오직 한 일 뒤에 것은 잊어버리고 앞에 있는 것을 잡으려고 푯대를 향하여 좇아가노라"하였습니다. 사람이면 누구나 과거를 반성해 볼 필요성이 있습니다. 잘한 것도 잘못한 것도 모두 반성해서 모두다 잊고 가야 합니다. 그 이유는 잘못을 잊지 아니하면 낙심하고 잘한 것을 잊지 아니하면 교만하여 더 이상 성장할 수 없기 때문입니다. 믿지 아니할 때의 일도 잊어 버리고 (눅 9 : 62) 죄를 범하고 회개 했으면 잊어 버리고 가야 합니다 (눅 18 : 9~14). 그래야만 받는 은혜를 오랫동안 간직할 수 있는 것입니다. 과거를 반성한다는 것은 한 해를 보내면서 매우 귀중한 것입니다. 로크는 "교육은 신사를 만들고 독서는 좋은 벗을 만들며, 반성은 완전한 사람을 만든다"하였고 그리스의 철학자인 피타고라스는 "밤마다 자리 속에 들어가면 먼저 그날 행한 일의 가장 뚜렷한 것을 반성하라"하였으며 논어에는 "내심으로 반성해 보아 가책하는 일이 없다면 그 무엇을 두려워하고 무엇을 겁낼 것인가?"하였습니다. 그렇습니다. 반성은 인간을 인간답게 만드는 과정인 것입니다. 그러므로 한 해를 뒤돌아 보면서 철저하게 반성하고 새해를 맞이하여야 할 것입니다.

2. 현재에 충실해야 합니다.

본문 16 "오직 우리가 어디까지 이르렀든지 그대로 행할 것이라"하였습니다. 최후의 순간까지 충실해야 합니다. 존슨은 "현재의 시간만이 인간의 것임을 알라"고 하였습니다. 그렇습니다. 과거는 흘러간 물과 같은 것이요 미래는 알 수 없는 수수께끼 같은 것이기 때문입니다. 스미드는 "오늘은 항상 어제와 다르다"하였으며 세네카는 "지나간 시간은 모두 잃어버린 시간이요 우리들이 지금 소비하고 있는 바로 그날은 우리의 자신과 죽음 사이에 분배된다"고 하였습니다. 성경은 과거에도 접착하지 못하게 하고 미래에도 매달리지 못하게 하고 현재에 충실하라고 합니다 (마 6 : 34). 그래서 과거를 내세우지 말고 미래를 약속하지 말며 현재에 최선을 다해야 할 것입니다. 현재의 중요성을 로마 황제 마르쿠스 아우렐리우스 안토니우스는 "모든 사람의 생은 현재에 있다. 과거는 흘러갔으며, 미래는 불확실 하다"하였으며 영국의 성직자인 칼렙 C. 콜턴은 "사람들은 언젠가 시간이 있을 때 크게 행복해 지고자 하는 기대속에서 생을 소비한다. 그러나 현재의 시간은 다른 어떤 것보다 우월한 이점을 가지고 있다. 그것은 바로 우리의 것이다. 과거의 기회는 지나갔고, 미래는 아직 오지 않았다. 우리는 포도주를 저장하듯이 쾌락을 저장하고 있는지도 모른다. 그러나 둘 다 당신이 맛보기를 너무 오래 지체하면 오래되어 쉬어버리고 말 것이다"하였으며 프랑스 철학자인 블래즈 파스칼은 "자신의 생각을 고찰해 보면 과거나 미래에 전념하고 있다는 것을 발견하게 될 것이다. 우리는 현재에 대해 거의 생각하지 않는다. 혹은 생각을 한다 할지라도 미래를 규정하기 위한 지침을 빌리는 것일 뿐이다. 현재는 결코 우리의 목표가 아니다. 우리는 과거와 현재를 수단으로 이용하고 있을 뿐이며, 미래 만이 우리의 목적이다. 그러므로 우리는 사는 것이 아니라 단지 살고자 바랄 뿐이다"하였습니다. 그러므로 현재를 중요시 하고 충실하게 살아야 합니다.

3. 미래를 위하여 전진해야 합니다.

본문 14 "푯대를 향하여 그리스도 예수 안에서 하나님이 위에서 부르신 부르심을 위하여 좇아 가노라"하였습니다. 성도는 과거의 죄악에서 구원을 받았고 현재의 구원도 받았고, 미래의 구원도 받는 것입니다. 그러나 아직은 누리는 완전 구원을 받지 못하였습니다. 그리하여 현재에 만족하지 말고 더욱 발전할 수 있게 해야 합니다. 바울사도는 "모든 일에 전심전력하여 너의 진보를 모든 사람에게 나타나게 하라"(딤전 4 : 15) 하였습니다. 현재의 구원은 얻은 것이지만 미래의 구원은 누리는 구원입니다. 그러므로 누릴 구원을 위하여 지금부터 더 많이 준비해야 할 것입니다(마 6 : 19~21, 계 2 : 10, 시 37 : 25~26). 사람은 과거도 중요하고 현재도 중요하지만 미래도 매우 중요한 것입니다. 그 이유는 미래가 없으면 절망에 빠져서 삶의 의욕을 잃고 자살할가능성도 있기 때문입니다. 바울사도는 기록하기를 "생각건대 현재의 고난은 장차 우리에게 나타날 영광과 족히 비교할 수 없도다"(롬 8 : 18) 하였습니다. 특히 기독교인들은 무엇보다도 미래에 산다고 해도 과언이 아닙니다. 특히 주님의 재림이 우리들에게는 소망이고 그리고 죽음도 우리의 바라는 바입니다. 베드로사도는 기록하기를 "주의 약속은 어떤 이의 더디다고 생각하는 것과 같이 더딘 것이 아니라 오직 너희를 대하여 오래 참으사 아무도 멸망치 않고 다 회개하기에 이르기를 원하시느니라 그러나 주의 날이 도적 같이 오리니 그날에는 하늘이 큰 소리로 떠나가고 체질이 뜨거운 불에 풀어지고 땅과 그 중에 있는 모든 일이 드러나리로다. 이 모든 것이 이렇게 풀어지리니 너희가 어떤 사람이 되어야 마땅하뇨 거룩한 행실과 경건함으로 하나님의 날이 임하기를 바라고 간절히 사모하라 그날에는 하늘이 불에 타서 풀어지고 체질이 뜨거운 불에 녹아지려니와 우리는 그의 약속대로 의의 거하는바 새 하늘과 새 땅을 바라보도다"(벧후 3 : 9~13) 하였습니다. 이는 기독 교인들이 미래의 소망인 것입니다. 이와 같은 소망이 있기 때문에 순교를 웃으면서 하는 것입니다.

결 론

한 해를 보내면서 새해를 맞이할 준비로 과거를 반성하고 현재를 충실해야 하며 미래를 대비하는 준비를 철저히 해야 하겠습니다.

주께 소망을 가진 자는?

요1서 3:3~9

3) 주를 향하여 이 소망을 가진 자마다 그의 깨끗하심과 같이 자기를 깨끗하게 하느니라
4) 죄를 짓는 자마다 불법(不法)을 행하나니 죄는 불법이라
5) 그가 우리 죄를 없이하려고 나타내신 바 된 것을 너희가 아나니 그에게는 죄가 없느니라
6) 그 안에 거하는 자마다 범죄하지 아니하나니 범죄(犯罪)하는 자마다 그를 보지도 못하였고 그를 알지도 못하였느니라
7) 자녀들아 아무도 너희를 미혹하지 못하게 하라 의를 행하는 자는 그의 의로우심과 같이 의롭고
8) 죄를 짓는 자는 마귀에게 속하나니 마귀는 처음부터 범죄함이니라 하나님의 아들이 나타나신 것은 마귀의 일을 멸하려 하심이니라
9) 하나님께로서 난 자마다 죄를 짓지 아니하나니 이는 하나님의 씨가 그의 속에 거함이요 저도 범죄치 못하는 것은 하나님께로서 났음이라

서 론

새해에 하나님의 크신 은총이 함께 하시기를 축원합니다. 금년에 하나님께 바라는 것이 있다면 먼저 우리들의 자신을 깨끗하게 해야 합니다 (고후 7:1). 그래야 하나님의 복이 임하는 것입니다. 그러므

로 올해에는 깨끗한 생활을 해서 여러분들의 소원이 성취되시기를 바랍니다. 영국의 철학자인 토마스 칼라일은 "인간은 소망에 기초를 두고 있다. 그는 소망외에 다른 것을 가지고 있는 것이 없다. 이 세상은 강조적인 의미에서 소망을 가지는 장소이다"하였고 영국의 작가인 사무엘 스마일즈는 "소망은 태양과 같아서 그 소망을 향해서 걸어 나아가면 우리가 진 짐의 그림자는 뒤로 드리우게 된다"하였으며 영국의 비평가인 윌리엄 해즐리트는 "소망은 최선의 소유이다. 소망이 없는 자만큼 완전히 철저하게 된 자는 없을 것이요 소망이 없는 인간보다 더 인생의 밑바닥으로 떨어진 사람도 없다"하였습니다. 그러므로 인간은 소망을 가지고 살아야 합니다.

1. 깨끗하면 새 힘을 얻는 것입니다.

욥 17 : 9 "깨끗한자는 점점 새 힘을 얻는다"고 하였습니다. 바울 사도는 "범사에 양심을 따라 살았다"(행 23 : 1)고 하였으며 베드로는 "양심을 따라 살면" 하나님을 향하여 가는 힘이 있다(벧전 3 : 21)고 하였습니다. 여호와를 앙망하는 힘이 생기면 하나님께서는 새 힘을 주시는 것입니다(사 40 : 31). 깨끗한 마음으로 하나님을 섬기면 영력이 충만해 지는 것입니다. 삼손이 죄를 지어 힘이 빠졌지만 그가 마지막으로 간구하여 새 힘 얻어서 살아 생전에 죽인 수 보다도 죽으면서 죽인 수가 더 많다고 하였습니다. 우리들도 그 동안에 지은 죄 때문에 많은 일을 못하였고 많은 복을 받지 못하였지만 금년에는 깨끗한 생활을 해서 하나님 섬기는 새 힘을 얻어 믿음대로 되어지기를 바랍니다. 하나님께서는 언제나 청결한 사람을 돌아보시고 복을 주시는데 욥기서 저자는 기록하기를 "또 청결하고 정직하면 정녕 너를 돌아보시고 네 의로운 집으로 형통하게 하실 것이라"
하였고 (욥 8 : 6) 주님은 말씀하시기를 "마음이 청결한 자는 복이
있나니 저희가 하나님을 볼 것임이요" (마 5 : 8) 하였습니다. 영국의
신학자인 어거스트 W. 헤아는 "옛날 사람들은 실제적으로 용기를
덕의 주요 부분으로 여겼다. 그러나 오늘 날 우리들은 덜 용감하기
를 바라는 것은 아니나 청결을 그렇게 여기고 있다. 어떻게 불붙든
용기는 인간의 입으로 부채질하나 청결은 전적으로 하나님의 성령
으로부터 생명이 유래하여 하나님의 성령에 의해 생명이 유지된다"
하였고 영국의 철학자인 프란시스 베이컨은 "육신의 청결은 원래
하나님을 숭배하기 위하여 행해졌던 것으로 언제나 존중되어 왔다"
하였으며 미국계 영국인 물리학자인 벤쟈민 톰슨 룸포든는 "인간에
게 청결의 영향이 어찌나 큰지 그의 도덕적 특성에까지 미친다. 도
덕이 불결과는 결코 오래 동거하지 못한다. 나는 양심을 깨끗이 지
키려고 애쓴 사람치고 악인이었던 사람은 한 사람도 보지 못했다"
하였습니다. 그렇습니다. 성도는 청결해야만 하나님을 볼 수 있는
것입니다.

2. 깨끗하면 귀하게 쓰임을 받는 것입니다.

딤후 2 : 21 "누구든지 자기를 깨끗하게 하면 귀히 쓰는 그릇이
되어 거룩하고 주인의 쓰임에 합당하며 모든 선한 일에 예비함이 되
리라"고 하였습니다. 하나님은 의인을 불러 쓰시지 아니하시고 죄
인을 불러 회개시켜서 쓰시는 것입니다. 제자 마태도 죄인이라 욕을
먹던 사람이던 바울 사도는 "나는 죄인 중에 괴수라" (딤전 1 : 15)
고 하였습니다. 그러므로 금년에 우리들은 깨끗하게 회개하여 주의

일군으로서 귀히 쓰임 받는 역사가 나타나기를 바랍니다. 그리하여 주님을 뜨겁게 사랑하고 주의 능력을 체험하여 주의 능력을 받아 주의 일에 충성하여 영육간에 하나님의 복을 받는 한 해가 되시기 바랍니다. 하나님께서는 언제나 일 보다는 청결을 더 원하시는 것입니다. 그래서 모세를 애굽으로 보내시면서 그가 목적지인 애굽에 도착하여 일하기 전에 그를 길의 숙소에서 죽이려고 하였습니다. 그 이유는 그의 아들에게 할례를 행치 아니하였기 때문입니다. 이는 하나님께서는 일보다도 청결함을 더 원하시는 것을 알 수 있습니다. 미국의 소설가인 엘리자베스 스투아트 펠프스는 "깨끗한 양심은 힘과 용기의 원천이다"하였고 영국의 수필가인 죠셉 에디슨은 "청결은 애착심을 낳고 마음의 청결을 도모함으로 바른 예의의 징표로 일컬어지고 있다. 청결하게 하여 우리 자신이 다른 사람에게 유쾌한 마음을 주듯 우리 자신에게도 유쾌한 마음을 가지게 반사작용을 일으킨다. 청결은 매우 탁월한 건강 보존제요, 심신을 다 파괴하는 어떤 악은 청결의 습성과는 크게 모순된다"하였습니다. 그렇습니다. 사람은 청결해야 큰 일을 할 수 있는 것입니다. 나라를 다스리는 정치인이나 사람의 영혼을 다스리는 종교지도자들도 깨끗해야 제대로 그 일을 잘 감당 할 수 있는 것입니다.

3. 깨끗하면 담대한 생활을 할 수가 있습니다.

잠 28 : 1 "악인은 쫓아 오는 자가 없어도 도망하나 의인은 사자 같이 담대 하니라"하였습니다. 다니엘은 죄가 없기 때문에 사자가 그를 먹지 못하였습니다. 죄만 없으면 주님께서 재림하셔도 두렵지 아니하고 죽음도 두렵지 아니한 것입니다. 구래서 베드로는 주 앞에서는 흠도 없고 점도 없이 깨끗하다고 하였습니다. 죄가 없으면 평안하고 담대하게 된다는 것입니다. 성도 여러분 한 해 동안에 죄를 멀리하여 평안한 생활하시기를 바랍니다. 바울사도는 말하기를 "바울이 공회를 주목하여 가로되 여러분 형제들아 오늘날까지 내가 범사에 양심을 따라 하나님을 섬겼노라"(행 23 : 1)하였고 베드로사도는 기록하기를 "오직 선한 양심이 하나님을 향하여 찾아가는 것이라"(벧전 3 : 21)하였습니다. 그러므로 깨끗하면 죽어서도 주님 앞에 담대히 설 수 있고 주님의 재림을 맞이해도 부끄러움 없이 그 앞에 설 수 있는 것입니다. 그래서 재림을 기다리는 성도들에게 베드로 사도는 기록하기를 "그러므로 사랑하는 자들아 너희가 이것을 바라보나니 주 앞에서 점도 없고 흠도 없이 평강 가운데서 나타나기를 힘쓰라"(벧후 3 : 14)하였습니다. 사람이 약점을 잡히지 아니하면 반드시 담대하게 살아 갈 수 있다는 것입니다. 누구에게 종노릇할 필요가 없는 것입니다. 그러나 죄를 범하면 죄의 종노릇하여 항상 죄가 시키는 대로 해야 하는 것입니다. 그뿐 아니고 늘 불안과 공포에서 벗어나지 못하고 전전긍긍해야 하는 것입니다.

결 론

금년에는 육신적으로나 영적으로 명예적인 면에서 깨끗하게 하여 새 힘을 얻고 귀하게 쓰임 받으며 담대한 생활을 할 수 있는 한 해가 되시기를 바랍니다.

하나님께서 하시는 일을 보라

고전 1 : 26～31

26) 형제들아 너희를 부르심을 보라 육체를 따라 지혜 있
는 자가 많지 아니하며 능한 자가 많지 아니하며 문벌(門
閥) 좋은 자가 많지 아니하도다
27) 그러나 하나님께서 세상의 미련한 것들을 택하사 지
혜 있는 자들을 부끄럽게 하려 하시고 세상의 약한 것들
을 택하사 강한 것들을 부끄럽게 하려 하시며
28) 하나님께서 세상의 천한 것들과 멸시받는 것들과 없
는 것들을 택하사 있는 것들을 택하사 있는 것들을 폐하
려 하시나니
29) 이는 아무 육체라도 하나님 앞에서 자랑하지 못하게
하려 하심이라
30) 너희는 하나님께로부터 나서 그리스도 예수 안에 있
고 예수는 하나님께로서 나와서 우리에게 지혜와 의로움
과 거룩함과 구속함이 되셨으니
31) 기록된 바 자랑하는 자는 주 안에서 자랑하라 함과
같게 하려 함이니라

서 론

하나님께서 하시는 일은 사람의 상상을 초월합니다. 하나님께서 하
시고자 하시면 못하실 일이 없어 무에서 유를 창조하시는 분이십니
다. 그리고 무엇보다도 그의 하시는 일은 죄로 인하여 죽은 인간을

구원하시는 일은 더욱 놀라운 것입니다.

1. 가난한 자를 통해서 역사 하심을 볼 수 있습니다.

본문 28 "없는 것들을 택하사"하였습니다. 하나님은 가난한 사르밧 과부를 통해서 기적을 베풀어 주의 사자 엘리아를 대접하게 하셨습니다. (왕상 17 : 6~16) 금년에 하나님께서 가난한 우리 성도들을 통하여 우리 교회에 큰 일하도록 하실 줄을 믿습니다. 광야에서 보리떡 5개와 물고기 2마리로 큰 이적을 베푸신 역사가 나타나게 하실 것으로 믿습니다. 하나님께서는 전능하시기 때문에 인간의 생사화복을 주장하시는 분이라고 사무엘서 저자는 기록하기를 "여호와는 죽이기도 하시고 살리기도 하시며 음부에 내리기도 하시고 올리기도 하시는도다 여호와는 가난하게도 하시고 부하게도 하시며 낮추기도 하시고 높이기도 하시는도다. 가난한 자를 진토에서 일으키시며 빈핍한 자를 거름더미에서 드사 귀족들과 함께 앉게 하시며 영광의 위를 차지하게 하시는도다"(삼상 2 : 6~8) 하였습니다. 하나님은 가난한 자를 결코 멀리하시지 아니하시고 가까이하시며 도와 주시기 때문에 시편 저자는 기도하기를 "나는 가난하고 궁핍하오니 하나님이여 속히 내게 임하소서 주는 나의 도우심이요 나를 건지시는 자시오니 여호와여 지체치 마소서"(시 70 : 5) 하였고 이사야서 저자는 기록하기를 "주 여호와의 신이 내게 임하셨으니 이는 여호와께서 내게 기름을 부으사 가난한 자에게 아름다운 소식을 전하게 하려 하심이라 나를 보내사 마음이 상한 자를 고치며 포로된 자에게 자유를 갇힌 자에게 놓임을 전파하며"(사 61 : 1) 하였으며 출애굽기서 저자는 기록하기를 "가난한 자의 송사라고 편벽되이 두호하지 말지니라"(출 23 : 3) 하였습니다. 이는 하나님께서 가난한 자들을 위하여 얼마나 돌아보신다는 것을 알 수 있는 것입니다. 그러므로 하나님의 사랑에 감복하여 그의 은혜를 보답하겠다는 마음을 가져야 할 것입니다.

2. 지체 낮은 자를 통해서 역사 하심을 볼 수 있습니다.

본문 26 "문벌 좋은 자가 많지 아니하다"하였습니다. 비록 지체는 높은 가정은 아니고 보잘 것 없는 집안에서 태어 났다고 해도 가문의 지체를 보지 아니하시고 불러서 크게 역사 하심을 볼 수 있습니다. 하나님은 가문을 보시지 아니하시고 사람을 들어 사용하시는데 엘리사는 농부이며 베드로는 어부였지만 크게 들어 사용하셨습니다. 그리고 많이 배우지 못한 구두수선공 무디도 주께서 크게 쓰셨습니다. 그러므로 가문 학력만 가지고 주의 일을 하려고 해서는 안되는 것입니다. 그리고 주의 일하는 사람들 중에 전과자나 과거에 죄의 경력이 화려한 자라도 그들의 과거만 들추어 내어 그를 비난하거나 그를 괴롭혀도 안되는 것입니다. 그리고 많이 배우지 못하였다 해서 박사학위증이 없다하여 문제 삼고 가문이 좋지 않다고 배척하고 하여서는 절대로 안되는 것입니다. 하나님께서 쓰시는 사람을 사람이 이렇군 저렇군 해서는 안되는 것입니다. 그 이유는 하나님께서는 심지어 가룻유다 같은 불신자이고 악인도 사용하시기 때문 입니다. 그가 주의 일에는 쓰임 받다가 지옥에 가는 한이 있어도 쓰시는 이는 주께서 쓰시기 때문 입니다. 잠언 저자는 기록하기를 "여호와께서는 온갖 것을 그 쓰임에 적당하게 지으셨나니 악인도 악한 날에 적당하게 하셨나니라"(잠 16 : 4) 하였습니다. 이는 헌금은 돈 있는 사람이 하는 것이 아니고 믿음이 있는 사람이 드리는 것과 같은 맥락에서 생각하면 되는 것입니다. 그래서 바울사도는 기록하기를 "형제들아 너희 부르심을 보라"(고전 1 : 26) 하였습니다. 그러므로 주의 일을 하는데 타인이 자격을 거론해서도 안되며 자신도 핑계하여 지나친 사양도 해서는 안될 것입니다. 다만 맡은 자가 구할 것은 충성 뿐입니다.

3. 약한 자를 통해서 역사 하심을 볼 수 있습니다.

본문 27 "약한 것들을 택하사 강한 자를 부끄럽게 하신다"고 하였습니다. 바울사도는 몸이 약했지만(갈 4 : 13) 크게 들어 사용하셨고 칼빈도 몸이 무척 약했지만 크게 들어 사용하셨습니다. 하나님은 부자도 가난한 사람도 배운 사람도 배우지 못한 사람도 들어 사용하십니다. 주의 일에 건강한 사람만 쓰임 받을 수 있다면 이는 약한 자는 주의 일을 할 수 없다는 것입니다. 주의 일은 주의 은혜를 깨닫고 이 은혜를 무엇으로 보답할꼬 하는 신앙이 있고 소명감이 있는 자들이 할 수 있기 때문입니다. 그러므로 주께 쓰임 받는다고 생각이 되는 사람들은 이것 저것 생각할 필요가 없이 무조건 충성할 것 뿐 입니다. 성경에 기록하기를 "내 눈이 이 땅의 충성된 자를 살펴 나와 함께 거하게 하리니 완전한 길에 행하는 자가 나를 수종 하리로다"(시 101 : 6) 하였고 "충성된 사자는 그를 보낸 이에게 마치 추수하는 날에 얼음 냉수 같아서 능히 그 주인의 마음을 시원케 하느니라"(잠 25 : 13) 하였으며 "그 주인이 이르되 잘 하였도다 착하고 충성된 종아 네가 작은 일에 충성하였으매 내가 많은 것으로 네게 맡기리니 네 주인의 즐거움에 참례할지어다"(마 25 : 21) 하였습니다. 그리고 다른 사람들은 충성에 대하여 말하기를 이탈리아 속담에 "충성은 명령을 행하는 것이다. 과잉 충성은 나를 나타내고자 하는 아부이다"하였고 영국의 성직자인 찰스 햇돈 스펄전은 "하나님의 자녀들이 어느 분야에서 종사하건 간에 그들의 믿음이 올바른 길로 최선을 다해 빛을 발하면 그것이 곧 하나님께로 충성하는 길이다"하였으며 한국의 성직자인 한경직목사는 "충성은 글자의 구성 요소대로 마음의 중심이 떠나지 않고 일단 언약한 것을 이루는 것으로서 임금에게 일편단심의 마음을 바치는 것이다. 그러므로 우리는 우리 영혼의 임금 그리스도께 우리의 중심을 바쳐서 충성된 그리스도의 군사가 되어야 하리라"하였습니다. 그렇습니다. 맡은 자가 구할 것은 충이면 된다는 말씀을 잊어서는 안될 것입니다(고전 4 : 2).

결 론

그러므로 우리는 가난하다고 핑계하지 말며 무식하다고 핑계하지 말고 약하다고 핑계하지 말아야 하겠습니다. 그 이유는 쓰시는 이는 하나님이시지 우리의 재물이나 돈 및 학력이 아니기 때문입니다.

금년에도 그대로 두소서

눅 13:1~9

1) 그때 마침 두어 사람이 와서 빌라도가 어떤 갈릴리 사람들의 피를 저희의 제물에 섞은 일로 예수께 고하니
2) 대답하여 가라사대 너희는 이 갈릴리 사람들이 이같이 해받음으로써 모든 갈릴리 사람보다 죄가 더 있는 줄 아느냐
3) 너희에게 이르노니 아니라 너희도 만일 회개치 아니하면 다 이와 같이 망하리라
4) 또 실로암에서 망대가 무너져 치어 죽은 열여덟 사람이 예루살렘에 거한 모든 사람보다 죄가 더 있는 줄 아느냐
5) 너희에게 이르노니 아니라 너희도 만일 회개치 아니하면 다 이와 같이 망하리라
6) 이에 비유로 말씀하시되 한 사람이 포도원에 무화과나무를 심은 것이 있더니 와서 그 열매를 구하였으나 얻지 못한지라
7) 과원지기에게 이르되 내가 삼년을 와서 이 무화과나무에 실과를 구하되 얻지 못하니 찍어 버리라 어찌 땅만 버리느냐
8) 대답하여 가로되 주인이여 금년에도 그대로 두소서 내가 두루 파고 거름을 주리니
9) 이후에 만일 실과가 열면 이어니와 그렇지 않으면 찍어 버리소서 하였다 하시니라

서 론

회개하기를 오래 기다렸으나 회개치 아니한 사람들을 그냥 두시지

아니하시려고 하시니까 주께서는 금년에도 그대로 두어 달라고 하나님께 간청을 하시고 시한부로 1년만 더 참아 달라는 말씀을 하였습니다. 만약에 1년이 되어도 회개치 아니하면 처분대로 하시라는 것입니다. 주님께서는 최선을 다해 보시겠다는 것입니다. 이는 부족한 성들을 죄 지은 것만큼 당장 벌하지 아니하시고 회개하기까지 기다리시는데 일년 뿐만 아니고 재림을 늦추시기까지 하시면서 회개하기를 기다리고 계시는 것을 말하는 것입니다. 이에 대하여 베드로서 저자는 기록하기를 "주의 약속은 어떤 이의 더디다고 생각하는 것 같이 더딘 것이 아니라 오직 너희를 대하여 오래 참으사 아무도 멸망치 않고 다 회개하기에 이르기를 원하시느니라"(벧후 3 : 9) 하였습니다.

1. 금년에도 아버지의 사랑을 계속 요구하십니다.

눅 15 : 11~32 "탕자의 비유에서 아버지의 사랑을 더욱 잘 알 수 있는 것입니다. 아버지는 집나간 탕자가 돌아오기를 오래 기다렸으며 돌아왔을 때 꾸중하지 아니하시고 사랑으로 대하여 주셨습니다. 이는 아버지의 무한한 사랑을 보여 주시는 것입니다. 아버지는 전적 아들을 믿고 그 인격을 존중하여 나누어 달라는 재산은 나누어 주시고 그가 다 허비하고 돌아와도 책임을 추궁하지 아니하였습니다. 이것이 아들이나 타인들이 이해할 수 없는 아버지만이 가지는 독특한 사랑입니다. 탕자는 아버지 품을 떠나서 타국에 가서 허랑방탕하여 재산은 다 탕진하였고 몰골은 볼품 없이 되어 다시 아버지 앞으로 돌아오는 그를 형도 싫어하고 친척이나 그 외의 사람들도 달갑게 여기지 않고 반갑게 해주지 아니하는 상황에서도 아버지는 그

의 죄를 묻지도 아니하시고 무조건 그를 사랑으로 맞이하는 무한하
신 사랑과 같이 할양 없는 사랑을 소유하고 끝까지 기다리는 사랑으
로 기다려 달라는 것입니다. 이는 주의 간절한 기도 입니다. 그와 같
은 기도는 예나 지금이나 변함 없이 계속되고 있는 것입니다. 바울
사도는 기록하기를 "누가 정죄하리요 죽으실 뿐만 아니라 다시 살아
나신 이는 그리스도 예수시니 그는 하나님 우편에 계신 자요 우리를
위하여 간구하시는 자시니라"(롬 8 : 34) 하였습니다. 영국의 정치가
인 윌리엄 탬풀경은 "인생의 가장 큰 즐거움은 사랑하는 것이다"하
였고 프랑스 정치가인 아베 유고 페리시테드라메네는 "진정으로 사
랑하는 자의 마음은 이 땅의 낙원이다. 그는 하나님을 모시고 있다.
하나님은 사랑이기 때문이다"하였으며 영국의 작가인 한나 모어는
"사랑이 없다는 것은 마치 불에 물을 끼었는 것과 같다. 순간적으로
살아나는 것 같으나 완전히 죽어버리고 만다"하였습니다. 그렇습니
다. 그래서 사랑을 베풀어 달라고 하는 것입니다.

2. 금년에도 회개의 영을 부어 주시라고 요구합니다.

시 51 : 7~10 "우슬초로 나를 정결케 하소서 내가 하리이다 씻
기소서 내가 눈보다 회리이다 주의 얼굴을 내 죄에서 돌이키시고 내
모든 죄악을 도말 하소서"하였습니다. 탕자가 돌아온 것은 회개한
것을 말함이요 금년에도 그대로 두소서 한 것은 아직 회개치 아니하
였다는 것을 말하는 것입니다. 그래도 돌아올 때까지 그냥 참아 주
시라는 것입니다. 그리하여 돌아오면 구원을 얻는다는 것입니다. 그
러므로 하나님께 기도합시다. 그년에는 회개의 영을 부어 주셔서
회개의 합당한 열매를 맺게 해달라고 말입니다. 세례요한은 말하기

를 "그러므로 회개에 합당한 열매를 맺고 속으로 아브라함이 우리 조상이라고 생각지 말라 내가 너희에게 이르노니 하나님이 능히 이 돌들로도 아브라함의 자손이 되게 하리라 하시리라 이미 도끼가 나무 뿌리에 노였으니 좋은 열매 맺지 아니하는 나무마다 찍어 불에 던지우리라"(마 3 : 8~10) 하였습니다. 영국의 철학자인 토마스 칼라일은 "세상에 회개와 같이 아름다운 것은 다시 없다"하였고 영국의 전도자인 죠지 휫필드는 "우리의 회개가 회개를 요하고 우리의 눈물 자체가 그리스도의 피로 세척되어야 한다"하였으며 사도행전 저자는 기록하기를 "너희가 회개하여 각각 예수 그리스도의 이름으로 세례를 받고 죄 사함을 얻으라 그리하면 성령을 선물로 받으리니"(행 2 : 38) 하였습니다. 그러므로 회개의 합당한 열매로 성령의 충만함을 받아 성령의 열매를 더욱 맺히도록 살아야 하겠습니다(갈 5 : 22~23). 그렇게 되도록 참아달라는 애원의 말씀인 것입니다.

3. 금년에 회개한 결과가 나타나게 해 달라고 요구하십니다.

잠 28 : 13 "자기 죄를 숨기는 자는 형통치 못하나 자기죄를 자복하고 버리는 자는 불쌍히 여김을 받는다고 하였습니다. 죄만 자백하면 모든 불의에서 깨끗하게 하십니다. 회개하는 사람에게는 하나님께서 복을 주십니다. 우리는 금년에 회개하여 욥과 같은 복을 받고 히스기야왕 같이 복을 받고 니느웨 성민들처럼 복을 받고 크게는 국가적으로 적게는 개인적으로 복을 받아야 하겠습니다. 회개한 진정한 결과는 무엇일까요 주께서 말씀하시기를 "회개하라 천국이 가까웠느니라"(마 4 : 17) 하였으니 회개한 결과는 바로 천국에 간다는 것입니다. 회개는 근본적인 회개와 지엽적인 회개가 있는데 근본적인 회개는 예수를 믿는 것이고 (롬 14 : 23) 지엽적인 회개는 예수 믿고 지은죄 즉 하나님의 영광을 가리우는 죄악을 말함인데 근본적인 회개는 단회적이고 지엽적인 회개는 죽을 때까지 해야 하는 것입니다. 그런데 회개하여 예수를 믿은 (막 1 : 15) 결과는 영생복락에 이르는 결과가 나타나지만 믿지 아니한 결과는 멸망에 이르는 결과가 나타나는 것입니다 (시 7 : 12~13). 그리고 회개한 사람들에게는 성령의 충만함과 (행 2 : 38) 하늘로부터 내려오는 진정한 기쁨이 나타나고 (행 3 : 19) 그 뿐만 아니고 회개하면 병고침을 받고 물질적으로 복을 받는 것입니다 (욥 42 : 6. 10). 그 외에도 좋은 결과는 얼마든지 있습니다. 그러므로 주님은 많은 사람들의 회개가 이루어지도록 한 해만 참아달라고 요구하고 계시는 것입니다.

결 론

오늘까지 참아주시고 회개하기를 기다려 주셨는데 앞으로도 계속하여 하나님의 복이 함께 하시고 금년에는 만사가 형통한 역사가 나타나기를 바랍니다. 그래야만 주님의 간구하심의 보람이 있을 것입니다.

야곱의 결산과 대책

창 30 : 25~43

25) 라헬이 요셉을 낳은 때에 야곱이 라반에게 이르되 나를 보내어 내 고향 내 본토로 가게 하시되

26) 내가 외삼촌에게서 일하고 얻은 처자를 내게 주어 나로 가게 하소서 내가 외삼촌께 한 일은 외삼촌이 아시나이다

27) 라반이 그에게 이르되 여호와께서 너로 인하여 내게 복 주신 줄을 내가 깨달았노니 네가 나를 사랑스럽게 여기거든 유하라

28) 또 가로되 네 품삯을 정하라 내가 그것을 주리라

29) 야곱이 그에게 이르되 내가 어떻게 외삼촌을 섬겼는지, 어떻게 외삼촌의 짐승을 쳤는지 외삼촌이 아시나이다

30) 내가 오기전에는 외삼촌의 소유가 적더니 번성하여 떼를 이루었나이다 나의 공력을 따라 여호와께서 외삼촌에게 복을 주셨나이다 그러나 나는 어느 때에나 내 집을 세우리이까

31) 라반이 가로되 내가 무엇으로 네게 주랴 야곱이 가로되 외삼촌께서 아무것도 내게 주실 것이 아니라 나를 위하여 이일을 행하시면 내가 다시 외삼촌의 양 떼를 먹이고 지키리이다

32) 오늘 내가 외삼촌의 양 떼로 두루 다니며 그 양 중에 아롱진 자와 점 있는 자와 검은 자를 가리어 내며 염소 중에 점 있는 자와 아롱진 자를 가리어 내리니 이 같은 것이 나면 나의 삯이 되리이다

33) 후일에 외삼촌께서 오셔서 내 품삯을 조사하실·때에 나의 의가 나의 표징이 되리이다 내게 혹시 염소 중 아롱지지 아니한 자나 점이 없는 자나 양 중 검지 아니한 자가 있거든 다 도적질한 것으로 인정하소서

34) 라반이 가로되 내가 네 말대로 하리라 하고

35) 그날에 그가 수염소 중 얼룩무늬 있는 자와 점 있는 자를 가리고 암염소 중 흰 바탕에 아롱진 자와 점 있는

자를 가리고 양 중의 검은 자들을 가려 자기 아들들의 손
에 붙이고

36) 자기와 야곱의 사이를 사흘 길이 뜨게 하였고 야곱은
라반의 남은 양 떼를 치니라

37) 야곱이 버드나무와 살구나무와 신풍 나무의 푸른 가
지를 취하여 그것들의 껍질을 벗겨 흰 무늬를 내고

38) 그 껍질 벗긴 가지를 양 떼가 와서 먹는 개천의 물구
유에 세워 양 떼에 향하게 하매 그 떼가 물을 먹으러 올
때에 새끼를 배니

39) 가지 앞에서 새끼를 배므로 얼룩얼룩한 것과 점이 있
고 아롱진 것을 낳은지라

40) 야곱이 새끼 양을 구분하고 그 얼룩 무늬와 검은 빛
있는 것으로 라반의 양과 서로 대하게 하며 자기 양을 따
로 두어 라반의 양과 섞이지 않게 하며

41) 실한 양이 새끼 밸 때에는 야곱이 개천에다가 양 떼
의 눈앞에 그 가지를 두어 양으로 그 가지 곁에서 새끼를
배게 하고

42) 약한 양이면 그 가지를 두지 아니하니 이러므로 약한
자는 라반의 것이 되고 실한 자는 야곱의 것이 된지라

43) 이에 그 사람이 심히 풍부하여 양 떼와 노비와 약대
와 나귀가 많았더라

서 론

야곱은 외삼촌댁에서 20년 이상 고용살이를 했으나 자신이 결산해
보니 하나도 자기의 것이 없는 실정이라 그는 더이상 이대로 갈 수
없다는 계산하에서 장래를 위한 대책을 세우고 적극적인 태도로 장
래를 위하여 일하였습니다. 그리하여 그는 하나님의 크신 복을 받았
습니다. 사람은 과거에만 집착해도 안되고 현재만 집착해도 안되며
미래를 생각하고 살아야 할 것입니다. 그 이유는 미래를 생각지 않는
삶은 내일이 없고 오늘밖에 없는 삶이 될 것입니다. 그렇다면 저축하
는 생활도 없고 쾌락과 방탕한 생활로 장래를 망치고 말 것입니다.
그러므로 우리는 지금까지 살아온 과거를 결산해 보고 내일을 설계

하는 대책을 세워서 남은 여생을 보람되게 살아야 할 것입니다.

1. 야곱은 과거 20년을 결산 하였습니다.

본문 25~30 "20년을 외삼촌댁에서 고용살이를 하였으나 남은 것은 하나도 없었습니다"그리하여 그는 이대로 그냥 있어서는 안되겠다고 생각이 든 것입니다. 사람은 과거를 반성해야 장래에 계획을 세울 수가 있는 것입니다. 우리는 지금까지의 생활이 어떠한 생활이 있는가를 생각해 보아야 하겠습니다. 그리고 이래서는 안되겠다는 결심을 하고 새로운 계획을 세워야 할 시기라고 봅니다. 그렇지 아니하면 야곱처럼 계속해서 세월만 보내지 아무런 소득이 없다는 말입니다. 바울사도는 과거를 생각해보고 하는 말이 "그러나 나도 육체를 신뢰할만하니 만일 누구든지 다른 이가 육체를 신뢰할 것이 있는 줄로 생각하면 나는 더욱 그러하니 내가 팔일 만에 할례를 받고 이스라엘의 족속이요 이스라엘의 족속이요 벤냐민의 지파요 히브리인 중의 히브리인이요 율법으로는 바리새인이요 열심으로는 교회를 핍박하고 율법의 의로는 흠이 없는 자로다 그러나 무엇이든지 내게 유익하던 것을 내가 그리스도를 위하여 다 해로 여길 뿐더러 또한 모든 것을 해로 여김은 내 주 그리스도 예수를 아는 지식이 가장 고상함을 인함이라 내가 그를 위하여 모든 것을 잃어버리고 배설물로 여김은 그리스도를 얻고 그 안에서 발견되려 함이니 내가 가진 의는 율법에서 난 것이 아니요 오직 그리스도를 믿음으로 말미암은 것이니 곧 믿음으로 하나님께로서 난 의라"(빌 3 : 4~9) 하였습니다. 그리하여 그는 "내가 죄인 중에 괴수니라"(딤전 1 : 15) 하였습니다. 그러니 이제는 하나님의 자녀임을 확신하고 믿음으로 대책을 세웠습니다 (엡 2 : 11~22).

2. 야곱은 대책을 세웠습니다.

본문 31~36 "외삼촌의 양 중에서 아롱진 것은 자기의 것으로 줄 것을 요구하고 그렇지 아니한 것은 외삼촌의 것이 되겠다는 제안을 했을 때에 외삼촌은 기쁘게 수락하였습니다. 우리들도 이와 같이 새로운 계획을 세워야 합니다. 계획 없는 일은 하나님께서 도와 주시지를 아니합니다. 야곱처럼 대책을 세우고 계획을 세워서 새로운 일을 시작해야 그 일 위에 하나님께서 복을 주실 줄을 믿습니다. 과거의 야곱이 아버지를 속인 불효자요 하나님 앞에 죄인이라는 것을 알았다면 어떤 대책을 세워야 하겠습니까? 그는 먼저 철저한 회개가 있어야 하는 것입니다. 아라비야 격언에 "최고의 회개는 죄를 짓지 않는 것이다"하였고 밀란의 주교인 성 암브로스는 "진정한 회개는 죄악된 행동을 그만 두는 것이다" 독일의 종교개혁자인 마르틴 루터는 "다시는 되풀이 하지 않는 것이 가장 진정한 회개이다"하였습니다. 그래서 요엘서 저자는 기록하기를 "여호와의 말씀에 너희는 이제라도 금식하며 울며 애통하고 마음을 다하여 내게로 돌아 오라 하셨나니 너희는 옷을 찢지 말고 마음을 찢고 너희 하나님 여호와께로 돌아올지어다. 그는 은혜로우시며 자비로우시며 노하기를 더디 하시며 인애가 크시사 뜻을 돌이켜 재앙을 내리지 아니하시나니 주께서 혹시 마음과 뜻을 돌이키시고 그 뒤에 복을 끼치사 너희 하나님 여호와께 소제와 전제를 드리게 하지 아니하실른지 누가 알겠느냐" (욜 12 : 14)하였습니다. 그렇습니다. 과거의 실패를 반성하면 대책을 세워야 합니다. 야곱은 그 동안 처가살이를 했지만 경제적으로는 아무것도 남은 것이 없음으로 이제부터는 어떤 대책을 세워야 한다는 것입니다. 같은 맥락에서 우리 성도들도 지금까지의 생활을 결산하여 보고 앞으로 새로운 대책을 세워야 하겠습니다.

3. 야곱은 적극적 태도를 취하였습니다.

본문 37~43 야곱은 외삼촌의 간교한 수단과 방법에 도전하여 싸우지 아니하고 하나님은 내편이시라는 사실을 믿고 버드나무 껍질을 벗겨서 양들이 물마시는 곳에 세워두고 기도하였을 때에 하나님께서 그의 믿음대로 아롱진 양이 나오게 하였습니다. 그렇습니다. 사람은 계획을 세우고 그 계획대로 이룩되어 지도록 기도하고 최선을 다해야 합니다. 그렇게 할 때에 하나님께서 그의 손으로 하는 일에 복을 주시는(신 28 : 12) 것입니다. 예수 그리스도의 말씀에 의하면 "힘쓰고 애쓰는 자가 천국을 침노한다"하였으며 바울사도는 기록하기를 "이 모든 일에 전심전력하여 너의 진보를 모든 사람에게 하라"(딤전 4 : 15) 하였습니다. 사람이 발전하려면 적극적인 태도가 필요한 것입니다. 기도도 적극적으로 해야 하지만 활동도 적극적으로 해야만 생산적인 면에서도 뚜렷한 결과가 나타나는 것입니다. 그래서 주님은 말씀하시기를 "게으르지 말고 부지런하여 열심을 품고 주를 섬기라"(롬 12 : 11) 하였고 "엿새 동안은 힘써 네 모든 일을 행할 것이라"(출 20 : 9) 하였으며 "여호와께서 너를 위하여 하늘의 아름다운 보고를 열으사 네 땅에 때를 따라 비를 내리시고 네 손으로 하는 모든 일에 복을 주시리니 네가 많은 민족에게 꾸어줄지라도 너는 꾸지 아니할 것이요"(신 28 : 12) 하였습니다. 그러므로 지금까지의 생활을 결산해 보고 어떤 대책을 세워서 적극적인 태도를 취하

여 최선을 다하여 무엇인가를 이룩하는 놀라운 한해가 되어야 하겠
습니다.

결 론

지금까지 살아온 과거를 돌아보고 앞으로 대책을 세워 적극적으
로 밀고 나가면 새로운 복을 받는 것입니다. 그러므로 1994년도 결
산을 보고 1995년도 새로운 대책을 세웁니다. 그리하여 작년보다 금
년에는 진보적인 발전이 가정과 하는 일을 통해서 나타나기를 바라
고 일해야 하겠습니다.

지난해를 생각하니

신 11 : 12~17

12) 네 하나님 여호와께서 권고하시는 땅이라 세초부터 세
말까지 네 하나님 여호와의 눈이 항상 그 위에 있느니라
13) 내가 오늘날 너희에게 명하는 나의 명령을 너희가 만
일 청종하고 너희의 하나님 여호와를 사랑하여 마음을 다
하고 성품을 다하여 섬기면
14) 여호와께서 너희 땅에 이른 비, 늦은 비를 적당한 때
에 내리시리니 너희가 곡식과 포도주와 기름을 얻을 것이
요
15) 또 육축을 위하여 들에 풀이 나게 하시리니 네가 먹
고 배부를 것이라
16) 너희는 스스로 삼가라 두렵건대 마음에 미혹하여 돌
이켜 다른 신들을 섬기며 그것에게 절하므로
17) 여호와께서 너희에게 진노하사 하늘을 닫아 비를 내
리지 아니하여 땅으로 소산을 내지 않게 하시므로 너희가
여호와의 주신 아름다운 땅에서 속히 멸망할까 하노라

서 론

새해를 맞이하여 지난해를 생각하니 세초에서 세말까지 함께 하셨다
는 것을 알 수가 있습니다. 그렇습니다. 사람은 지나온 일들을 생각
해 보면 모든 것이 주님의 은혜라고 말하지 아니할 수 없는 것입니
다. 그래서 찬송가 460장 작시자인 일본인 사사오 데쯔사브로 (笹尾

鐵三郞)는 "지금까지 지내온 것 주의 크신 은혜라 한이 없는 주의 사랑 어찌 이루 말하랴 자나깨나 주의 손이 항상 살펴 주시고 모든 일을 주 안에서 형통하게 하시네 몸도 맘도 연약하나 새 힘 받아 살았네 물붓듯이 부으시는 주의 은혜족하다. 사랑 없는 거리에나 험한 산길 헤맬 때 주의 손을 굳게 잡고 찬송하며 가리라"하였습니다. 작시자는 지금까지 우리가 살아 올 수 있었던 이유는 많은 환난과 역경 속에서도 쓰러지지 않고 걸어 올 수 있었던 그 이유에 대해 너무나도 잘 인식하고 있다. 한편 이 찬송시는 주님의 뜻에 따르기만 한다면 우리 삶의 현실로 닥쳐오는 모든 상황이 합력하여 선을 이룬다는 말씀(롬 8 : 28)을 바탕으로 하고 있는 것입니다. 한 해를 보내고 새해를 맞이하는 우리들도 지난해를 생각하면서 감사하면서 살아야 하겠습니다.

1. 작년에도 먹여 주셨습니다.

본문 14 "적당한 때에 비를 내리시니 곡식과 포도주와 기름을 얻을 것이다"했습니다. 이 시간까지 먹고 입고 쓰고 살았습니다. 이는 하나님께서 함께 하신 복입니다. 같은 땅에서 살고 있는 같은 민족인 38이북에 있는 내 동포에게는 자유와 평화가 없고 노예와 같이 사는 것들 생각해 볼 때 우리는 얼마나 감사한지 알 수가 없습니다. 금년에도 작년과 같이 자유와 평화와 먹고 입고 쓰고 살게 해주실 것을 믿습니다. 그리스도는 어제나 오늘이나 영원토록 동일하시기 때문입니다(히 13 : 8). 그러므로 금년에도 그의 나라와 그의 의를 구하며 하나님을 잘 섬기면 영육간에 하나님의 복을 받게 되는 것입니다. 주님은 말씀하시기를 "그러므로 내가 너희에게 이르노니 목숨을 위하여 무엇을 먹을까 무엇을 입을까 염려하지 말라 목숨이 음식보다 중하지 아니하며 몸이 의복보다 중하지 아니하냐 공중의 새를 보라 심지도 않고 거두지도 않고 창고에 모아 들이지도 아니하되 너희는 이것들 보다 귀하지 아니하냐 그러므로 염려하여 이르기를 무엇을 먹을까 무엇을 마실까 무엇을 입을까 하지 말라 이는 다 이방인들이 구하는 것이라 너희 천부께서 이 모든 것이 너희에게 있어야할 줄을 아시느니라 너희는 먼저 그의 나라와 그의 의를 구하라 그리하면 이 모든 것을 너희에게 더 하시리라 그러므로 내일 일을 위하여 염려하지 말라 내일 일은 내일 염려할 것이요 한 날 괴로움은 그날에 족하니라"(마 6 : 25~34) 하였습니다. 그러나 금년에도 기도는 해야 합니다. 주님께서 가르쳐 주신 기도에 "우리에게 일용할 양식을 주옵시고"(마 6 : 11) 하였고 잠언 저자는 "~나로 가난하게도 마옵시고 부하게도 마옵시고 오직 필요한 양식으로 내게 먹이시옵소서"(잠 30 : 7~9) 하였습니다. 그렇습니다. 우리 성도들도 금년에 기도도 하고 열심히 일하여 한해도 굶주림 없는 한해가 되어야 하겠습니다.

2. 작년에도 건강하게 하셨습니다.

출 15 : 26 "나는 너희를 치료하는 여호와니라" 먹는 것 다음에 건강이 필요합니다. 건강하지 못하면 먹는 것이 아무리 많아도 소용이 없습니다. 질병은 생명을 파먹는 벌레요, 행복을 파괴하는 파괴자입니다. 영육간에 병들면 더욱 큰 문제가 생깁니다. 그래서 "네 영혼이 잘됨과 같이 범사에 강건하고 잘되기를 바란다"(요3서 1 : 2)고 하였습니다. 금년에도 영육간에 강건하여 하나님께 영광 돌리는 역사가 나타나게 해야 할 것입니다. 건강한 육체를 가지고 주의 일에 힘써야 하겠습니다. 출애굽기서 저자는 기록하기를 "너희 하나님 여호와를 섬기라 그리하면 여호와가 너희의 양식과 물에 복을 내리고 너희 중에 병을 제하리니 네 나라에 낙태하는 자가 없고 잉태치 못하는 자가 없을 것이라 내가 너의 날 수를 채우리라"(출 23 : 25~26) 하였습니다. 사람에게 있어서 무엇보다도 귀하고 소중한 것은 건강입니다. 재산을 잃는 것은 조금 잃는 것이요 명예를 잃는 것은 재산보다 많이 잃는 것이며 건강을 잃는 것은 모든 것을 다 잃는다는 것입니다. 그래서 건강이 필요한 것입니다. 미국의 신학자인 트라이언 에드워즈는 "건강한 육체에 건전한 정신이 깃든다. 만일 건전한 정신이 건강한 육체의 영광이라면 건강한 육체는 건전한 정신의 절대 불가결한 요소이다"하였고 영국의 저술가인 사무엘 죤슨은 "건강을 유지하는 것은 도덕적, 종교적 의무이다. 왜냐하면 건강은 모든 사회 미덕들 중의 근본이며, 건강하지 못할 때 우리는 더 이상 유용할 수 없기 때문이다. 확실히 건강은 돈보다 더욱 가치가 있다. 건강해야 돈을 벌게 되기 때문이다"하였으며 영국의 의사인 토마스 부라운경은 "훌륭한 사람이 되기 위한 가장 좋은 처방은 건강한 육체에 건전한 정신을 지니는 것이다"하였습니다. 그렇습니다. 금년에도 많은 기도를 드려서 건강한 한해가 되어 건강한 몸을 가지고 주위 일이나 가정 일에 최선을 다하여 하나님께는 영광을 돌리고 사람들에게는 덕을 세우며 가정과 자신에게는 복된 삶이 되도록 해야 하겠습니다.

3. 작년에도 신앙의 자유를 주셨습니다.

요 4 : 23~24 "신령과 진정으로 예배하는 자를 찾으신다"고 하였습니다. 그런데 작년에도 신앙의 자유가 헌법으로 보장되어 있어 신앙의 자유속에서 마음껏 신앙생활 할 수가 있었습니다. 그래서 마음껏 새벽기도와 삼일예배 및 주일예배 그 외에도 어떠한 예배도 참석할 수 있게 하셨습니다. 금년에도 그렇게 하실 줄 믿습니다. 그래서 우리도 나라와 민족을 위하여 기도하여 자유와 평화가 계속되게 해야 하겠습니다 (딤전 2 : 1~3). 신앙의 자유라고 하면 불신자들은 이해할 수 없는 말입니다. 자유가 소중한 줄은 알지만 그들은 신앙의 자유에 대하여 소중한 줄로 여기지 아니하고 있습니다. 그러나 성도들에게는 신앙의 자유가 얼마나 소중한가를 아는 것입니다. 그 이유는 신앙의 자유가 없으면 순교자가 나와야 하기 때문입니다. 예나 지금이나 신앙의 자유를 찾아 이리 저리로 피하여 다닌 자들이 얼마나 많았는가는 역사가 증명하는 것입니다. 러시아의 작가인 레오 N. 톨스토이는 "신앙은 인생의 힘이다"하였고 A. 센베르크는 "믿음이 있으면 산을 움직일 수 있으며 불신은 자기 자신의 실존까지도 부인한다"하였으며 L. B. 카우멘은 "만약 철저한 신앙을 가진 사람이 많이 일어난다면 세계의 역사는 변화되리라"하였습니다. 그러므로 작년에도 신앙의 자유를 주셔서 마음껏 기도할 수 있게 하시고 마음껏 예배할 수 있게 하셨음을 감사하고 금년에도 더욱 자유롭게 신앙생활 수 있게 해달라고 기도하면서 살아야 하겠습니다. 그리고 성도들은 무엇 보다도 진리를 아는 지식을 가지고 진정한 신앙생활을 해야 하겠습니다 (요 8 : 32). 그리하여 신앙의 자유뿐만 아니고 사상적인 자유까지 구속받지 않고 인간에게 부여된 모든 자유를 만끽하고 살 수 있는 환경 속에서 살아야 하겠습니다.

결 론

1994년도 영원한 역사속으로 사라졌습니다. 대망의 1995년도를 맞이하였습니다. 새해에도 하나님께서 함께 하시기를 기대하여야 하겠습니다 (마 28 : 20, 사 41 : 10). 작년 보다는 모든 면에서 더욱 좋은 환경에서 살아야 하겠습니다. 그렇게 하기 위해서는 생사화복을 주장하시는 하나님께 기도하여 그분의 도움을 받는 길 외에는 다른 도리가 없는 것입니다.

새해를 맞이하려는 마음의 준비

빌 3:12~14

12) 내가 이미 얻었다 함도 아니요 온전히 이루었다 함도
아니라 오직 내가 그리스도 예수께 잡힌 바 된 그것을 잡
으려고 좇아가노라
13) 형제들아 나는 아직 내가 잡은 줄로 여기지 아니하고
오직 한 일 즉 뒤에 있는 것은 잊어버리고 앞에 있는 것
을 잡으려고
14) 푯대를 향하여 그리스도 예수 안에서 하나님이 위에
서 부르신 부름의 상을 위하여 좇아가노라

서 론

바울은 한 해를 보낼 때마다 모든 면에서 아쉬워 하였습니다. 현재를
완전하다고 생각지 아니하고 과거에 집착해 있지도 아니하고 미래를
설계하는 사람이었습니다. 우리들도 1994년도를 보내면서 1995년도
를 맞이하려는 마음의 준비가 있어야 하겠습니다. 준비는 매우 중요
한 것입니다. 옛말에 "유비무환(有備無患)" 말이 있는데 준비하는
사람은 언제나 환난을 막을 수 있다는 것입니다. 스페인계 로마 시인
인 루카누스는 "다가오는 위험을 단순히 걱정만 하고 있으면 많은
사람을 최대의 위험 상태로 몰아 넣는다" 하였고 로마의 시인인 오비

디우스는 "서두르라. 돌아오는 시간을 기다리지 말라. 오늘 준비가 되지 못한 자는 내일은 더욱 그러할 것이다"하였으며 로마의 시인인 베르질리우스는 "희망을 가지고 보다 나은 때를 위해 힘을 길러두라"하였습니다. 그러므로 새해를 맞이한 우리들은 모든 면에서 철저하게 준비하여 금년에는 하는 일들에 성공해야 하겠습니다.

1. 과거는 불완전 했음을 알아야 합니다.

본문 12 "내가 얻었다 함도 아니요 온전히 이루었다 함도 아니라"고 하였습니다. 이는 구원을 받지 못했다는 말이 아니요 구원받은 사람이 구원받은 사람답게 살지 못하였다는 말인 것입니다. 그래서 바울사도는 "나는 날마다 죽노라"(고전 15 : 31) 하였고 "자기를 쳐서 복종시킨다"(고전 9 : 27)고 하였습니다. 바울사도는 과거를 생각하고 하는 말이 "내가 어렸을 때에는 말하는 것이 어린 아이와 같고 깨닫는 것이 어린아이와 같다가 장성한 사람이 되어서는 어린 아이의 일을 버렸노라"(고전 13 : 11) 하였습니다. 이는 지금까지는 너무나도 어리석은 일을 해왔다는 것을 깨닫고 이제부터는 철든 생활을 하겠다는 것입니다. 그렇습니다. 우리들도 지금까지 아니 작년만해도 어린아이와 같은 생활을 해왔다고 인정하고 금년부터는 어른스러운 생활을 하겠다는 결심을 해야 할 것입니다. 사람은 자기의 부족함을 알지 못하면 더 이상의 발전은 있을 수 없는 것입니다. 다만 자기부족을 알고 그 부족함을 메우기 위한 피땀 흘리는 노력이 있어야만 발전할 수 있는 것입니다. 즉 작년에 못 다한 일을 금년에는 해야하겠다는 결심으로 한 해를 시작해야 합니다. 이것을 한 해를 준비하는 사람들의 올바른 태도인 것입니다.

2. 과거의 일은 잊어 먹어야 합니다.

본문 13 "형제들아 나는 내가 아직 잡은 줄로 여기지 아니하고 오직 한일 뒤에 있는 것을 잊어버린다"고 하였습니다. 과거에 은혜스럽지 못하였던 일들은 다 잊어버리고 기억조차 하지 아니하겠다는 결심인 것입니다. 과거에 매어 있으면 미래를 설계할 수가 없는 것입니다. 옛날 이스라엘 백성들은 애굽을 잊지 못하다가 망하였고 소돔성을 빠져 나오던 롯의 처도 뒤를 돌아보다가 망했습니다. 그러므로 옛날의 더러운 일들은 다 잊어먹고 새로운 출발을 계획해야 되는 것입니다. 그렇게 하기 위해서는 무조건 과거의 잘못된 일에 집착하여 발전의 장애물이 되어서는 안되는 것입니다. 그 이유는 과거는 흘러간 물과 같아서 흘러간 물로는 물레 방아를 돌릴 수 없고 새로 흘러오는 물로 만이 방아를 돌릴 수 있기 때문입니다. 세상에는 전과자는 어디를 가든지 천대와 멸시를 받아 발 붙일 곳이 없지만 기독교 안에서는 전과자 없고 오직 구속받은 성도들만이 있을 뿐입니다. 그리하여 주안에 있으면 새로운 피조물이 되어 과거의 잘못을 잊어버리고 새로운 결심으로 과거를 속죄하는 뜻에서 새로운 일을 시작하는 것입니다. 그래야만 오늘까지 살려주신 목적을 이룰 수 있는 것입니다. 그러므로 금년에는 과거의 잘못을 잊어버리고 속죄하는 뜻에서 새로운 결심의 한해가 되도록 해야 합니다.

3. 새로운 각오를 가져야 합니다.

본문 14 "위에서 부르신 부름의 상을 위하여 좇아간다"고 하였습니다. 달리는 기차가 개가 짖는다고 해서 멈추지는 아니하는 것입니다. 우리들도 새해에 새로운 계획을 세우고 기도 많이 하기로 각오를 하고 모이는데 힘쓰기로 각오하고 헌신하고 봉사하는 일에 힘쓰기로 작정해야 하는 것입니다. 사람은 아무리 잘못이 많다고 해도 주께서는 용서하시고 새로운 힘을 주셔서 주를 위해서 일할 수 있게 하시는 것입니다. 바울사도는 기록하기를 "내가 이제 너희를 위하여 받는 괴로움을 기뻐하고 그리스도의 남은 고난을 그의 몸된 교회를 위하여 내 육체에 채우노라"(골 1 : 24) 하였고 "살든지 죽든지 내 몸에서 그리스도가 존귀히 되게 하려 하나니 이는 내게 사는 것이 그리스도니 죽는 것도 유익함이니라"(빌 1 : 20~21) 하였으며 "나의 달려갈 길과 주 예수께 받은 사명 곧 하나님의 은혜의 복음 증거하는 일을 마치려함에는 나의 생명을 조금도 귀한 것으로 여기지 아니하노라"(행 20 : 24) 하였습니다. 이는 모두가 과거에는 어떻게 살아 왔든지 상관 없이 이제부터는 주를 위하여 올바로 살겠다는 비장한 각오와 결심을 말하는 것입니다. 김경선 장로는 "죽기를 각오하고 덤비면 못할 일이 없는데 왜 스스로 죽음의 길을 택하는가 죽음을 각오하고 주께 매달리면 주님을 만나게 되고 주님을 만나면 모든 것이 해결 받는다"하였고 사도행전 저자는 기록하기를 "나는 주 예수의 이름을 위하여 결박받을 뿐 아니라 예루살렘에서 죽을 것도 각오하였노라"(행 21 : 13) 하였습니다. 우리들도 금년에는 새로운 각오로 주를 위하여 살아가도록 마음 준비를 단단히 해야 할 것입니다.

결 론

새해를 맞이하려는 마음의 준비는 매우 필요한 것입니다. 금년에는 죽을 준비와 재림을 준비하며 먹고 입는 일에도 한치의 소홀함이 준비해야 할 것입니다. 그 중에도 개인적인 면에서는 죽음을 준비하는데 최선을 다하고 역사적으로 주의 재림을 준비하는데 최선을 다해야 할 것입니다. 열처녀 비유에서도 처녀가 신랑 맞이할 준비로 기름을 준비하라고 하였습니다. 그 이유는 준비한 자들은 혼인잔치에 들어갔고 준비하지 못한 자는 잔치에 들어가지 못하였기 때문입니다. 그러므로 우리들도 금년에는 철저하게 준비하는 한 해가 되도록 노력해야 합니다.

뻗어가는 해

욥 29:19~20

19) 내 뿌리는 물로 뻗어나가고 내 가지는 밤이 맞도록
이슬에 젖으며
20) 내 영광은 내게 새로와지고 내 활은 내 손에서 날로
강하여지느니라 하였었노라

서 론

나무의 뿌리는 물이 있는 곳으로 뻗어나가 수분을 섭취함으로 활발하게 성장하는 것입니다. 욥은 자기를 나무에다 비유하고 하나님의 은혜를 물로 상징하여 자신이 하나님을 의지함으로 영육간에 잘됨을 솔직하게 표현한 것입니다. 예레미야 선지자도 "무릇 여호와를 의지하며 여호와를 의뢰하는 그 사람은 복을 받을 것이라"(렘 17: 7~8) 하였습니다. 그는 물가에 심기운 나무가 뿌리를 강변에 뻗히고 더위가 올지라도 두려워 아니한다고 하였습니다. 1995년도에는 우리의 생활도 하나님의 은혜에다 뿌리를 내리고 위로 아래로 옆으로 뻗어나가 영육간에 잘되는 한 해가 되어야 하겠습니다.

1. 하나님을 향하여 뻗어 나가야 하겠습니다.

약 4 : 8 "하나님을 가까이 하라 그리하면 너희를 가까이 하시리라" 욥은 뿌리는 물로 뻗어 나간다고 하였는데 이는 식물이 수분을 섭취하지 못하면 성장하지 못하듯이 성도가 하나님의 은혜의 수분을 섭취 못하면 잘 될 수가 없는 것입니다. 나무의 뿌리가 물 있는 곳으로 뻗어 나가듯이 우리의 마음은 하나님을 향하여 뻗어 나가서 하나님의 은혜를 공급 받음으로 먹는 양식에 복을 받고 마시우는 물에 복을 받으며 몸에 병을 제하고 날 수를 채우는 놀라운 번영이 있어야 할 것입니다 (출 23 : 25~26). 그래서 신령한 복을 받는 금년 한 해가 되어야 할 것입니다. 이는 신앙적으로 향상되어야 한다는 말입니다. 그렇게 하기 위해서 먼저 주의 말씀을 들어야 합니다. 이사야 선지자는 기록하기를 "여호와께서 말씀하시되 오라 우리가 서로 변론하자 너희 죄가 주홍 같이 붉을지라도 눈과 같이 희어질 것이요 진홍 같이 붉을지라도 양털같이 되리라 너희가 즐겨 순종하면 땅의 아름다운 소산을 먹을 것이요 너희가 거절하여 배반하면 칼에 삼키우리라 여호와의 입의 말이니라"(사 1 : 18~20) 하였습니다. 이는 회개를 뜻하는 것입니다. 그렇습니다 진정한 회개 없이는 도저히 주 앞에 가까이 갈 수 없는 것입니다. 그리고 기도와 말씀으로 더욱 가까이 해야 하며 열심으로 가까이 해야 할 것입니다. 그렇게 될 때에 하나님과 가까워 질 수 있고 가까워 지는 것이 복이요 믿음의 향상이라는 것입니다. 그러므로 금년에는 우리들은 하나님 앞으로 가까이 해야 하겠습니다.

2. 가정을 위하여 뻗어 가야 하겠습니다.

딤전 5 : 8 "누구든지 자기 가족을 특히 자기 친족을 돌아보지 아니하면 믿음을 배반한 자는 불신자보다 더 악한 자라"하였습니다. 지금까지도 가정을 중심해서 살아왔지만 금년에는 더욱 가정적인 성도들이 되어서 가정형편이 좋은 편으로 뻗어나가야 하겠습니다. 성도들의 생활은 먼저 하나님과 정상적인 관계를 가지고 그 다음에는 가정을 알뜰하게 보살펴야 합니다. 은혜 받은 증거는 가정적이고 교회적이기 때문입니다. 그래서 아내는 유덕하여 존영을 얻고 남편은 근면하여 제물을 얻어 모든 면에서 더욱 잘 되는 한 해가 되어야 하겠습니다. 그리하여 월세에서 전세로 전세에서 내집 마련하는 곳으로 뻗어 나가야 하겠습니다. 이는 은혜를 받은 성도들은 가정을 잘 돌아 보아 하는 것입니다. 은혜를 받으면 가정적이 되어서 자식이 부모님에게 효도하며 부모는 자식을 사랑하고 부부간에 사랑하는 모습이 있어야 합니다. 그리고 이웃 사람들에게 덕을 행하고 윗사람을 존경하는 덕망이 있어야 합니다. 예수 그리스도께서도 귀신들인 자를 고쳐주시고 하시는 말씀이 "저에게 이르시되 집으로 돌아가 주께서 네게 어떻게 큰 일을 행하사 너를 불쌍히 여기신 것을 네 족에게 고하라 하신 대 그가 가서 예수께서 자기에게 어떻게 큰 일을 행하신 것을 데가볼리에 전파하니 모든 사람이 기이히 여기더라" (막 5 : 19~20) 하였습니다. 영국의 소설가인 헨리 필딩는 "가정적인 행복은 우리가 추구하는 것의 모든 것의 목적이며, 우리의 모든 수고에 대한 일반적인 보상이다. 사람들이 이 즐거운 결실에서 영원히 차단될 때 그들은 모든 근면의 영향력에서 벗어난다. 그리고는 세속적인 일에 대해 부주의하게 된다. 그리하여 그들은 나쁜 백성.

나쁜 친척, 나쁜 친구, 나쁜 사람이 되는 것이다"하였고 미국의 죠셉 쿡은 "가정 만이 나라의 기초가 될 수 있다"하였으며 미국의 저술가인 제인 아담스는 "미국의 미래는 가정과 학교에 의해 결정된다. 자녀들은 그들이 배운 대로 행함으로 우리가 가르치고 있는 것이 무엇인지 살펴야 하고 우리가 그들 앞에 어떻게 살아야 하는지도 깊이 생각해 보아야 할 것이다."하였습니다. 그러므로 금년에는 성도들이 가정에 충실하여 가정 천국을 이룩해야 하겠습니다.

3.교회를 향해 뻗어 가야 하겠습니다.

눅 14 : 23 "길과 산울로 가서 사람을 강권하여 데려다가 내 집을 채우라"하였습니다. 하나님을 향하여 뻗어나가는 것은 자신의 영생 생활이 신령하기 위함이고 가정을 위하여 뻗어나가는 것은 가정생활이 더욱 육택하기 위함이며 교회를 위하여 뻗어나가는 것은 하나님의 교회가 부흥되어 하나님께 영광 돌리기 위함인 것입니다. 하나님의 교회부흥의 비결은 먼저 평안을 도모하고 칭찬받고 기도하면 됩니다. 그리고 예배에 열심히 참석하고 열심히 찬송과 기도를 드리고 헌신과 봉사를 통해서만 가능한 것입니다. 그래서 금년에는 우리의 성도의 가정들이 각지역 일대로 뻗어나가야 하겠습니다. 성도라면 누구나 하나님께 가까이 나가야 하고 그 다음은 가정을 작은 교회로 만들어야 하고 그리고 하나님의 교회를 위하여 헌신하고 봉사하는 생활이 있어야 하는 것입니다. 은혜 받은 성도들은 주님의 은혜를 보답하는 뜻에서 주를 위하여 몸을 드려야 합니다. 바울사도는 그리스도의 남은 고난을 자기 육체에 채운다 하였습니다. 칼바르트는 "신학은 교회 봉사의 학문이다. 따라서 신학은 교회가 예배하고, 전도하고 봉사하도록 공헌해야 한다"하였고 영국의 신학자인 매튜 헨리는 "교회 평화를 유지하는 길은 그의 순결을 보존하는 것이다"하였으며 김광웅씨는 "교회는 마치 주유소와 같아서 연료가 떨어진 차가 와서 계속 채우고 가듯 성도들이 주일마다 혹은 수요일마다 교회에 와서 말씀을 통해서 성령의 충만함을 받고가야 세상 인생 행로를 달린다"하였습니다. 그러므로 성도들은 교회를 사랑하는 마음으로 헌신하고 봉사하여 주의 뜻이 교회를 통하여 이루어지도록 해야 하겠습니다.

결 론

금년에는 움츠리는 해가 아니요 힘차게 하나님께로 가정으로 교회로 뻗어나가는 해가 되게 해야 할 것입니다. 여하간 새해는 하나님께로 더 가까이 나가도록 힘쓰고 가정을 예수님 모신 감정으로 만드는데 최선을 다해야 하겠으며 교회를 세상의 빛과 소금의 역할을 다하도록 노력해야 하겠습니다.

금년의 신앙 계획

눅 14 : 25~35

25) 허다(許多)한 무리가 함께 갈새 예수께서 돌이키사 이르시되
26) 무릇 내게 오는 자가 자기 부모와 처자와 형제와 자매와 및 자기 목숨까지 미워하지 아니하면 능히 나의 제자가 되지 못하고
27) 누구든지 자기 십자가를 지고 나를 좇지 않는 자도 능히 나의 제자가 되지 못하리라
28) 너희 중에 누가 망대를 세우고자 할진대 자기의 가진 것이 준공하기까지에 족할는지 먼저 앉아 그 비용을 예산하지 아니하겠느냐
29) 그렇게 아니하여 그 기초만 쌓고 능히 이루지 못하면 보는 자가 다 비웃어
30) 가로되 이 사람이 역사(役事)를 시작하고 능히 이루지 못하였다 하리라
31) 또 어느 임금이 다른 임금과 싸우러 갈 때에 먼저 앉아 일만으로서 저 이만을 가지고 오는 자를 대적할 수 있을까 헤아리지 아니하겠느냐
32) 만일 못할 터이면 저가 아직 멀리 있을 동안에 사신을 보내어 화친(和親)을 청할지니라
33) 이와 같이 너희 중에 누구든지 자기의 모든 소유를 버리지 아니하면 능히 내 제자가 되지 못하리라
34) 소금이 좋은 것이나 소금도 만일 그 맛을 잃었으면 무엇으로 짜게 하리요
35) 땅에도, 거름에도 쓸데없어 내어 버리느니라 들을 귀가 있는 자는 들을지어다 하시니라

서 론

해마다 새해예산을 세우고 모든 면에서 계획을 세웁니다. 그렇다
면 신앙적인 면에서도 분명한 계획을 세워야 하겠습니다. 하나님과
의 관계 개선 및 사람과의 관계 개선이 있어야하고,경제적인 면에서
나 신앙적인 면에서 그리고 육체적인 면에서도 세밀한 계획을 세우
고 그 계획대로 살아가야 할 것입니다. 칼빈 쿨리지는 "출발하려 할
때 미리 계획한 지도를 가지고 그것에 따르라"하였고 중국의 도덕가
인 공자는 "일년의 계획은 봄에 있고 하루의 계획은 아침에 있다. 봄
에 씨를 부리지 아니하면 가을에 거둘 것이 없다. 아침 일찍 일어나
서 서두르지 않으면 그날 할 일을 못한다. 젊은 시절을 일년으로 치
면 봄이요, 눈과 귀에 향락을 좇아 가느냐,부지런히 땅을 가느냐에
일생에 운명이 결정된다"하였으며 격언에는 "계획은 사람이 하지만,
이루는 이는 하나님이시다"하였습니다. 그러므로 우리성도들도 금년
한 해를 시작부터 철저한 계획을 세우고 살아가야 하겠습니다.

1. 분명한 계획이 있어야 합니다.

본문 25~27 일사각오가 되어 있어야 합니다. 주를 위해서는 부
모형제의 유혹을 뿌리칠 수 있는 각오가 되어 있어야 합니다. 기독교
가 장망성을 떠날 때 가족들이 가지못하게 막았으나 그는 그 유혹에
넘어가지 아니하고 자기가 선택한 옳은 길을 갔습니다. 즉 인정에 이
끌리지 아니하고 신앙적으로 살았다는 뜻입니다. 금년에 우리는 십
일조 주일성수 전도 및 모든 면에서 인정에 끌리지 아니하도록 분명
한 계획을 세워야 하겠습니다. 그렇습니다. 금년에는 신앙생활도 확

실하게 해야할 계획을 세우고 적극적인 행동으로 하나님과 가까이 하는 한 해가 되도록 해야 하며 육신의 생활도 복을 받도록 열심히 일할 계획을 세우고 이마에 땀이 흐르도록 열심히 일해서 경제적으로도 풍요롭게 살아야 하겠습니다. 하나님께서는 영혼이 잘됨과 같이 범사에 강건하고 잘 되기를 원하시는 것입니다. 그러므로 열심히 기도하고 열심히 일하여 영육간에 풍요로운 삶을 살아야 하겠습니다.

2. 비웃음거리가 되지 않게 해야합니다.

본문 28~30 "망대를 세우는 사람이 세밀한 예산을 세워놓고 시작함과 동시에 잘 마쳐야 한다"는 것입니다. 그렇지 아니하면 비웃음거리가 된다는 것입니다. 집을 한 채 지으려면 먼저 세밀한 설계와 예산 및 시공업체 선정이 되어야 합니다. 그런데 설계도없이 예산 및 자재도 없이 무조건 집을 짓겠다고 하는 것은 잘못된 발상이요,결국 비웃음을 살수 밖에 없는 것입니다. 결과는 용두사미격으로 되어지면 이는 큰 문제가 되는 것입니다. 기독교의 진리는 처음보다 나중이 더 좋은 것입니다. 그러므로 성도들은 금년에 계획한 신앙생활이 비웃음거리로 끝나지 않도록 해야 할 것입니다. 사람이 남을 웃기고 사는 것은 매우 좋은 일이지만 남에게 비웃음을 당하는 것은 좋은 것이 아닙니다. 영국의 성직자인 로랜스 스턴은 "언제나 웃어야 한다. 웃고 웃으면 인생에 무엇인가 좋은 일이 더해 진다고 늘 설득 당했다"하였습니다. 그렇습니다. 인생은 웃어야 합니다. 그러나 남에게 비웃음을 당해서는 안되는 것입니다. 비웃음은 자신의 행동에 문제가 있다는 것을 말해주는 것입니다. 즉 부끄러움을 안겨주는

것입니다. 그러므로 남을 진정으로 웃기는 희극인은 될지라도 남을
비웃는 일이나 자신이 비웃음을 당하지 아니할 계획을 세워야 하겠
니다.

3. 사단의 역사를 미리 알아야 합니다.

본문 31~32 "전쟁에 승리하려면 먼저 적을 알고 다음에 자신을
알면 백전 백승할 수 있는 것입니다" 적의 수와 화력을 알지 못하고
는 결코 전쟁을 할수 없는 것입니다. 마찬가지로 마귀의 작전을 알
지 못하고는 마귀를 이길 수 있는 계획을 세울 수가 없는 것입니다.
마귀는 우는 사자처럼 (벧전 5 : 8) 모이지 못하게 할 것이며 (히 10
: 25) 기도도 못하게 하고 (욥 21 : 15) 세상적인 것만 좋아하고 (딤
후 3 : 1~5) 이적만 좋아하게 할 것입니다 (마 24 : 24, 계 13 :
13~). 그러므로 모이기를 힘쓰고 기도하기를 힘쓰며 이적보다 말씀
을 더 좋아하면 틀림없이 승리할 것입니다. 마귀는 예나 지금이나
성도들을 괴롭히고 있으며 끝까지 괴롭힐 것입니다. 바울사도는 기
록하기를 "마귀로 틈을 타지 못하게 하라" (엡 4 : 27) 하였습니다.
그럼 어떻게 마귀가 틈을 타지 못하게 어떤 치밀한 계획을 세워야
할까요 그는 두 말 할 것 없이 "마귀의 궤계를 능히 대적하기 위하여
하나님의 전신갑주를 입으라" (엡 6 : 11) 는 말씀에 귀를 기울이고
성령의 충만함을 받아 마귀를 물리쳐야 할 것입니다. 이에 대하여
야고보서 저자는 기록하기를 "그런즉 너희는 하나님께 순복 할지어
다 마귀를 대적하라 그리하면 너희를 피하리라" (약 4 : 7) 하였습니
다. 그러므로 우리 성도들은 금년에 마귀와 싸워서 이길 수 있도록
마귀의 궤교를 미리 알고 그것에 대처하여 싸워서 승리하는 한 해가

되도록 철저한 계획을 세워야 하겠습니다.

결 론

금년에는 신앙생활의 계획을 정확하게 세워서 신앙생활에 큰 유익을 가지고와 성도로서 소금의 직분과 빛의 역할을 다 해야 하겠습니다.

배설물을 덮고가자

신 23 : 9~14

9) 네가 대적을 치러 출진할 때에 모든 악한 일을 스스로 삼갈지니
10) 너희 중에 누가 밤에 몽설함으로 부정하거든 진 밖으로 나가고 진 안에 들어오지 아니하다가
11) 해질 때에 목욕하고 해 진 후에 진에 들어올 것이요
12) 너의 진 밖에 변소를 베풀고 그리로 나가되
13) 너의 기구에 작은 삽을 더하여 밖에 나가서 대변을 통할 때에 그것으로 땅을 팔 것이요 몸을 돌이켜 그 배설물을 덮을지니
14) 이는 네 하나님 여호와께서 너를 구원하시고 적군을 네게 붙이시려고 네 진중에 행하심이라 그러므로 네 진을 거룩히 하라 그리하면 네게서 불합한 것을 보시지 않으므로 너를 떠나지 아니하시리라

서 론

이스라엘 백성들이 전쟁에서 승리하기 위해서는 먼저 내외적으로 깨끗해야 된다는 것입니다. 그래야만 전쟁에서 승리할 수 있다는 것입니다. 오늘의 우리는 새해라는 전쟁을 앞에 놓고 있습니다. 그래서 우리는 배설물과 같은 더러운 것을 깨끗이 덮고 넘어가야 하겠습니다. 그래야만 모든 면에서 잘되며 성공 내지 승리할 줄 압니다.

1. 깨끗한 사람이 없습니다.

본문 12 "너의 진밖에 변소를 베풀고 그리로 나아가라"하였습니다. 이는 누구든지 배설하기 때문에 변소를 지으라는 것입니다. 배설물은 누구의 것이 되었든지 한결같이 더럽다는 것입니다. 그렇다면 사람은 누구나다 더럽다는 것입니다. 금년에 얼마나 깨끗하게 살았습니까? 많은 죄를 지어서 더러움이 많은 줄 압니다. 다만 더러움을 알고 깨끗하게 해야 되겠다는 생각을 가지고 열심히 회개해야 겠다는 마음을 가지고 노력해야 할 것입니다. 이것이 짐승과 사람의 다른 점일 것입니다. 주님의 말씀에 의하면 "의인은 없나니 한 사람도 없느니라"(롬 3 : 10)하였고 시편저자는 기록하기를 "어리석은 자는 그 마음에 이르기를 하나님이 없다 하도다 저희는 부패하고 소행이 가증하여 선을 행하는 자가 없도다 여호와께서 하늘에서 인생을 굽어 살피사 지각이 있어 하나님을 찾는 자가 있는가 보려 하신즉 다 치우쳤으며 함께 더러운 자가 되고 선을 행하는 자가 없으니 하나도 없도다 죄악을 행하는 자는 다 무지하뇨 저희가 떡 먹듯이 내 백성을 먹으면서 여호와를 부리지 아니하는 도다"(시 14 : 1~4) 하였습니다. 그러므로 우리 성도들은 금년에 자신이 죄인임을 알고 철저하게 회개하고 깨끗하게 살아야 할 것입니다.

2. 불결로 인한 피해가 없어야 하겠습니다.

본문 14 "그러므로 네 진을 거룩히 하라"하였습니다. 사람의 배설물로 인하여 종종 시비가 붙을 때도 있고 기분 나쁜 언쟁을 할 때도 있습니다. 그 이유는 배설물 처리를 잘못한데서부터 생기는 것입니다. 자기의 배설물을 밟을 수도 있고 남의 배설물을 밟을 수도 있습니다. 문제는 더러운 배설물을 이곳 저곳으로 묻히고 다니면서 온갖 곳으로 다니면서 더럽힌다는 것입니다. 그래서 개인이 먼저 깨끗하게 처리를 해야 된다는 것입니다. 그래야만 주변에 있는 모든 것이 깨끗하게 될 수 있다는 것입니다. 그 이유는 회개치 아니하면 영혼이 망하기 때문입니다. 예수 그리스도께서 세상에 오신 목적은 "내가 의인을 부르러 온 것이 아니요 죄인을 불러 회개시키러 왔노라"(눅 5 : 32) 하였고 또한 "회개하라 천국이 가까왔느니라"(마 4 : 17) 하였으며 시편 저자는 기록하기를 "사람이 회개치 아니하면 저가 그 칼을 갈으심이여 그 활을 이미 당기어 예비하셨도다 죽일 기계를 또한 예비하심이여 그 만든 살은 화전이로다"(시 7 : 12~13) 하였습니다. 이는 회개치 아니하면 피해가 극심하다는 경고입니다. 그래서 하나님께서는 그와 같은 피해가 없기를 원하는 뜻에서 "주 여호와의 말씀에 나의 삶을 두고 맹세하노니 나는 악인의 죽는 것을 기뻐하지 아니하고 악인이 그 길에서 돌이켜 떠나서 사는 것을 기뻐하노라 이스라엘 족속아 돌이키고 돌이 키라 너희 악한 길에서 떠나라 어찌 죽고자 하느냐 하셨더라 하라"(겔 33 : 11) 하였습니다. 이는 죄로 인한 피해를 입지 말라는 마지막 통첩이고 최후의 경고인 것입니다. 그러므로 죄로 피해보는 일이 없도록 해야 하겠습니다.

3. 더러움은 덮고 가야 합니다.

본문 13 "너희 기구에 작은 삽을 더하여 밖에 낙서 대변을 통할 때에 그것으로 땅을 팔 것이요 몸을 돌이켜 그 배설물을 덮을 찌니" 하였습니다. 이는 외부적인 불결을 막을 것을 말하는 것입니다. 당

시에는 외부적인 불결을 영적 불결의 상징으로 보았습니다. 그리고
외부적인 불결을 그 사람의 태만으로 보았습니다. 그래서 더러움은
반드시 정결하게 하고 지나가야 할 문제였습니다. 그래서 덮고 가라
는 것입니다. 사람이 실수를 아니할 수 없지만 실수를 하면 반드시
덮고 깨달아서 고치고 지나가야 한다는 것입니다. 고양이라는 짐승
도 배설을 하면 덮고 지나가려고 합니다. 하물며 사람은 더 말할 필
요가 없는 줄 압니다. 그러므로 덮고 가라는 말은 철저하게 회개하
고 가라는 말입니다. 그래서 요한1서 저자는 기록하기를 "만일 우리
가 죄 없다하면 스스로 속이고 또 진리가 우리 속에 있지 아니할 것
이요 만일 우리가 우리 죄를 자백하면 저는 미쁘시고 의로우사 우리
죄를 사하시며 모든 불의에서 우리를 깨끗케 하실 것이요"(요 1서
1 : 8~9) 하였습니다. 그리고 이사야 선지자는 기록하기를 "여호와
께서 말씀하시되 오라 우리가 서로 변론하자 너희 죄가 주홍 같을지
라도 눈과 같이 희어질 것이요 진홍 같이 붉을지라도 양털 같이 되
리라 너희가 즐겨 순종하면 땅의 아름다운 소산을 먹을 것이요 너희
가 거절하여 배반하면 칼에 삼키우리라 여호와의 말이니라"(사 1 :
18~20) 하였습니다. 그렇습니다. 더러운 죄는 회개하여 주의 피로
깨끗이 씻고 덮어버리고 가야 합니다. 시편 저자는 기록하기를 "주
의 백성의 죄악을 사하시고 저희 모든 죄를 덮으셨나이다"(시 85 :
2) 하였습니다. 이는 회개만 하면 깨끗하게 하시고 그 죄를 기억도
하시지 않고 덮어 버린다는 것입니다.

결 론

사람은 누구나 배설합니다. 그러나 그 뒤처리를 어떻게 하느냐 여하에 따라서 결과가 달라지는 것입니다. 우리들은 금년에 더러운 생활을 얼마나 했으며 얼마나 깨끗하게 처리했습니까? 배설하는 것은 자연적이고 생리적 현상인줄 압니다. 마찬가지로 사람이 더러움에 빠지는 것은 어쩔 수 없는 일인줄 압니다. 그래서 금년이 다 가기 전에 깨끗하게 회개하여 역사와 함께 묻어버리고 새해를 맞이하여 내년에 하는 일들마다 성공적으로 잘되는 역사가 나타나기를 바랍니다.

우리를 도우라

행 16 : 6~10

6) 성령이 아시아에서 말씀을 전하지 못하게 하시거늘 브
루기아와 갈라디아 땅으로 다녀가
7) 무시아 앞에 이르러 비두니아로 가고자 애쓰되 예수의
영이 허락지 아니하시는지라
8) 무시아를 지나 드로아로 내려갔는데
9) 밤에 환상이 바울에게 보이니 마게도냐 사람 하나가
서서 그에게 청하여 가로되 마게도냐로 건너와서 우리를
도우라 하거늘
10) 바울이 이 환상을 본 후에 우리가 곧 마게도냐로 떠
나기를 힘쓰니 이는 하나님이 저 사람들에게 복음을 전하
라고 우리를 부르신 줄로 인정함이러라

서 론

본문 말씀은 바울사도 일행이 아시아에서 복음을 전하려고 하는데
성령께서 그곳에서는 말씀을 전하지 못하게 하심으로 비두니아 (혹
해 남안 보르기아 북쪽에 있는 지방) 로 가고자 애를 쓰는데 그 곳도
허락지 아니시는데 밤에 환상중에 마게도냐 (헬라 북반부) 사람들이
와서 우리를 도우라는 말에 그들은 그곳으로 가기로 힘쓰니 이는
하나님이 저 사람들에게 복음을 전하라고 우리를 부르신 줄로 인정

함이라 하였습니다.

우리 성도들은 금년에는 선교사업으로 농촌교회와 해외 선교회나 국내 특수선교회까지 신경을 써서 남을 돕는 성도들이 되어야 하겠습니다. 약한 자를 돕는 것은 하나님의 뜻입니다.

1. 돕는 것이 복 입니다.

행 20 : 35 "범사에 너희에게 모본을 보였노니 곧 이같이 수고하여 약한 사람들을 돕고 또 주 예수의 친히 말씀 하신바 주는 것이 받는 것보다 복이 있다 하심을 기억하여야 할지니라"하였습니다.

자신이 열심히 일하여 번 돈을 가난한 사람들을 위하여 사용한다는 것은 매우 귀중한 일이고 하나님께서 좋아하시는 일입니다(엡 4 : 28). 모세는 기록하기를 "너는 반드시 그에게 구제할 것이요 구제할 때에는 아끼는 마음을 품지 말 것이라 이로 인하여 네 하나님 여호와께서 네 범사와 네 손으로 하는바에 네게 복을 주시리라 땅에는 언제든지 가난한 자가 그치지 아니하겠으므로 내가 네게 명하여 이르노니 너는 반드시 네 경내에 네 형제의 곤란한 자와 궁핍한 자에게 네 손을 펼지니라"(신 15 : 10~11) 하였습니다. 잠언 저자는 기록하기를 "가난한 자를 불쌍히 여기는 것은 여호와께 꾸이는 것이니 그 선행을 갚아주시리라"(잠 19 : 17) 하였습니다. 그래서 구제할 때에 은밀하게 구제하면 은밀하게 보시는 하나님께서 갚아주신다고 하였습니다(마 6 : 3~4).

이와 같이 남을 돕는 것은 자기를 위하는 일이고 복된 일이며 후손에게 까지도 권장할 일입니다. 인간들이 모여 사는 곳에는 서로 돕는 일들이 있어야 사람 살만한 사회가 되는 것입니다.

독불장군은 없다는 말이 있습니다. 그렇습니다. 하나님께서 인간을 처음에 남자를 창조하시고 보실 때에 독처하는 것이 좋지 않음을 아시고 돕는 배필 여자를 만들어서 서로 돕고 의지하며 평생을 살아갈 수 있게 하셨습니다. 그러므로 부자가 가난한 자를 돕고 배운 자가 배우지 못한 자를 도우며 강한 자가 약한 자를 도와 주도록 해야 하겠습니다.

2. 돕는 것이 기쁜 것입니다.

전 3 : 12~13 "사람이 사는 동안에 기뻐하며 선을 행하는 것보다 나은 것이 없는 줄을 내가 알았고 사람마다 먹고 마시는 것과 수고함으로 낙을 누리는 것이 하나님의 선물인 줄을 또한 알았도다"하였습니다. 그렇습니다. 남의 것을 빼앗는 것은 불안하고 두려운 일이지만 내 것을 남에게 주는 것은 매우 기쁘고 즐거운 일입니다. 남을 돕고 산다는 것은 어려운 사람을 도우는 것으로 끝나지 아니하고 자신이 즐겁게 사는 비결도 된다는 것입니다. 그렇습니다. 남의 것을 빼앗고 그들의 마음을 아프게 하면 먼저 해를 입힌 사람의 마음이 편치 아니하고 괴로운 것입니다. 그러나 반대로 자신의 것을 주어서 남에게 기쁨을 안겨주면 도움을 받은 사람이 기뻐하는 것보다 더 자신이 즐거움을 누릴 수 있다는 것입니다.

김경선씨는 "선한 일을 했을 때의 기쁨을 악인은 결코 모른다. 그 기쁨은 하늘의 기쁨이기 때문이다"하였고, 영국의 사회 개혁가인 죤 러스킨은 "참된 희락은 가진 것을 전부 주어야 얻을 수 있다"하였으며, 독일의 성직자인 토마스 아 캠피스는 "네가 잘 했을 때 이외에는 기뻐하지 말라"하였습니다. 그렇습니다.

사람이 남에게 해를 끼치지 아니하고 도움을 주었을 때 처럼 기쁜 것은 없는 것입니다. 또한 그 기쁨이야 말로 진정한 기쁨인 것입니다. 그러므로 우리도 금년에는 남을 도와주고 진정한 삶의 기쁨을 맛보는 한 해가 되기를 바랍니다.

3. 돕는 것이 부자되는 것입니다.

잠 11 : 24 "흩어 구제하여도 더욱 부하게 되는 일이 있나니 과도히 아껴도 가난하게 될 뿐이니라 구제를 좋아하는 자는 풍족하여질 것이요 남을 윤택하게 하는 자는 윤택하여지리라 곡식을 내지 아니하는 자는 백성에게 저주를 받을 것이나 파는 자는 그 머리에 복이 임하리라 선을 간절히 구하는 자는 은총을 얻으려니와 악을 더듬어 찾는 자에게는 악이 임하리라"하였습니다.

이는 남을 도와 주는 것은 손해가 아니고 도리어 복이 되어 자신에게로 돌아 온다는 말입니다. 하나님께서는 말씀하시기를 "너를 축복하는 자에게는 내가 복을 내리고 너를 저주하는 자에게는 내가 저주하리니 땅의 모든 족속이 너를 인하여 복을 얻을 것이니라"(창 12 : 3) 하였습니다.

잠언 저자는 기록하기를 "성읍은 정직한 자의 축원으로 인하여 진흥하고 악한 자의 입을 인하여 무너지니라"(잠 11 : 11) 하였습니다. 그리하여 욥은 벗들을 위하여 복을 빌고 자신의 병고침을 받고 이전 소유보다 갑절이나 더 받았습니다(욥 42 : 10). 그러므로 준다는 것은 심는 것이며 결과는 거두는 것입니다. 그래서 바울사도는 말하기를 "정함이 없는 재물에 소망을 두지 말고 모든 것을 후히 주시는 하나님께 두며 선한 사업에 부하고 나눠주기를 좋아하며 동정하는 자가 되게 하라 이것이 자기를 위하여 좋은 터를 쌓아 참된 생명을 취하는 것이라"(딤전 6 : 17~19) 하였습니다. 아합은 가지고 가지도 못하면서 나봇의 포도원까지 빼앗아 결국 가문 전체가 망하였습니다. 그러나 아비가일은 재산을 아끼지 않고 다윗에게 주어 그의 노여움을 풀어 온 가족의 생명을 구원하여 냈습니다.

우리들도 그 면에는 남을 도와서 영육간에 잘 되는 역사가 있기를 바랍니다.

결 론

금년에는 자기 욕심을 비우고 남의 유익을 위하여 자기의 것을 줌으로 말미암아 하나님을 기쁘시게 해드리고 사람들의 마음을 즐겁게 해주며 자신도 즐거운 생활속에서 복에 복을 더 받는 역사가 나타나기를 바랍니다. 그렇게 하기 위하여 선교 사업에 참례 함으로 많은 교회와 교역자들을 돕는 역사가 있고 자신들은 더욱 부하게 되는 하나님의 복이 임하기를 주님의 이름으로 축원 합니다.

화목하는 해로

고후 5:18~21

18) 모든 것이 하나님께로 났나니 저가 그리스도로 말미암아 우리를 자기와 화목하게 하시고 또 우리에게 화목하게 하는 직책을 주셨으니
19) 이는 하나님께 그리스도 안에 계시사 세상을 자기와 화목하게 하시며 저희의 죄를 저희에게 돌리지 아니하시고 화목하게 하는 말씀을 우리에게 부탁하셨느니라
20) 이러므로 우리가 그리스도를 대신하여 사신이 되어 하나님이 우리로 너희를 권면(勸勉)하시는 것같이 그리스도를 대신하여 간구하노니 너희는 하나님과 화목하라
21) 하나님이 죄를 알지도 못하신 자로 우리를 대신하여 죄를 삼으신 것은 우리로 하여금 저의 안에서 하나님의 의가 되게 하려 하심이니라

서 론

화목이라는 것은 매우 소중한 것입니다. 가정에서도 직장에서도 교회에서도 매우 귀중하고 교회 발전에도 빼놓을 수 없는 부분입니다.

사회에서는 불화가 있다고 해도 교회 안에서는 그와 같은 일은 없어야 합니다.

만약에 그렇지 못하면 사회 믿지 아니하는 사람들과 다른 점이 없

다는 것입니다.

특히 믿는 사람들은 하나님과 화목하였기 때문에 우리는 서로 화목해야 할 필요성이 있고 의무가 있는 것입니다. 그래서 금년에는 서로가 화목하는 해로 정하고 화목하는 일에 최선을 다해야 하겠습니다.

1. 하나님과 화목해야 합니다.

본문 20 "이러므로 우리가 그리스도를 대신하여 사신이 되어 간구하노니 너희는 하나님과 화목하라"하였습니다. 그렇습니다. 우리는 무엇보다도 먼저 하나님과 화목해야 합니다. 이는 근본적인 문제입니다. 하나님과 화목 없이는 어느 누구와도 화목이 불가능한 것입니다.

그 이유는 하나님께서는 죄지은 우리와 화목하기 위하여 많은 희생을 하셨는데 우리가 하나님과 화목하지 아니한다면 이는 사람의 도리라고는 볼 수 없는 것입니다.

그럼 하나님과 화목하려면 먼저 죄를 회개하고 주를 믿어 그분의 말씀대로 순종하여야 하며 그의 계명을 지켜야 하는 것입니다. 그래야 그분과 격이 없이 화목할 수 있는 것입니다. 생각해 봅시다.

하나님께서는 "우리가 아직 죄인 되었을 때에 그리스도께서 우리에게 대한 자기의 사랑을 확증하셨느니라"(롬 5 : 8) 하였습니다.

그러므로 바울사도는 말하기를 "곧 우리가 원수 되었을 때에 그 아들의 죽으심으로 말미암아 하나님으로 더불어 화목 되었은즉 화목 된 자로서는 더욱 그의 살으심을 인하여 구원을 얻을 것이니라 이뿐 아니라 이제 우리로 화목을 얻게 하신 우리 주 예수 그리스도

로 말미암아 하나님 안에서 또한 즐거워 하느니라"(롬 5 : 10~11)
하였습니다.

그러므로 우리는 어떤 방법으로든지 하나님과 화목하도록 해야
할 것입니다.

2. 화목하게 하는 직책을 주셨습니다.

본문 18 "모든 것이 하나님께로 났나니 저가 그리스도로 말미암
아 우리를 자기와 화목하게 하는 직책을 주셨으니"하였습니다.

이는 성도들은 서로가 화목해야 하는 직책을 받았으므로 반드시
그렇게 해야 합니다. 화목은 어디서나 필요한 것입니다.

화목(和睦)이란 말은 서로 뜻이 맞고 정다움, 단란하고 친목함을
말하는 것입니다.

한경직 목사님은 말하기를 "가화만사성(家和萬事成)이란 말은
특히 그리스도인의 가정에 타당한 말이다. 하나님은 화목하지 못한
가정에는 결코 축복을 내리시지 않는다. 하나님의 복이 없는 가정이
되는 것이 무엇이랴"하였습니다. 그렇습니다. 하나님께서는 우리와
화목하시려고 둘도 아닌 독생자를 이 땅에 보내셔서 그 아들을 십자
가에 못 박히는 희생을 당하셨습니다.

그렇다면 우리들은 이렇게 큰 은혜를 입고도 깨닫지 못하여 서로
가 불목하고 지낸다면 배은망덕도 이만저만이 아닙니다.

그러므로 우리는 하나님께로부터 받은 직책을 성실하게 이행하여
화목하는 일에 최선을 다해야 하겠습니다.

3. 말씀으로 화목해야 합니다.

본문 19 "이는 하나님께서 그리스도 안에 계시사 세상을 자기와

화목하게 하시며 저희의 죄를 저희에게 돌리지 아니하시고 화목하게 하는 말씀을 우리에게 부탁하셨느니라"하였습니다. 그렇습니다. 진정으로 하나님과 화목하기 위해서도 그의 말씀으로 돌아가야 하고 사람들과의 화목하기 위해서도 주의 말씀으로 돌아가지 아니하면 불가능한 것입니다.

이는 화목 뿐만 아니고 온전한 신앙생활을 하기 위서도 말씀으로 돌아가야 합니다.

바울사도가 에베소서 교회를 떠날 때에도 그들의 장래를 주의 말씀에 부탁하는 모습을 볼 수 있는데 "그러므로 너희가 일깨어 내가 삼년이나 밤낮 쉬지 않고 눈물로 각 사람을 훈계 하던 것을 기억하라 지금 내가 너희를 주와 및 그 은혜의 말씀께 부탁하노니 그 말씀이 너희를 능히 든든히 세우사 거룩케 하심을 입은 모든 자 가운데 기업이 있게 하시리라"(행 20 : 31~32) 하였습니다. 그렇습니다. 주의 말씀을 중심하지 않고는 그 어느 누구와도 화목할 수 없는 것입니다.

이에 대하여 바울사도는 기록하기를 "모든 겸손과 온유로 하고 오래 참음으로 사랑 가운데서 서로 용납하고 평안의 매는 줄로 성령의 하나 되게 하신 것을 힘써 지키라 몸이 하나이요 성령이 하나이니 이와 같이 너희가 부르심의 한 소망 안에서 부르심을 입었느니라 주도 하나이요 믿음도 하나이요 세례도 하나이요 하나님도 하나이시니 곧 만유의 아버지시라 만유 위에 계시고 만유를 통일하시고 만유 가운데 계시도다"(엡 4 : 2~6) 하였습니다.

결 론

금년에는 어떤 일을 해서라도 화목을 도모하여 가화만사성 하여 가정이 행복하게 되고 사회에서 대인관계에 있어서 친절하게 하여 하는 일이 더 잘되고 교회에서 화목하여 부흥발전에 밑거름이 되어야 할 것입니다.

어디서나 화목이 최고이고 화목은 사람들이 살 맛나게 하는 것입니다.

그 요구하는대로

신 15:7~11

7) 네 하나님 여호와께서 네게 주신 땅 어느 성읍에서든지 가난한 형제가 너와 함께 거하거든 그 가난한 형제에게 네 마음을 강팍히 하지 말며 네 손을 움켜쥐지 말고
8) 반드시 네 손을 그에게 펴서 그 요구하는 대로 쓸 것을 넉넉히 꾸어 주라
9) 삼가 너는 마음에 악념을 품지 말라 곧 이르기를 제칠년 면제년이 가까왔다 하고 네 궁핍한 형제에게 악한 눈을 들고 아무것도 주지 아니하면 그가 너를 여호와께 호소하리니 네가 죄를 얻을 것이라
10) 너는 반드시 그에게 구제할 것이요, 구제할 때에는 아끼는 마음을 품지 말 것이니라 이로 인하여 네 하나님 여호와께서 네 범사와 네 손으로 하는 바에 네게 복을 주시리라
11) 땅에는 언제든지 가난한 자가 그치지 아니하겠으므로 내가 네게 명하여 이르노리 너는 반드시 네 경내(境內) 네 형제의 곤란한 자와 궁핍한 자에게 네 손을 펼지니라

서 론

요구는 가난한 자가 부자에게 달라고 청함을 말함이고 약자가 강자에게 도움을 달라고 요구하는 청하는 말 입니다. 그러나 하나님께서 요구하시는 것은 사정이 다른 것입니다.

모세는 기록하기를 "이스라엘아 네 하나님 여호와께서 네게 요구하시는 것이 무엇이냐 곧 네 하나님 여호와를 경외하여 그 모든 도를 행하고 그를 사랑하여 마음을 다하고 성품을 다하여 네 하나님 여호와를 섬기고"(신 10 : 12) 하였습니다.

이는 하나님께서 인간들에게 요구하시는 것입니다. 그리고 마가 선지자들은 기록하기를 "사람아 주께서 선한 것이 무엇임을 네게 보이셨나니 여호와께서 네게 구하시는 것이 오직 공의를 행하며 인자를 사랑하며 겸손히 네 하나님과 함께 행하는 것이라"(미 6 : 8) 하였습니다. 인간들이 요구하는 것과 하나님께서 인간들에 요구하시는 것은 질이 다른 것입니다.

오늘 말씀을 드리고 싶은 것은 인간들이 요구하는 것에 대하여 생각해 보고자 합니다.

1. 주께서 갚아주기 때문에 꾸어주라는 것입니다.

본문 7~8 "네 하나님 여호와께서 네게 주신 땅 어느 성읍에서든지 가난한 형제가 너와 함께 거하거든 그 가난한 형제에게 네 마음을 강퍅히 하지 말며 네 손을 움켜 쥐지 말고 반드시 네 손을 그에게 펴서 그 요구하는 대로 쓸 것을 넉넉히 꾸어주라"하였습니다.

여기서 기억할 것은 꾸어주라는 말인데 인간 세상에서 거래관계에 있어서는 꾸어주는 것은 돈이나 물건을 다음에 받기로 하고 주는 것입니다.

출애굽기서 저자는 기록하기를 "네가 만일 너와 함께한 나의 백성 중 가난한 자에게 돈을 꾸이거든 너는 그에게 채주 같이 하지 말며 변리를 받지 말 것이며"(출 22 : 25) 하였습니다. 그런데 하나님께서 꾸어주라는 것은 거저 주는 것이 아니라는 개념에서 하시는 말씀인 것입니다.

잠언 저자는 기록하기를 "가난한 자를 불쌍히 여기는 것은 여호와께 꾸이는 것이니 그 선행을 갚아 주시리라"(잠 19 : 17) 하였습니다.

이는 세상에서 꾸어주면 반드시 받으려고 하는데 성경에서 가난한 자에게 꾸어주라는 말씀은 가난한 자에게 받지 못하는 것을 하나님께서 갚아 주시겠다는 것입니다.

그러므로 전적 구제가 아니라 하나님께서 대신 갚아주시는 것이기 때문에 그 일을 해 볼만한 것입니다. 그래서 하나님께서 하시는 말씀은 "면제의 규례는 이러하니라 무릇 그 이웃에게 꾸어준 채주는 그것을 면제하고 그 이웃에게나 그 형제에게 독촉하지 말지니 이 해는 여호와의 면제 년이라"(신 15 : 2) 하였습니다.

그러므로 하나님께서 갚아 주실 것을 믿고 가난한 자들에게 구제하는 것이 생활화 되어야 할 것입니다.

2. 도와 주어야 죄가 되지 않는다는 것입니다.

본문 9 "삼가 너는 마음에 악념을 품지 말라 곧 이르기를 제 칠년 면제 년이 가까왔다 하고 네 궁핍한 형제에게 악한 눈을 들고 아무 것도 주지 아니하면 그가 너를 여호와께 호소하리니 네가 죄를 얻을 것이라"하였습니다.

만약에 꾸어준 것이 있다고 해도 면제해 주라는 것입니다. 즉 오죽하면 남에게 빌리고도 갚지 못하느냐는 것입니다. 그래서 모세는 기록하기를 매 칠년 끝에 면제하라 면제의 규례는 이러하니라 무릇 그 이웃에게 꾸어준 채주는 그것을 면제하고 그 이웃에게나 그 형제

에게 독촉하지 말지니 이 해는 여호와의 면제 년이라 칭함이니라 이
방인에게는 네가 독촉하려니와 네 형제에게 꾸인 것은 네 손에서 면
제하라"(신 15 : 1∼3) 하였습니다.

그러나 면제도 하지 아니하고 꾸어주지도 아니하며 구제도 하지
않고 그 요구대로 하지 아니하면 이는 그들이 하나님께 호소하여 그
것이 죄가 된다는 것입니다. 이는 가인이 아벨을 쳐 죽인 죄와 같다
그 말입니다.

아벨이 형에게 맞아 죽어 그의 핏소리는 땅에서부터 하나님께 까
지 호소되어 하나님께서 가인이 살고 있는 땅에 저주를 내리신다고
하였습니다(창 4 : 8∼12).

잠언 저자는 기록하기를 "가난한 자를 못 본체 하는 자에게는 저
주가 많으리라"(잠 28 : 27) 하였고, "가난한 사람을 학대하는 자는
그를 지으신 이를 멸시하는 자요 궁핍한 사람을 불쌍히 여기는 자는
주를 존경하는 자니라"(잠 14 : 31) 하였으며 예수 그리스도는 "지
극히 작은 자 하나에게 하지 아니한 것이 곧 내게 하지 아니한 것이
니라"(마 25 : 45) 하였습니다. 그래서 작은 자 하나에게 하지 아니
한 자는 영벌에 들어 간다고 하였습니다(마 25 : 46). 그러므로 지상
에서 쌓아 놓은 재물 가지고 가지도 못하면서 불쌍한 사람들을 돕지
도 아니한다면 이는 하나님께 죄가 되어 영원한 벌을 면치 못한다는
것을 명심하고 그 요구하는 대로 쓸 것을 도와 주는 성도들이 되어
야 할 것입니다.

3. 도와주면 복을 받는 것입니다.

본문 10∼11 "너는 반드시 그에게 구제할 것이요 구제할 때에는

아끼는 마음을 품지 말 것이라 이로 인하여 네 하나님 여호와께서 네 범사와 네 손으로 하는 바에 네게 복을 주시리라 땅에는 언제든 지 가난한 자가 그치지 아니하겠으므로 내가 네게 명하여 이르노니 너는 반드시 네 경내 네 형제의 곤란한 자와 궁핍한 자에게 네 손을 펼지니라"하였습니다.

그리고 모세는 기록하기를 "네가 만일 네 하나님 여호와의 말씀만 듣고 내가 오늘날 네게 명하는 그 명령을 다 지켜 행하면 네 하나님 여호와께서 네게 유업으로 주신 땅에서 네가 정녕 복을 받으리니 너희 중에 가난한 자가 없으리라 네 하나님 여호와께서 네게 허락하신 대로 네게 복을 주시리니 네가 여러 나라에 꾸어 줄지라도 너는 꾸지 아니하겠고 네가 여러 나라를 치리 할지라도 너는 치리함을 받지 아니하리라"(신 15 : 4~6) 하였습니다.

예수 그리스도께서 말씀하시기를 "내가 너희의 모든 대적이 능히 대항하거나 변박 할 수 없는 구제와 지혜를 너희에게 주리라"(눅 21 : 15) 하였고, 잠언 저자는 기록하기를 "흩어 구제하여도 더욱 부하게 되는 일이 있나니 과도히 아껴도 가난하게 될 뿐이니라 구제를 좋아하는 자는 풍족하여 질 것이요 남을 윤택하게 하는 자는 윤택하여 지리라"(잠 11 : 24~25) 하였습니다. 그 뿐만은 아닙니다.

시편저자는 말하기를 "내가 어려서부터 늙기까지 의인이 버림을 당하거나 그 자손이 걸식함을 보지 못하였도다 저는 종일토록 은혜를 베풀고 꾸어주니 그 자손이 복을 받는 도다"(시 37 : 25~26) 하였습니다.

이는 도움을 요구하는 자에게 도움을 주는 자들은 자신은 물론이지만 그 자손들도 복을 받는 다고 하였습니다.

결 론

오늘의 지구 곳곳에는 굶주리는 자들이 얼마든지 있고 국내만도 해도 굶주리는 자들이 적지 않게 만다는 것입니다. 그리고 복음 사업에도 많은 사람들의 도움이 필요로 하고 있습니다.

농어촌 교회도 도와야 하겠고 특수 선교도 하겠으며 국외 선교도 해야할 시점에와 있습니다. 그러므로 우리성도들은 남을 돕는 일에 적극적으로 참례하여 주의 사업도 하고 자신들의 복도 받는 일도 있어야 하겠습니다.

고넬료는 백성을 많이 구제한 일이 하늘에 상달되었다고 하였습니다(행 10 : 2~4).

새벽기도로 하루를 시작하자

막 1 : 35

35) 새벽 오히려 미명에 예수께서 일어나 나가 한적한 곳
으로 가사 거기서 기도하시더니

서 론

사람이 해보겠다고 결심은 하지만 작심 3일이라는 속담 처럼 용두
사미 (龍頭蛇尾) 격으로 끝나는 때가 많은 것은 누구나 공감할 것입
니다.

그러나 바울사도는 기록하기를 "내게 능력 주시는 자 안에서 내가
모든 것을 할 수 있느니라"(빌 4 : 13) 하였습니다. 이는 하나님께서
인간들에게 능력을 주시면 새벽기도 뿐만 아니고 무엇이나 할 수 있
다는 것입니다. 그런데 왜 금년초부터 새벽기도로부터 시작하라고
하느냐고 반항적으로 말할 사람들도 있을 것입니다. 그러나 그렇게
생각할 필요가 없다고 감히 말할 수 있는 것은 신구약 전체를 보아도
새벽기도 하는 것을 나쁘게 평가한 일이 없기 때문 입니다.

생각해 봅시다. 하루의 시작은 새벽인데 새벽에 일찍이 일어나 교

회에 나아가 세상 사람들과 말하기 전에 먼저 하나님께 찬송과 기도를 드리고 세상의 잡다한 말을 듣기 전에 하나님의 말씀을 듣고 생존 경쟁에 뛰어들어 아귀다툼을 하기전에 하나님께 예배를 드림으로 하루를 시작하는 것은 누가 보아도 잘못되었다고 말하기는 불가능한 것입니다.

하나님께서는 첫 것을 원하십니다. 곡식도 처음 것을 원하시고 (출 23 : 16. 19) 성미도 첫 것을 원하십니다 (겔 44 : 30~31). 무엇이나 하나님께서는 첫 것을 좋아 하십니다. 그럼 왜 새벽기도로 부터 하루를 시작해야 되는지 알아 보도록 하겠습니다.

1. 예수님을 본 받기 위해서 입니다.

본문 35 "새벽 오히려 미명에 예수께서 일어나 한적한 곳에서 기도하시더라"하였습니다.

속담에 "새벽 호랑이는 중이나 개를 헤아리지 않는다"이는 새벽에 활동하는 호랑이는 활동할 때를 잃고 산에 들어가야할 호랑이라는 뜻입니다. 같은 맥락에서 생각을 해본다면 바울사도가 기록한 말씀을 다시 상고해 볼 필요가 있습니다. "또한 너희가 이 시기를 알거니와 자다가 깰 때가 벌써 되었으니 이는 이제 우리의 구원이 처음 믿을 때보다 가까왔음이니라 밤이 깊고 낮이 가까왔으니 그러므로 우리가 어두움의 일을 벗고 빛의 갑옷을 입자 낮에와 같이 단정히 행하고 방탕과 술 취하지 말며 음란과 호색하지 말며 쟁투와 시기하지 말고 오직 주 예수 그리스도로 옷 입고 정욕을 위하여 육신의 일을 도모하지 말라"(롬 13 : 11~14).

이는 밤과 같은 죄악된 세상의 종말이 가까왔으니 주의 재림을 준비하는 시간이 급하게 되었으니 새벽부터 하루를 시작하면서 지은 죄를 회개하고 죄를 멀리하려는 노력이 매우 필요한 것입니다. 즉 새벽 호랑이가 산으로 들어갈 시간이 바빠서 부지런히 활동하는 것 같이 천국갈 시간이 바빠서 부지런히 활동하자 그 말입니다.

예수 그리스도도 십자가 지실 날이 멀지 않음을 아시고 새벽부터 열심히 활동하신 것도 모자라서 밤새도록 기도하시고 땀이 변하여 피와 같이 되도록 힘쓰시고 애쓰시면서 기도하시니 하나님께서도 그냥 보고만 계실 수 없어 천사를 보내여 그 힘을 돕게 하셨습니다 (눅 22 : 39~46). 오늘의 성도들은 개인적인 종말(죽음)은 얼마나 남았는지 알고 있습니까 아니면 역사적인 종말(재림)은 얼마나 남았는지 알 수 없는 상태이기 때문에 새벽부터 기도하는 것은 너무나도 당연한 것입니다. 새벽은 고요하여 기도하기도 좋고 하나님과 깊은 명상의 시간을 가질 수 있다는 점에서 매우 바람직한 것입니다.

디델 울프씨는 말하기를 "주님께서 새벽기도 하신 것은 맑은 정신으로 하나님의 음성을 듣기 위함이요 하나님의 지도를 받아 아버지께 복종하기 위함이라"하였습니다.

그러므로 우리들도 예수 그리스도를 본 받아 새벽기도하는 나와 여러분이 되어야 하겠습니다.

2. 믿음의 선배들을 따르기 위해서 입니다.

시 57 : 8 "내가 새벽을 깨우리로다"하였습니다. 시편저자는 기록하기를 "내가 새벽에 부르짖으며 주의 말씀을 바라나이다"(시 119 : 147) 하였습니다. 믿음의 조상 아브라함은 새벽 일찍이 모리아 산으로 제사 드리려고 아들 이삭을 데리고 갔습니다(창 22 : 2~3).

그리고 야곱은 새벽보다 더 빠른 시간 밤에 일어나 씨름(기도)하다
가 환도뼈가 부러지고야 응답을 받고 말았습니다(창 32:22~30).
여호수아는 여리고 성을 점령하기 위하여 아침에 일찍이 일어 났습
니다(수 6:12~21). 그리고 우리 한국의 부흥은 1906년도 길선주
목사님께서 시작한 새벽기도에서부터 였다고 해도 과언이 아닌 것
입니다.

일본의 미아우찌 목사는 말하기를 "한국교회가 발전한 것은 새벽
기도 때문이라"이라고 하였습니다. 신약의 여성들도 새벽에 일찍이
일어나 예수 그리스도의 부활을 맞이한 마리아도 있습니다(마 28:
1~10). 그 외에도 새벽에 일찍이 일어나 새벽기로부터 하루 일과를
시작한 사람들은 얼마든지 있는 줄 압니다. 총신대 교수인 박아론목
사는 "새벽기도의 신학"이라는 책을 저술하였습니다. 여하간 새벽
기도 하는 사람들이 신앙적인 면에서는 낮고 새벽기도하는 교회가
부흥되며 새벽기도하는 사람이 건강한 것도 사실 입니다. 그러나 일
부 사람들은 새벽기도만 해야 천국 가느냐 새벽기도 해도 생활은 억
망이더라 하며 비웃는 사람들도 볼 수 있는데 이는 잘못된 생각 입
니다. 새벽기도 하는 사람이 행동이 욕먹을 행동을 했다고 하자 그
가 새벽기도 하지 아니하였다면 살인을 했을지 모르는 것입니다.
기도는 당장에 효과가 나타나는 것으로 알면 안되는 것입니다. 계란이
당장 병아리로 부화되지 아니하고 시일이 흘러야 병아리로 부화 하듯
이 인간도 못된 근성이 오랜 기도를 통해서 성화되는 줄로 압니다.

그러므로 기도는 해야 합니다. 일본의 오마야 레이지씨는 "새벽기
도는 말 할 수 없는 복이라"하였습니다. 그러므로 우리 성도들도 금
년부터는 새벽기도로부터 하루 일과를 시작하여 지금까지 받은 복
보다 더 많은 복을 받고 새로운 변화를 받아 하나님을 영화롭게 하

는 놀라운 역사가 일어나야 하겠습니다.

3. 주의 은혜를 보답하기 위해서 입니다.

시 3 : 5 "내가 누워 자고 깨었으니 여호와께서 나를 붙드심이로 다"하였고, "내가 평안히 눕고 자기도 하리니 나를 안전하게 하시는 이는 오직 여호와시니라"(시 4 : 8) 하였습니다. 이는 하나님의 은혜로 밤에 편안한 잠을 자고 그의 은혜로 건강한 모습으로 일어 났으니 감사한 마음 금할 길이 없어 새벽에 하나님께 기도의 제물을 드리지 아니할 수 없다는 것입니다.

특히 새벽기도의 장점은 시편저자가 기록하기를 "여호와여 아침에 주께서 나의 소리를 들으시리니 아침에 내가 기도하고 바라나이다"(시 5 : 3) 하였습니다. 특히 목회자들은 새벽을 깨우는 생활이 되어야 할 것입니다.

보통 사람들 보다는 조금 더 일찍이 일어나는 습관을 드려야 합니다. 필자는 새벽을 이용하여 현재 30여권의 저서를 집필하여 출간한 것이 보람이 되는 것을 말하지 아니할 수 없습니다. 새벽 3시면 반드시 일어나 하나님께 기도하고 집필하는데 그것도 새벽에 성도들과 같이 은혜 받을 말씀을 노트에 적어서 새벽 예배를 인도하고 그 원고로 만들어 낸 것이 성경 장별 요약설교 창세기부터 계시록까지 한장에서 설교 한편씩 만들어 그 날 아침에 성도들과 한장을 전부 읽고 간단하게 강론한 것이 1~8권까지 책으로 되어져 나왔습니다. 얼마나 가슴 뿌듯한지 필자가 아니면 기쁨을 모르는 것입니다. 목회도 마찬가지 입니다.

어떤 교회에서 목회자가 이동하여 후임 목회자를 모셨는데 후임 목회자가 온 이후부터 교회 수가 점점 적어져서 그가 고민하다가 그 교회 관리를 맡은 집사님 에게 묻기를 전에 목회하시던 목사님은 어떻게 목회 하셨느냐고 물었습니다. 그 관리 집사님의 대답이 나는 전문가가 아니라서 잘은 모르지만 전에 목사님과 이번에 오신 목사님과의 다른 점이 하나 있습니다. 전에 있는 목사님은 새벽기도를 드리고 가신 자리를 보면 눈물 자국이 있는데 이번에 오신 목사님은 새벽기도한 자리에 눈물 자국이 없는 그 점이 다릅니다. 이때 새로 부임하신 목사님은 큰 충격을 받고 새벽에 일찍이 일어나 성도들을 위하여 눈물 흘리며 기도하였다는 것입니다. 물론 목적을 위하여 수단으로 기도하는 것도 좋지만 그보다 더 좋은 것은 주님의 은혜를 보답하는 뜻에서 드리는 것이 가장 바람직한 것입니다.

종교개혁자 마르틴 루터는 "새벽기도를 하지 아니하면 마귀가 승리한다"고 하였습니다. 그리고 요한 웨슬리는 "새벽기도 하지 아니하는 자들은 배신의 도배들이라"고 하였습니다.

기도의 사람 죠지 뮬러는 "새벽기도하고 신경통이 나았다"하였고. 이엠 바운즈 목사는 "새벽기도 하고 잘못된 자가 없고 세계적으로 위대한 일을 한 사람들은 전부 새벽기도 한 사람들이다"하였습니다.

그러므로 주님의 은혜를 보답하는 것은 물질만이 전부가 아니라는 점을 잊어서는 안되고 기도의 제물을 드리는 성도들이 되어야 하겠습니다 (계 5 : 8).

결 론

새벽기도를 드려서 예수님을 본받는 성도가 되어야 하겠고 믿음의 선배들의 신앙을 본받아야 하겠으며 주님의 은혜를 보답하고 교회도 부흥되게 하는데 밑거름이 되어야 하겠습니다.

에스겔서 저자는 기록하기를 "나 주 여호와가 말하노라 그래도 이스라엘 족속이 이와 같이 자기들에게 이루어 주시기를 내게 구하여야 할지라 내가 그들의 인수로 양떼 같이 많아지게 하되 제사드릴 양떼 곧 예루살렘 정한 절기의 양떼 같이 황폐한 성읍에 사람의 떼로 채우리라 그리한즉 그들이 나를 여호와인줄 알리라 하셨느니라" (겔 36 : 37~38) 하였습니다. 그러므로 무시로 기도해야 되지만 (엡 6 : 18) 특히 새벽기도로 시작하여 쉬지 않고 기도하는 성도들이 되어 기도 외에는 이런 유가 나갈 수 없다는 (막 9 : 29) 주님의 말씀을 기억하여야 할 것입니다.

그리하여 새벽기도로부터 시작하는 기도의 사람들이 되어야 하겠습니다.

고운 말로 시작하자

엡 4:29

29) 무릇 더러운 말은 너희 입 밖에도 내지 말고 오직 덕
을 세우는 데 소용되는 대로 선한 말을 하여 듣는 자들에
게 은혜를 끼치게 하라

서 론

언어는 상대편과 대화의 매개채로서 가치가 있고 대화를 함으로
화목을 도모할 수 있으니 혀를 주신 하나님께 감사하지 아니할 수 없
는 것입니다. 만약에 말을 할 수 없는 벙어리가 되었다면 얼마나 답
답 하겠습니까? 상상도 할 수 없는 끔찍한 일이지요 그러나 다행히
혀를 주셔서 마음껏 생각하는 것을 말로서 표현 할 수 있게 하심을
감사하며 삼가 조심하여 금년 한 해도 고운 말을 하여 하나님께 영광
을 돌리고 사람들에게 덕을 세우며 자신에게는 복록으로 족한 은혜
를 받아야 하겠습니다. 특히 말을 삼가하는 해로 정해야 하겠습니다.

로마의 그리스 문학가인 루키아누스는 "재산을 보호하는 것보다
말을 조심하는 것이 더 낫다"하였고, 프랑스의 작가인 G. 보에르는
"음성은 제 이의 얼굴이다"하였으며, T. 풀러는 "말을 삼가할 줄 모

르는 사람은 말을 할 줄 모르는 사람이라"하였습니다. 대화의 매개체이고 의사 소통의 수단과 방법이 되는 고운말을 하여 복된 한 해가 되도록 착실하게 시작해야 하겠습니다.

1. 좋은 말을 합시다.

시 45：1 "내 마음에 좋은 말이 넘쳐 왕에게 대하여 지은 것을 말하리니 내 혀는 필객의 붓과 같도다"하였습니다. 글쓰는 사람은 마음에 느끼는 것을 필로서 써놓으면 읽는 자들이 기뻐서 웃게도 하는 힘이 있고 슬퍼서 울게도 하는 힘이 있으며 삶의 방향을 바꿔놓기도 하는 힘이 있습니다. 그리고 절망에 빠져 있는 사람이 희망과 용기를 얻어 힘차게 인생을 살아가는 것입니다.

같은 맥락에서 말을 하는 것도 같은 것입니다. 그래서 이사야서 저자는 기록하기를 "주 여호와께서 학자의 혀를 내게 주사 나로 곤핍한 자를 말로 어떻게 도와 줄 줄을 알게 하시고 아침마다 깨우치시되 나의 귀를 깨우치사 학자 같이 알아듣게 하시도다"(사 50：4) 하였습니다. 학자는 배운 자를 말하는 것입니다. 그렇습니다.

우리들도 예수 그리스도의 언어 학원에 나아가 그의 말씀을 배워서 그를 본받아 고운 말만 해야 할 것입니다. 배운 자는 배우지 못한 자에게 유익을 주는 말을 해야 합니다. 아라비아 속담에 "가장 좋은 말은 가장 조심스럽게 억제된 말이다. 가장 좋은 회화란 가장 조심스럽게 고려된 회화이다."하였고, 성경에는 "너희 말을 항상 은혜 가운데서 소금으로 고르게 함같이 하라 그리하면 각 사람에게 마땅히 대답할 것을 알리라"(골 4：6) 하였습니다.

어떤 상품이든지 좋은 것은 누구나 싫어하지 안하고 가지고 싶어

하는 것은 어쩔 수 없는 것입니다. 말도 마찬가지 인데 좋은 말은 모두가 듣고 또 듣고 더 듣고 싶어하는 것입니다. 좋은 것은 무엇이나 사람들에게 즐거움을 주는 것인데 말도 좋은 말을 해서 많은 사람들이 좋아할 수 있게 해야 하겠습니다. 그럼 어떤 말이 가장 좋은 소식일까요 복음외에는 더 좋은 소식이 없는 것입니다. 즉 천사가 전해주는 말과 같은 것입니다.

누가 복음 저자는 기록하기를 "천사가 이르되 무서워 말라 보라 내가 온 백성에게 미칠 큰 기쁨의 좋은 소식을 너희에게 전하노라 오늘날 다윗의 동네에 너희를 위하여 구주가 나셨으니 곧 그리스도 주시니라"(눅 2 : 10~11) 하였습니다. 그렇습니다. 복음을 전하는 것은 사람의 영혼을 살리는 말이기 때문에 얼마나 좋은 말인지 알 수 없는 것입니다.

그러므로 금년에는 복음을 많이 전하는 한 해가 되어야 하겠습니다.

2. 축복하는 말을 합시다.

잠 11 : 11 "성읍은 정직한 자의 축원으로 인하여 진흥하고 악인의 악담으로 인하여 무너지느니라"하였습니다. 이는 사람의 말은 그냥 지나가는 것이 아니고 그 말의 효과는 반드시 나타난다는 것입니다. 그래서 말을 함부로 할 수 없다는 것입니다. 저주하면 그 저주가 임하고 축복하면 축복이 임하는 것은 말을 하는 사람을 주관하시는 하나님께서 인간의 모든 것을 주장하시기 때문 입니다.

민수기 저자는 기록하기를 "그들에게 이르기를 여호와의 말씀에 나의 삶을 가리켜 맹세하노라 너희 말이 내 귀에 들린 대로 내가 너희에게 행하리니"(민 14 : 28) 하였습니다.

그러므로 열려진 입이고 말하는데 세금 내지 않고 내 입 가지고 내 마음대로 하는 말이라고 해서 말을 함부로 해서는 안된다는 것입니다. 생각해 봅시다. 한 마디의 말이 망할 수도 있고 한 마디의 말이 흥할 수도 있다는 것을 생각해야 합니다. 엘리사가 수넴여인에게 하는 말이 "엘리사가 가로되 돌이 되면 네가 아들을 안으리라 여인이 가로되 아니로소이다 내 주 하나님의 사람이여 당신의 계집종을 속이지 마옵소서 하니라"(왕상 4 : 16) 하였습니다. 그런데 그 말이 씨가 되어서 그의 말대로 되었다는 점입니다. "여인이 과연 잉태하여 돌이 돌아오매 엘리사의 말한 대로 아들을 낳았더라"(왕상 4 : 17) 하였습니다. 사도행전에서 베드로가 말하는 것을 들어 볼 필요가 있습니다. "베드로가 가로되 은과 금은 내게 없거니와 내게 있는 것으로 네게 주노니 곧 나사렛 예수 그리스도의 이름으로 걸으라"(행 3 : 6) 하였는데 그의 말대로 앉은뱅이는 걷기도 하고 뛰기도 하여 하나님을 찬미하였습니다(행 4 : 7~10). 그와 같은 말은 얼마든지 있음을 볼 수 있습니다. 축복하는 말은 선한 말을 말하는 것입니다.

잠언 저자는 기록하기를 "선한 말은 그것을 즐겁게 하느니라"(잠 12 : 25) 하였습니다. 그러므로 모든 사람들은 부모는 자식에게 축복하고 아내에게 축복하며 이웃에게 축복하고 국가를 위하여 축복해야 합니다. 만약에 그렇지 못하면 화를 부르는 것입니다.

노아가 함을 저주한 결과로 함과 그의 자손들은 저주를 받았다고 노아가 축복한 셈과 야벳은 복을 받았습니다. 그러므로 금년에는 축복하는 말을 하여 그 축복을 받는 사람들이 많아지도록 해야 하겠습니다.

3. 복음 전하는 말을 합시다.

롬 10 : 14~17 "그런즉 저희가 믿지 아니하는 이를 어찌 부르리요 듣지도 못한 이를 어찌 믿으리요 전파하는 자가 없이 어찌 들으리요. 기록된바 아름답도다 좋은 소식을 전하는 자들의 발이여 함과 같으니라. 그러므로 믿음은 들음에서 나며 들음은 그리스도의 말씀으로 말미암았느니라"하였습니다.

그리고 바울사도는 말하기를 "내가 복음을 전할찌라도 자랑할 것이 없음은 내가 부득불 할 일임이라 만일 복음을 전하지 아니하면 내게 화가 있을 것임이로다"(고전 9 : 16) 하였습니다.

이는 입은 같은 입인데 복음을 전하는 말은 사람의 영혼을 구원하는 역사가 나타나고 악담을 하면 사람을 망하게 하는 결과가 나타나는 것입니다. 심지어는 하늘의 천사도 복음을 전하는데 "천사가 이르되 무서워 말라 보라 내가 온 백성에게 미칠 큰 기쁨의 좋은 소식을 너희에게 전하노라 오늘날 다윗의 동네에 너희를 위하여 구주가 나셨으니 곧 그리스도 주시니라"(눅 2 : 10~11) 하였습니다. 좋은 소식자체가 복음인데 그 복음은 죄에서 구원을 받는다는 소식이 복음이라 그 말입니다.

잠언 저자는 기록하기를 "좋은 기별은 뼈로 윤택하게 하느니라"(잠 15 : 30) 하였고, "좋은 기별은 목마른 사람에게 냉수와 같으니라"(잠 25 : 25) 하였습니다.

복음은 사람을 살리는 능력이 있기 때문에 (롬1 : 16~17) 모든 사람들이 전해야 합니다.

이사야서 저자는 기록하기를 "그 때에 내가 말하되 화로다 나여 망하게 되었도다 나는 입술이 부정한 백성 중에 거하면서 만군의 여호와이신 왕을 뵈었음이로다 때에 그 스랍의 하나가 화저로 단에서 취한바 핀 숯을 손에 가지고 내게로 날아와서 그것을 내 입에 대며 가로되 보라 이것이 네 입에 닿았으니 네 악이 제하여졌느니라 하더라"(사 6 : 5~7) 하였습니다.

이사야 선지자는 부정한 입술이 변하여 복음을 전하는 입술로 사용되었습니다(사 6 : 8).

결 론

고운 말을 하는 것 하고 말을 잘하는 것 하고는 다른 것입니다. 말을 잘한다는 것은 하나의 기능이고 고운 말은 인격에서 풍겨 나와 듣는 사람들에게 유익을 준다는 것입니다.

중국의 사상가인 장자는 "개는 잘 짓는다고 좋은 개가 아니요 사람은 말을 잘한다고 현인이 아니다"하였고, 중국의 도덕가인 공자는 "군자는 행동으로 말하고 소인은 혀로 말한다"하였으며, 유대경전에 "너는 아침 해 같이 명랑한 것을 말하라. 그렇지 않으면 침묵하라"하였습니다.

그러므로 우리 성도들은 금년에 듣기가 좋은 말을 하고 축복하는 말을 하며 복음을 전하는 말을 하여 많은 사람들을 구원하는데 최선을 다해야 하겠습니다.

시간을 아낌으로 시작하자

엡 5:16~18

16) 세월을 아끼라 때가 악하니라
17) 그러므로 어리석은 자가 되지 말고 오직 주의 뜻이
무엇인가 이해하라
18) 술 취하지 말라 이는 방탕한 것이니 오직 성령의 충
만을 받으라

서 론

유대인의 상술이라는 저서를 읽어보면 시간을 돈으로 계산하고 있
음을 알 수 있습니다. 시간을 아껴야할 이유는 때가 악하기 때문 입
니다.

필자는 시간에 대하여 말하고 싶은 것은 시간이 남긴 유산이 역사
이고 역사가 남긴 유산은 기록이며 기록이 남긴 유산은 시간을 사용
한 결과이다라고 말입니다.

베이컨은 "돈이 상품의 척도 이 듯이 시간은 상업의 척도이다"하
였고, 아브라함 링컨은 "세월은 참으로 허무하고 날짜는 참으로 빨
라진다"하였으며, G. 새빌은 "사람이 시간을 낭비하는 것은 일종의
자살이다"하였습니다.

그러므로 금년에는 시간을 돈 처럼 아껴서 시간으로 남긴 역사적인 유산을 남겨놓고 세상을 떠나야 하겠습니다.

1. 기뻐하는 시간으로 시작해야 합니다.

살전 5 : 16 "항상 기뻐하라"하였습니다. 사람의 한평생은 짧은 것입니다.

시편저자는 기록하기를 "우리의 모든 날이 주의 분노 중에 지나가며 우리의 평생이 일식간에 다하였나이다. 우리의 연수가 칠십이요 강건하면 팔십 이라도 그 연수의 자랑은 수고와 슬픔 뿐이요 신속히 가니 우리가 날아가나이다"(시 90 : 9~10) 하였습니다. 그렇습니다. 인생의 평생이 천년이나 만년이 아니고 칠십 내지 팔십 이라면 40년은 잠자는 것으로 허비하였고 40년이 남았다고 하지만 그것도 눈 깜짝할 사이에 지나간다는 것입니다. 그런데 그 짧은 시간을 슬퍼하고 화내고 싸우는데 보내서야 하겠습니까 그래서는 안되는 것입니다.

전도자는 말하기를 "사람이 사는 동안에 기뻐하며 선을 행하는 것보다 나은 것이 없는 줄을 내가 알았고 사람마다 먹고 마시는 것과 수고함으로 낙을 누리는 것이 하나님의 선물인 줄을 또한 알았도다"(전 3 : 12~13) 하였습니다.

그렇습니다. 사람은 오래 살지 못하는데 어찌 슬퍼하며 괴로워 하는 시간을 보내야 하겠습니까? 사람이 사는 동안에 기뻐하는 것은 자신 뿐만 아니고 사람들이 모여 사는 사회를 만드는데 공헌을 하게 되는 것입니다. 그리고 개인적으로도 많은 유익이 있습니다.

잠언 저자는 기록하기를 "마음의 즐거움은 양약이라도 심령의 근심은 뼈로 마르게 하느니라"(잠 17 : 22) 하였습니다.

이런 말이 있는데 "일소일소(一笑一少) 일노일로(一怒一老)"라는 말입니다. 이는 한번 웃으면 한번 젊어지고 한번 화를 내면 한번 늙어진다는 것입니다. 그럼 어떻게 기뻐하며 살 수 있는가 하는 것입니다.

바울사도는 말하기를 "주 안에서 기뻐하라"(빌 4 : 4) 하였습니다. 사람들은 일반적인 삼대쾌락을 말하는데 그 내용이 식후쾌(食後快) 면후쾌(眠快後) 변후쾌(便後快)라는 것입니다. 이는 식사한 후에 즐거워야 하고 잠을 자고 나서 즐거워해야 하며 변을 보고 난 후에도 상쾌해야 한다는 말입니다. 그리고 영국의 시인 스펜서는 "노동후의 잠자는 것, 풍랑 만난 배가 항구에 도착했을 때, 전쟁뒤에 평온이 찾아왔을 때, 살다가 죽은 후의 기쁨이 최대한 기쁨이라" 하였습니다. 그리고 J. 데이비즈는 "마음이 기쁘면 얼굴 빛이 아름다워 진다" 하였습니다. 그렇습니다. 그리고 살아가는 과정에서 죄를 범하여 괴로울 때가 있지만 그 죄를 회개하고 난후에 찾아오는 기쁨은 더욱 기쁨을 맛볼 수 있다는 것입니다.

사도행전 저자는 기록하기를 "회개하라 그리하면 유쾌하고 즐거운 날이 위로부터 임할 것이요"(행 3 : 19) 하였습니다.

그러므로 우리 성도들은 금년에는 기쁨으로 세초부터 세말까지 보내는 한해가 되도록 지금부터 시작해야 하겠습니다.

2. 기도와 성경 읽는 것으로 시작해야 합니다.

살전 5 : 17 "쉬지 말고 기도하라" 하였습니다. 이는 기도는 기쁨을 받는 통로이기 때문 입니다. 찬송가 482장을 작시한 왈포드(W.

W. Walford,) 씨는 "내 기도하는 그 시간 그때가 가장 즐겁다. 이 세상 근심 걱정에 얽매인 나를 부르사 내 진정 소원 주 앞에 낱낱이 바로 아뢰어 큰 불행 당해 슬플 때 나로 위로 받게 하시네 내기도 하는 그 시간 그 때가 가장 즐겁다. 이 때껏 지은 큰 죄로 내 마음 섧고 아파도 참 마음으로 뉘우쳐 다 숨김 없이 아뢰면 주 나를 위해 복 빌어 새 은혜 부어주시네. 내 기도하는 그 시간 그 때가 가장 즐겁다. 주 세상에서 일찍이 저 요란한 곳 피하여 빈들에서나 산에서 온 밤을 새워 지내 사 주 예수 친히 기도로 큰 본을 보여 주셨네"하였습니다.

이는 기도하여 진정한 기쁨을 체험한 사람이 아니면 누구도 그와 같은 말을 할 수 없는 것입니다. 그리고 기도 뿐만 아니고 성경을 읽어서 기뻐하자는 것입니다. 계시록 저자는 "이 예언의 말씀을 읽는 자 듣는 자들 지키는 자들이 복이 있느니라"(계 1 : 3) 하였습니다. 신앙은 기도하고 성경을 읽는 가운데서 자신도 모르게 신앙이 무럭무럭 자라가는 것입니다. 혹시 성도들 중에는 성경을 100독 하였는데 이제는 그만 읽어도 되지 않겠느냐 하실 분이 있을지 알 수 없지만 그와 같은 생각은 오해 입니다.

성경은 지식과 같은 것이 아니고 성경은 매일 먹는 밥과 같은 것입니다. 기도가 호흡과 같은 것이라면 말씀은 양식과 같은 것입니다. 그래서 예수 그리스도께서는 "예수께서 대답하여 가라사대 기록되었으되 사람이 떡으로만 살 것이 아니요 하나님의 입으로 나오는 모든 말씀으로 살 것이라 하였느니라"(마 4 : 4) 하였습니다.

그러므로 금년에는 기도도 많이 하고 성경도 많이 읽는 일로부터 시작하여 한 해를 짜임새 있게 알차게 보내야 하겠습니다. 우리는 시간을 허비해서는 안되겠습니다.

새벽에 일어나서 기도하고 성경을 읽으므로 하루 일과를 시작하는 것은 시간을 소중하게 보내는 비결이 될 것입니다.

3. 열심히 일하는 것으로 시작해야 합니다.

출 20 : 9 "엿새 동안은 힘써 네 모든 일을 행할 것이나"하였습니다. 하나님께서는 인간들에게 복을 주시는데 일하는 손을 통해서 주십니다(신 28 : 12). 잠언 저자는 기록하기를 "사람의 부귀는 부지런한 것이니라"(잠 12 : 27) 하였고, "근면한 남자는 재물을 얻으리라"(잠 11 : 16) 하였으며, "손을 부지런히 놀리는 자는 사람을 부리거니와 게으른 자는 부림을 당한다"는 말씀도 있습니다. 흐르는 물은 얼지 않는다는 말이 있듯이 부지런한 사람은 굶는 일이 없는 것입니다.

사람은 불로소득을 노려서는 안되는 것입니다. 성경에는 "일하기 싫어하는 자들은 먹지도 말게하라"(살후 3 : 10) 하였습니다. 이는 무노동 무임금은 성경적인 제도 입니다.

어떤 이유에서든지 일하지 않는 사람은 삯을 받을 수 없는 것입니다. 하나님께서 지금까지 일하고 계시는데 인간들이 일을 하지 않고 먹고 살겠다는 생각은 매우 잘못된 것입니다. 미국의 30대 대통령 캘빈 쿨리지는 "모든 성장은 활동에 달려 있다. 노력이 없이는 물리적으로나 지적으로 아무런 발전이 없다. 여기서 노력이라 함은 일을 말한다. 일은 결코 저주가 아니다. 그것은 지성의 특권이요 남성에 대한 유일의 수단이며 문명의 수단이다"하였고, 미국의 성직자인 헨리 자이스는 "켄터베리의 성 에드먼드가 어떤 사람에게 말하기를 "그대가 영원히 살 것처럼 일을 하시오. 그러나 그대가 오늘 죽을 사람처럼 사시요"라고 했는데 이는 참으로 옳은 말이다. 인간은 일을 해야 한다. 그것은 마치 태양과 같이 분명한 사실이다. 그러나 그는 마지못해 일할 수도 있고 기계처럼 일할 수도 있다. 일이 너무 천하여 도저히 내세울 수 없다고 하는 것이 없고, 일이 너무나 감동을 주지 못함으로 마음의 향기를 날릴만한 것이 못되는 것도 없으며, 일이 너무 불분명하여 활기를 띌 수 없을 정도라고 말한 것도 없다."하였으며, 독일의 철학자인 칼 빌헤름 훔볼트는 "일은 인간에게 있어서 먹는 것과 잠자는 것 만큼이나 절대적으로 필요한 것이다. 심지어는 좀처럼 일이라고 불리울 수 없는 것을 하는 사람에게까지도 자신들은 여전히 무엇을 하고 있다고 생각한다. 세상은 세상의 눈에게으른 자를 한명도 보유하고 있지 않다"하였습니다.

그리고 미국의 목사인 데오도 파커는 "국리민복은 그 국민이 세상을 얼마나 많이 이해하느냐 하는 능력에 달려있고, 일하는 능력에 달려 있으며 사고의 능력에 달려 있다."하였습니다. 그러므로 일하는 것은 하나님께로부터 받은 크나 큰 복 중에 복 입니다.

그러므로 금년에는 일하는데 많은 시간을 사용하여 일한 대가로 많은 소득을 얻어야 하겠습니다.

결 론

어떤 사람은 말하기를 "위대한 사람은 시간이 부족하다고 불평하지 않는다. 알렉산더 대왕도 요한 웨슬레도 그 모든 일을 성취한 것은 하루 24시간이던 시대였다."하였고, J. 메이스필드는 "우리를 행복하게 해주는 하루 하루가 우리를 현명하게 해주는 지혜를 준다."하였으며, J. 윌리암스 "시계의 똑딱이는 소리는 상실, 상실, 상실, 이렇게 울리고 있는 것이다. 우리가 전력을 기울여 이에 저항하지 않는 한 그러하다"하였습니다. 그러므로 우물쭈물하는 것은 시간을 도둑맞는 일이라는 것을 알아야 합니다. 시간은 매우 귀중한 것인데 귀중한 시간을 귀하게 사용하여 시간으로 얻어지는 결과가 만족하리만큼 아니 후회 없는 삶을 살았다는 자부심을 가지도록 시간을 아껴서 사용하는 한해가 되도록 계획해야 하겠습니다.

절약으로 시작합시다

창 41 : 34 ~ 39

34) 바로께서는 또 이같이 행하사 국중에 여러 관리를 두어 그 일곱 해 풍년에 애굽 땅의 오분의 일을 거두되

35) 그 관리로 장차 올 풍년의 모든 곡물을 거두고 그 곡물을 바로의 손에 돌려 양식을 위하여 각 성에 적치하게 하소서

36) 이와 같이 그 곡물을 이 땅에 저장하여 애굽 땅에 임할 일곱 해 흉년을 예비하시면 땅이 이 흉년을 인하여 멸망치 아니하리이다

37) 바로와 그 모든 신하가 이 일을 좋게 여긴지라

38) 바로가 그 신하들에게 이르되 이와 같이 하나님의 신이 감동한 사람을 우리가 어찌 얻을 수 있으리요 하고

39) 요셉에게 이르되 하나님이 이 모든 것을 네게 보이셨으니 너와 같이 명철하고 지혜있는 자가 없도다

서 론

요셉은 애굽에 칠년 풍년들때에 풍년들었다고 흥청망청 써버리지 않고 절약하여 비축해두었다가 칠년 흉년들때에 백성들의 굶주림을 막는데 긴요하게 사용한 사실을 알 수 있습니다.

F. 퀼즈는 "사치는 유혹적인 쾌락이요 비정상적인 환락이며 그 입에 꿀이 그 마음에는 쓸개즙이 그 꼬리에는 바늘가시가 있다"하였습니다. 그러나 괴터는 "진정한 행복은 절제에서 솟아난다"하였고, W. 위칠리는 "절제는 순결의 부모다"하였습니다. 그리고 J. 샌드포드는 "절약은 제일의 수익이다"하였습니다. 그래서 성경의 교훈은 근검

절약을 강조하고 있습니다. 그래서 금년에는 절약으로 시작 합시다.

1. 절제 생활을 해야 합니다.

고전 9 : 25 "이기기를 다투는 자마다 모든 일에 절제하나니 저희는 썩을 면류관을 얻고자 하되 우리는 썩지 아니할 것을 얻고자 하노라"하였습니다. 절제하여 이긴다는 말은 사람과 대항하여 이긴다는 말이 아니고 사단의 권세와 대항해서 이긴다는 것을 의미하는 것입니다. 절제(節制)라는 말은 알맞게 조절하는 것을 뜻하고 방종하지 않도록 욕망을 제어하고 극기생활하는 것을 말하는 것입니다. 세상 사람들은 세상에 썩을 양식을 위하여 고생하는데 성도들의 생활은 내세의 영생을 위하여 살기 때문에 쾌락을 위하여 무절제한 생활을 하지 아니하고 절제 있는 생활을 해서 경건생활에 지장을 주지는 아니하는 것입니다.

그래서 성경에서 말씀하시기를 "성령의 열매에 온유와 절제가"(갈 5 : 23) 있는 것입니다. 절제의 은사는 모든 것을 알맞게 조절하고 방종하지 않고 욕망을 억제하는데 매우 좋고 은혜 받는 데도 큰 도움이 되는 것입니다. 그리고 건강을 유지하는 데도 절제는 필 수조건 입니다.

사고의 원인은 모두가 과(過)자가 붙는 데서부터 시작 됩니다. 과음(過飲), 과속(過速) 과식(過食)과 같은 것들 입니다.

그와 같은 일들은 하나님께서 도와주시지 아니하십니다. 그러므로 사람의 행복은 절제하고 만족하게 여기는 데서부터 시작이 되는 것입니다. 경제적인 생활에서도 절제를 해야 윤택하여 부요해질 수 있고 신앙생활에도 경건되고 신령한 은혜를 유지하게 되고 건강면에서도 절제해야 건강할 수 있는 것입니다. 그러므로 모든 면에서 절제생활 하여 영육간에 풍요로운 복을 받는 성도들이 되어야 하겠습니다.

스코틀랜드 신학자인토마스 구트리는 "내가 절제자가 된 데는 네가지 중요한 이유가 있다. 나의 머리가 좀 더 맑고, 나의 건강이 좀더 좋으며, 나의 마음이 좀더 가볍고 나의 지갑은 좀더 두툼하기 때문이다."하였고, 미국의 작가인 죤 얼스카인은 "절제는 육체의 모든 기능을 조정하는 것이다. 술을 거절하겠다는 사람이 애플 파이를 먹은 뒤 펀치를 든다고 하는 것은 절제가 아니다."하였으며, 미국의 저술가인 리챠드 E. 버튼은 "절제는 황금 말굴레이다. 그것을 올바르게 사용할 수 있는 자는 인간보다 하나님을 더 많이 닮은 자이다. 그것은 짐승 같은 사람을 변화시켜 하나님을 닮은 자로 만든다."하였습니다. 그렇습니다. 어느 누구도 절제하는 사람을 욕하는 사람은 없고 칭찬과 존경하며 절제하는 사람은 모든 면에서 유익하니 금년에는 절제하여 많은 것을 저축하여 장래를 대비해야 하겠습니다.

2. 저축을 생활화 해야 합니다.

창 41 : 34 "일곱해 풍년에 애굽 땅의 오분의 일을 거두되 그 관리로 장차 올 풍년의 모든 곡물을 바로의 손에 돌려 양식을 위하여 각성에 적치하게 하소서"하였습니다.

이는 요셉이 바로왕에게 하는 말 입니다. 풍년들 때 먹고 마시고 흥청망청 하면 결국 저축은 생각도 못하는 것입니다. 많은 돈을 한꺼번에 할 수 없지만 조금씩 하면 많은 돈이 되는 것입니다.

영국의 경제학자인 J. M. 케인즈는 "저축은 개인 뿐만 아니라 사회를 부유하게 하고 소비는 개인뿐만 아니라 사회를 가난하게 한다"
하였습니다. 물론 소비가 있어야 생산이 있기 마련인데 과소비는 문
제가 되는 것입니다.

S. 존슨은 "검약 없이 아무도 부자될 수 없다."하였습니다. 이는
저축을 생활화 할 때만 부자가 가능하다는 것입니다. 미국의 정치가
인 벤쟈민 프랭클린은 "저축은 불에 장작을 넣는 것이요, 통에 음식
을 넣는 것이며, 물 함지에 밀가루를 넣는 것이요, 가정에 만족을 얻
는 것이며, 나라에 신용을 얻는 것이요 자녀들에 옷을 입히는 것이
요, 육체에 생기를 불어 넣는 것이며, 두뇌에 지력을 넣는 것이요, 전
신에 원기를 넣는 것이다."하였습니다. 그래서 저축은 습관화 되어
야 합니다. 습관적으로 저축하지 않고는 누구도 저축할 수 없는 것
입니다.

김유신 장군을 태우고 다니던 말은 주인이 술집에 가는 습관 때문
에 말도 습관이 되어 한번은 주인이 가지 않기로 결심을 하고 가지
아니하였는데 주인을 태운 말은 주인이 조는 줄도 모르고 평소의 습
관대로 술 집 앞에 가서 서있다가 죽임을 당하는 것은 우리가 너무나
도 잘 아는 것과 같이 저축의 습관이 들어 은행 문턱을 죽기 아니면
살기로 드나들어야 할 것입니다. 술을 늘 마시는 자는 맛도 모르고
마시고 늘 지껄이는 자는 결코 생각하지 않는 것과 같은 것입니다.

습관에 대하여 영국의 신학자인 죤 딜룻슨은 "사랑은 우리의 평가
의 습관이어야 하며, 관용은 삶의 습관이어야 하고, 친절은 우리의
감정의 습관이어야 하며, 자비심은 우리의 애정의 습관이어야 하고,
좋은 기분은 우리 사회의 교제의 습관이어야 하며, 충실은 자기 반성
의 습관이어 하고, 개량은 우리의 진보의 습관이어야 하고, 기도는
우리의 바램의 습관이어 하며, 선하게 되고 선을 행하는 것은 우리

의 전체 생활의 습관이어야 하리라, 우리가 선을 행할 때 모든 것이 쉬워지고, 일이 쉬워지면 기쁨을 맛보게 되며, 기쁨을 맛보면 우리는 자주 그 일을 하게 되고, 그 일을 자주하면 그것이 습관으로 굳어진다."하였습니다. 그렇습니다. 금년에 우리 성도들의 저축하는 생활이 기쁨으로 자주하여 그와 같은 일이 습관화 되어야 할 것입니다.

3. 장래를 위하여 저축해야 합니다.

창 41 : 36 "그 곡물을 이 땅에 저장하여 애굽 땅에 임할 일곱해 흉년을 예비하시면 땅이 흉년을 인하여 멸망치 아니하리이다."하였습니다. 사람이 저축을 하는 것은 부자 되기 위해서만은 아니고 앞으로 생길 만약의 사태를 위하여 예비하는 것입니다. 사람의 일은 알 수 없는 것입니다.

예측하지 못한 일들이 너무나도 많이 일어나 당황하여 안절부절하며 무엇을 어떻게 할 줄을 모른 사람들을 얼마든지 볼 수 있는 것입니다.

그와 같은 만약의 사태를 위하여 저축하는 것이 좋은 것입니다. 요셉도 그와 같은 뜻에서 저축해 놓아야 된다고 말을 할 때에 바로와 그의 신하들은 이와 같은 일을 좋게 여겨 이와 같이 하나님의 신에 감동된 사람을 우리가 어찌 얻겠느냐고 하였습니다.

여기서 기억할 것은 성령이 충만한 사람은 낭비하지 아니하고 허영과 사치에 과소비하는 일이 없다는 것입니다. 예수 그리스도께서도 저축에 대하여 교훈 하신 것을 알 수가 있습니다.

"저희가 배부른 후에 예수께서 제자들에게 이르시되 남은 조각을 거두고 버리는 것이 없게 하라 하시므로 이에 거두니 보리떡 다섯 개로 먹고 남은 조각이 열 두 바구니에 찼더라"(요 6 : 12~13) 하였습니다. 그런데 문제는 사람이 장래에 대하여 믿을 수 없다는 안일한 생각과 불신이 저축하지 못하게 하는 것입니다. 그와 같은 위험한 생각은 내가 저축하면 그것을 내가 쓰겠느냐 앞으로 어떻게 될지 모른다는 것입니다. 그리하여 저축하고 싶은 마음을 가지지 못하게 하는 것입니다. 그러나 그와 같은 생각은 장래성이 없는 위험한 생각인 것입니다.

우리는 저축을 해놓아 어떤 어려운 일을 당한다고 해도 간단하게 해결할 수 있도록 대비가 되어야 합니다. 그리하여 불의 사고를 당하지 아니하면 그것이 경제적인 여유가 되어 노후 생활에 큰 도움을 줄 것이 명백한 사실 입니다. 그러므로 장래를 위하여 절약하여 저축하는 생활이 습관화 되어야 하겠습니다.

결 론

해마다 마음은 절약하여 저축하겠다 하지만 실제적으로 실천하지 못하고 계속 다음해로 미루어 오다가 계속 실천하지 못하는 상황에 이르게 되어 문제가 되는 것입니다. 그러나 한국 속담에 "시작이 반이라"이라는 말과 같이 시작하는 결단을 내려야 합니다. 그리하여 조금씩 저축금이 늘어나는 것을 보면 점점 저축의 기쁨을 맛보게 될 것입니다. 그러므로 금년에는 어떤 어려운 일이 있다고 해도 조금씩 저축하여 장래를 대비하는 요셉과 같은 지혜로운 성도들이 되도록 해야 하겠습니다.

성령충만함으로 시작하자

엡 5:18~21

18) 술 취하지 말라 이는 방탕한 것이니 오직 성령의 충
만을 받으라
19) 시와 찬미와 신령한 노래들로 서로 화답하며 너희의
마음으로 주께 노래하며 찬송하며
20) 범사에 우리 주 예수 그리스도의 이름으로 항상 아버
지 하나님께 감사하며
21) 그리스도를 경외(敬畏)함으로 피차 복종하라

서 론

성도들의 신앙생활은 신앙을 고백하는 것부터 시작하여 전도를 하
고 헌신하며 봉사하는 것도 성령의 역사가 아니면 전혀 불가능한 것
이고 기도도 마찬가지 입니다. 그리고 성령충만한 생활이 없으면
하나님의 뜻대로 살지 못하는 것입니다.

성령이 충만하여야 하나님을 두려워 하고 죄를 멀리하며 사람이
없는 가운데서도 주를 의식하고 올바른 생활을 하게 되는 것입니다.
즉 양심을 따라 주를 섬길 수 있다는 것입니다 (행 23:1).

그러므로 금년에는 어느 해 보다도 성령의 충만함을 받아 새로운
신앙생활이 되도록 해야 할 것입니다.

신구약 전체를 놓고 보아도 성령 충만한 사람들 쳐놓고 올바로 살지 못한 자들이 없는 것입니다. 그래서 금년에는 성령의 충만한 생활을 하자는 것입니다.

1. 성령충만 함을 받아야 합니다.

본문 18 "오직 성령의 충만함을 받으라"하였습니다. 그럼 어떻게 하여야 성령의 충만함을 받을 수 있을까 생각하지 아니할 수 없는 것입니다. 신앙을 고백하는 기본적인 성령은 인간의 노력이나 어떤 수단과 방법으로 되는 것이 아니고 오직 성령 하나님께서 독단적으로 역사하지 아니하시면 불가능한 것입니다.

베드로는 신앙을 고백할 때에 자신의 지식이나 의지로 한 것이 아니고 하나님의 성령께서 하신 것입니다 (마 16 : 16~17). 그리고 바울사도는 기록하기를 "그러므로 내가 너희에게 알게 하노니 하나님의 영으로 말하는 자는 누구든지 예수를 저주할 자라 하지 않고 또 성령으로 아니하고는 누구든지 예수를 주시라 할 수 없느니라"(고전 12 : 3) 하였습니다.

그리고 구원받은 사람들에게 나타나는 성령의 충만함은 말씀을 경청하고 회개할 때에 더욱 확실하게 나타나는 것입니다.

사도행전의 저자는 기록하기를 "베드로가 이 말 할 때에 성령이 말씀을 듣는 모든 사람에게 내려오시나니"(행 10 : 44) 하였습니다. 기본적인 성령님께서는 이미 우리속에 오셔서 신앙을 고백하게 하시고 내주하고 계시지만 그 성령의 충만한 역사는 말씀을 들을 때에 더욱 확실하게 나타나는 것입니다. 그리고 성도가 죄를 회개할 때에 더욱 충만하게 역사하는 것입니다.

사도행전 저자는 기록하기를 "회개하라 그리하면 성령을 선물로 주리라"(행 2 : 38) 하였습니다. 이는 회개해야 성령을 주신다는 것이 아니고 성령으로 회개한 사람에게 죄를 회개하면 더욱 충만한 성령의 역사가 나타난다는 것입니다.

바울사도는 기록하기를 "성령을 근심케 말라"(엡 4 : 30) 하였습니다. 이는 기본적인 성령께서 우리 속에서 내주하고 계시는데 인간들이 죄를 지으면 그의 활동 범위를 좁히시고 죄를 멀리하고 회개하면 그의 활동범위를 넓히는 것입니다. 그러므로 성령님이 여러분의 성령이 계시는 것이 아니고 오직 한 성령의 역사인 것입니다(엡 4 : 4).

그래서 회개하면 성령의 충만함을 받는 것이 아니고 회개하면 성령의 충만한 역사가 나타나는 것입니다. 그러므로 성령의 충만함을 받아 금년에는 성령의 지배를 받는 생활이 되도록 해야 하겠습니다.

2. 성령의 지배받는 생활을 해야 합니다.

갈 5 : 6 "너희는 성령을 좇아 행하라 그리하면 육체의 욕심을 이루지 아니하리라"하였습니다. 그렇다면 우선 성령 충만함이 무엇인가를 이해가 되어야 하겠습니다.

성령충만은 성령의 세례와는 별개문제 입니다. 성령의 세례는 중생을 말하고 성령 충만함은 중생한 자에게 주어지는 첨가적인 은혜인 것입니다.

성령의 세례는 일회적이지만 성령의 충만함은 점진적이고 계속적인 것입니다. 성령의 세례는 자신이 모르는 경우이지만 성령의 충만함은 자신이 분명히 알 수 있는 것입니다. 그래서 성령 충만함은 성령의 지배를 받는 것입니다.

쉽게 이해되도록 말한다면 술 취한 사람이 술의 기운으로 자신의 언행을 감당하지 못하는 것과 같이 성령의 충만함을 받으면 자신의 육체의 정욕대로 살지 못하고 성령의 지배를 받아 하나님의 뜻을 따라 살게 되는 것입니다. 빌립보서 저자는 기록하기를 "너희 안에서 행하시는 이는 하나님이시니 자기의 기쁘신 뜻을 위하여 너희로 소원을 두고 행하게 하시나니"(빌 2 : 13)하였습니다. 그래서 성령의 충만한 사람은 자기 생각대로 움직이지 아니하고 성령의 뜻대로 성령이 지시하는 대로 행하는 것을 말하는 것입니다.

그러므로 성령의 충만함이 있으면 그의 지배하에서 주의 뜻을 분별하여 그의 뜻대로 일을 하게 되는 것입니다. 그리고 주를 위하여서도 그와 같은 사람은 주를 위하여 순교까지 할 수 있다는 것입니다.

스데반은 성령이 충만하여 그는 순교하는데 까지 문제가 없이 감당하여 냈습니다(행 7 : 55∼60). 그리고 그와 같은 사람은 소망중에 즐거워 한다고 하였습니다(롬 12 : 12). 그러므로 금년에는 성령의 충만함을 받아 그의 지배를 받아 성도로서 확실하게 살아서 하나님께 영광되게 살아야 하겠고 사람들에게는 덕을 세우며 자신과 후손에게 복되게 살아야 합니다.

3. 신전의식 생활을 해야 합니다.

창 39 : 9 "내가 어찌 이 큰 악을 행하여 하나님께 득죄하리까"하였습니다. 이는 성령이 충만한 요셉은 하나님 앞에서 있음을 언제나 의식하고 있었습니다.

그래서 그는 사람이 없어도 그는 죄를 범치 아니하였습니다. 그는 일찍부터 성령의 충만함을 인정받고 있었습니다.

바로는 말하기를 "바로가 그 신하들에게 이르되 이와 같이 하나님의 신이 감동한 사람을 우리가 어찌 얻을 수 있으리요 하고 요셉에게 이르되 하나님이 이 모든 것을 네게 보이셨으니 너와 같이 명철하고 지혜 있는 자가 없도다 너는 내 집을 치리하라 내 백성이 다 네 명을 복종하리니 나는 너보다 높음이 보좌뿐이니라 바로가 또 요셉에게 이르되 내가 너로 애굽 온 땅을 총리 하게 하노라 하고 자기의 인장 반지를 빼어 요셉의 손에 끼우고 그에게 세마포 옷을 입히고 금사슬을 목에 걸고 자기에게 있는 버금 수레에 그를 태우매 무리가 그 앞에서 소리 지르기를 엎드리라 하더라 바로가 그로 애굽 전국을 총리 하게 하였더라"(창 41 : 37~43) 하였습니다.

이와 같이 그가 큰 인물이 된 것은 그가 평소에 하나님이 자기 앞에 계심을 의식하고 항상 조심성 있게 살아온 신앙생활을 한 결과인 것입니다. 하나님이 자기 앞에서 계신다고 생각하는 사람들은 신앙양심 따라서 사는 것입니다. 신앙양심이라고 말함은 하나님 앞에서 해야할 기도는 다니엘 처럼 죽는 한이 있어도 하고 그의 세 친구들처럼 해서는 안될 우상숭배는 죽어도 하지 않는 것입니다. 그래서 바울사도는 말하기를 "나는 범사에 양심을 따라 하나님을 섬겼노라"(행 23 : 1) 하였습니다.

비양심적으로 살아온 사람들은 주님앞에 가까이 갈 수 없고 (요 8 : 1~9) 양심적으로 살아온 사람은 담대하게 하나님 앞으로 나아가게 되는 것입니다 (벧전 3 : 21).

그래서 신전의생활을 하는 사람들은 사람을 의식하지 않고 신앙양심에 따라 사는 것입니다. 그러므로 금년에는 하나님을 두려워하는 가운데서 영과 육과 온갖 더러운 것에서 자신을 깨끗하게 해야 할 것입니다 (고후 7 : 1).

결 론

금년에는 어느 해보다 성령의 충만한 생활을 해서 하나님께는 반드시 영광된 생활을 해야 할 것이며 사람들에게는 덕스럽게 살아서 예수 향기를 날려야 하겠으며 자신과 후손에게 크게 복된 삶이 되어야 하겠습니다.

성수주일과 십일조로 시작하자

사 58:13~14

13) 만일 안식일에 네 발을 금하여 내 성일에 오락을 행치 아니하고 안식일을 일컬어 즐거운 날이라, 여호와의 성일을 존귀한 날이라 하여 이를 존귀히 여기고 네 길로 행치 아니하며 네 오락을 구치 아니하며 사사로운 말을 하지 아니하면
14) 네가 여호와의 안에서 즐거움을 얻을 것이라 내가 너를 땅의 높은 곳에 올리고 네 조상 야곱의 업으로 기르리라 여호와의 입의 말이니라

서 론

성도들이 주일을 지키고 십일조를 드리는 것은 의무요 당연한 일인데도 무엇 때문에 새해부터 그와 같은 말을 하느냐고 말할 사람들이 있겠지만 사실은 성도의 의무이지만 그 의무를 이행하지 아니 한다는데 문제가 있는 것입니다. 그리고 주일을 지키고 십일조를 드리는 사람들도 주의 은혜가 감사해서가 아니고 조건부로 주일을 지키고 십일조를 드리는데 더욱 문제가 있는 것입니다. 주일을 지키는 것이나 십일조를 드리는 것은 구원을 전제로 해서 드리는 것이 아니고 이미 구원을 받았기에 감사해서 드리는 것입니다.

애굽에서 이스라엘 백성들을 해방시키시기 위하여 십계명을 주시

고 그것을 지킬 때에 출애굽시켜 주시겠다는 것이 아니고 무조건 그들을 해방시켜서 광야로 이끌어 내시고 난후에 그들에게 십 계명을 주시고 이제는 애굽의 법을 지키는 것이 아니고 하나님의 법을 지켜야 된다는 것을 알려 주셨습니다.

같은 맥락에서 예수 그리스도로 인하여 구원을 받게 하시고 구원 받은 성도들로서 주일을 지키며 십일조를 드리고 헌신과 봉사를 하는 것은 오직 하나님의 영광을 위한 것입니다 (엡 1 : 6~14). 그러므로 금년에는 주일을 지키고 십일조를 드리는 일로서 시작해서 구원 받은 사람답게 살아서 주께 영광을 돌리는 생활을 해야 하겠습니다.

1. 주일을 지키는 것으로 시작 합시다.

출 20 : 8~11 "안식일을 기억하여 거룩히 지키라 엿새동안은 힘써 네 모든 일을 행할 것이나 제 칠일은 너의 하나님 여호와의 안식일인즉 너나 네 아들이나 네 딸이나 네 남종이나 네 여종이나 네 육축이나 네 문안에 유하는 객이라도 아무 일도 하지 말라 이는 엿새동안 나 여호와가 하늘과 땅과 바다와 그 가운데 모든 것을 만들고 제 칠일에 쉬었음이라 그러므로 나 여호와가 안식일을 복되게 하여 그 날을 거룩하게 하였느니라"하였습니다.

그렇다해서 주일을 형식적으로 지켜서는 안되는 것입니다. 그리고 사람의 교훈을 따라서 주일을 지키라는 것이 아닙니다. 잘못하면 헛되이 경배하는 것입니다 (마 15 : 9). 세상에서 안식을 지키는 것은 창조를 기념하는 안식일이 있고 (창 2 : 1~2), 법으로 지키는 안식일이 있습니다 (출 20 : 8~11). 그리고 영원한 안식이 있는 것입니다 (계 14 : 13). 주일은 하나님의 명령에서만 뿐만 아니고 사람들의 건강과 행복에도 관계가 있는 것입니다. 사람이 기계가 아니기 때문에 6일 일하고 1일을 쉬는 것은 생산적인 면에서도 매우 가치가 있는 것입니다.

오늘의 휴식은 내일을 위하여 충전하는 것입니다. 그렇다고 쉬기 위한 주일을 지키라는 말이 아니고 인간적으로 생각을 해도 그렇다는 말입니다. 그러나 성도들은 육체의 쉼을 목적으로 하는 것이 아니고 영혼이 주의 품에 안기여 영육간에 쉼을 얻어야 한다는 것입니다. 그러므로 주일은 하나님께 예배를 드리는 날이고 영광을 돌리는 날인 것입니다. 그리고 말씀에 순종하는 날이라는 점 입니다. 그러므로 구원받기 위하여 주일을 지키는 부담으로 지키지 말고 구원받은 기쁨으로 즐거운 마음으로 지켜야 하겠습니다. 그리고 의무임도 잊어서는 안되겠습니다. 그래서 금년에는 즐거운 마음으로 성도의 의무인 주일을 잘 지키는 한해가 되도록 노력해야 하겠습니다.

2. 주일을 지켜 영육간에 풍요롭게 시작 합니다.

본문 13~14 "만일 안식일에 네 발을 금하여 내 성일에 오락을 행치 아니하고 안식일을 일컬어 즐거운 날이라 여호와의 성일을 존귀한 날이라 하여 이를 존귀히 여기고 네 길로 행치 아니하며 네 오락을 구치 아니하며 사사로운 말을 하지 아니하면 네가 여호와의 안에서 즐거움을 얻을 것이라 내가 너를 땅의 높은 곳에 올리고 네 조상 야곱의 업으로 기르리라 여호와의 입의 말이니라"하였습니다. 주일을 지키는 것은 하나님만을 위하는 것이 아니고 성도들에게 복이 된다는 것입니다. 복이 임하지 아니한다고 해도 성도들로서는 그 날을 거룩히 지켜야할 의무가 있기 때문에 꼭 복과 연관을 시켜서 할 일이 아닌 것입니다. 그리하여 거창에서 살던 배추달 집사라고 하는 분은 주일을 지키려고 하다가 공산군들에 의하여 순교하였습니다.

오늘날도 주일 때문에 핍박을 받는 분들이 적지 않게 많음을 볼수 있는데 이 또한 주를 위하여 받는 고난이라고 보아야 할 것입니다. 주일을 기억하는 것은 신앙의 마음이고 그날을 지키는 것은 신앙의 행위인 것입니다. 마음과 하나가 되어 실천하는 것은 매우 귀한 것입니다. 하나님께서 아브라함의 믿음을 보시고 의롭다 하시고 그의 행위를 보시고 복을 주셨습니다. 우리들도 금년에는 정말 주일을 주의 날로 인정하고 그 날은 거룩히 지켜서 영육간에 복을 받는 한해가 되어야 하겠습니다.

영국의 정치가인 윌리엄 윌버포스는 "아, 주일은 얼마나 축복 받는 날인가 마치 이스라엘 백성들이 홍해를 통과하던 길처럼 세상의 일의 파도 사이에 끼어 있구나 이토록 귀한 안식일을 거룩하게 지키라는 충고 외에 아무 말도 할 것이 없구나 나는 안식일을 측량할 수 없이 참으로 귀함을 선언한다."하였고, 영국의 판사인 위리엄 블랙스톤 경은 "공공예배 뿐만 아니라 휴식과 원기회복의 시간으로서도 주일을 중한 날로 거룩하게 지키는 것은 나라에도 말할 수 없이 중요하고 큰 유익이 된다고 생각된다"하였으며, 영국의 법률가인 매튜 해일 경은 "오래되고 확실한 경험에 의하면, 주일을 마땅히 지키고, 안식일에 해야 할 의무를 다할 때 독특한 위로와 유익이 나에게 온다는 사실을 깨닫게 되었다. 안식일 성수(聖守)는 나의 여생에 축복을 주고, 그렇게 시작한 주간은 나에게 축복으로 번창하는 날들이다"하였습니다.

그러므로 금년에는 우리 모두가 기쁨과 즐거움으로 주일을 지켜 영육간에 아울러 복을 받는 한해가 되시도록 최선을 다해야 하겠다.

3. 십일조를 드림으로 시작 합시다.

말 3 : 8~12 "사람이 어찌 하나님의 것을 도적질하겠느냐 그러나 너희는 나의 것을 도적질하고도 말하기를 우리가 어떻게 주의 것을 도적질 하였나이까 하도다 이는 곧 십일조와 헌물이라 너희 곧 온 나라가 나의 것을 도적질 하였으므로 너희가 저주를 받았느니라 만군의 여호와가 이르노라 너희의 온전한 십일조를 창고에 들여 나의 집에 양식이 있게 하고 그 것으로 나를 시험하여 내가 하늘 문을 열고 너희에게 복을 쌓을 곳이 없도록 붓지 아니하나 보라 만군의 여호와가 이르노라 내가 너희를 위하여 황충을 금하여 너희 토지 소산을 멸하지 않게 하며 너희 밭에 포도나무의 과실로 기한 전에 떨어지지 않게 하리니 너희 땅이 아름다와 짐으로 열방이 너희를 복되다 하리라 만군의 여호와의 말이니라"하였습니다. 십일조를 드리는 행위는 신앙의 순종이라 하나님께서는 그들에게 복을 주시는 것입니다. 하나님께서는 순종하는 자들에게 무엇이나 아낌 없이 주시는 것입니다.

여기서 분명히 알 것은 십일조를 드려서 구원받는 것이 아니고 구원받은 사람은 그 동안 주신 모든 것에서 십일조를 드리는 것입니다. 그리고 십일조만 드리면 신앙생활 전부를 다한 줄로 알아서는 안되는 것입니다.

예수 그리스도께서는 "화 있을진저 외식하는 서기관들과 바리새인들이여 너희가 박하와 회향과 근채의 십일조를 드리되 율법의 더 중요한 바 의와 인과 신을 버렸도다 그러나 이것도 행하고 저것도 버리지 말아야 할지니라"(마 23 : 23) 하였습니다. 그렇습니다. 십일조를 드리면서 주의 말씀을 불순종하고 죄를 물마시듯 한다면 이는 십일조 하는 의가 없는 것입니다. 구래서 주님은 십일조도 드리지만 그 외에 공의와 사랑도 버리지 말아야 한다는 것입니다. 그리하여 금년에는 수입의 십일조를 정확하게 드려서 주의 은혜를 보답해야 하겠습니다.

그 이유는 십일조는 하나님께서 주신 것을 드리기 때문 입니다.

결 론

우리 모든 성도들이 고집스러울 만큼 성경적으로 돌아가야 할 것입니다. 그러므로 금년에는 주일도 철저하게 지키고 그렇게 해서 영육간에 복을 받으며 십일조를 드려서 성도의 의무를 다하여 물질적으로 복을 받는 성도들이 되어야 하겠습니다.

인내하여 화목 합시다

약 5:7~11

7) 그러므로 형제들아 주의 강림하시기까지 길이 참으라 보라 농부가 땅에서 나는 귀한 열매를 바라고 길이 참아 이른 비와 늦은 비를 기다리나니
8) 너희도 길이 참고 마음을 굳게 하라 주의 강림이 가까우니라
9) 형제들아 서로 원망하지 말라 그리하여야 심판을 면하리라 보라 심판자가 문밖에 서 계시니라
10) 형제들아 주의 이름으로 말한 선지자들로 고난과 오래 참음의 본을 삼으라
11) 보라 인내(忍耐)하는 자를 우리가 복되다 하나니 너희가 욥의 인내를 들었고 주께서 주신 결말을 보았거니와 주는 가장 자비하시고 긍휼히 여기는 자시니라

서 론

인내는 쓰다 그러나 그의 열매는 달다라는 말이 있습니다. 이는 인내하는 자가 반드시 성공한다는 것입니다. 그래서 사람이 살아가는 데는 무엇 보다도 많은 인내가 필요한 것입니다. 그래서 이에 대하여 유명한 사람들은 인내에 대하여 말하는 것을 들어 볼 필요가 있습니다.

영국의 작가인 사무엘 죤슨은 "위대한 일들은 힘이 아니라 인내로 성취된다"하였고, 프랑스 황제인 보나파르트는 "승리는 가장 많이

인내하는 사람에게 주어진다" 하였으며, 영국의 정치가인 에드먼드 버크는 "절대로 낙심하지 말라 만약 낙심을 하더라도 일은 계속하라" 하였습니다. 그런데 문제는 인내가 스스로 되느냐가 문제 입니다.

인내는 좋은 것이지만 인내하기가 매우 어려운 것입니다. 그러나 주께서 함께 하시면 가능한 것입니다.

1. 죽을 때까지 인내해야 합니다.

마 24 : 13 "끝까지 견디는 자가 구원을 얻으리라" 하였습니다. 이는 신앙생활도 끝까지 해야지 일시적으로 하는 것은 진정한 신앙이라고 할 수 없는 것입니다. 그래서 야고보서 저자는 기록하기를 "그러므로 형제들아 주의 강림하시기까지 길이 참으라 보라 농부가 땅에서 나는 귀한 열매를 바라고 길이 참아 이른 비와 늦은 비를 기다리나니 너희도 길이 참고 마음을 굳게 하라 주의 강림이 가까우니라"(약 5 : 7~8) 하였습니다. 속담에 "일시를 참으면 백날이 편하다"는 말이 있는데 평생을 참으면 영원히 편하지 않겠습니까 그래서 권하고 싶은 것은 개인적으로는 자신이 죽을 때까지 참아야 하고 역사적으로는 주님이 재림하시기까지 참고 살아야 합니다. 즉 참는 데는 제한이 없는 것입니다. 무한정 참는 것이 좋은데 인간은 그렇게 할 수 없는 것입니다. 그러나 어떻게 하든지 참는 연습은 해야 합니다. 그래야 끝까지 견딜 수가 있는 것입니다.

영국의 소설가인 에드워드 죠지 벌워 리튼은 "인내는 수동적 행동이 아니라 오히려 능동적 행동이며 응집력이다. 결코 미련하지 않는 소망의 한 형태가 있는데 이는 지식의 증가로도 결코 경감되지 않는 소망이다. 그 형태에 있어서 그의 이름을 바꾼다. 우리는 그것을 인

내라고 부른다."하였고, 로마 철학자인 "주의 숭고한 인내로 들어가
라. 그의 관점에 있어서 자비로워라. 하나님에게는 기다리시는 여유
가 있으시나 우리에게는 기다리시는 여유가 없는 것인가? 우리가
하나님으로 하여금 역행하시게 할 것인가? 인내에 의해서 그의 역사
를 왕성하게 하고 하늘의 결실을 맺게 하자. 슬기로운 사람을 낳은
힘은 인내하며 견디는 힘과 관대하게 인내하는 힘이다"하였으며, 영
국의 작가인 니콜라스 로우는 "인내하며 그대에게 주어진 몫을 감당
하여라. 그것을 기회로 생각하지 말고 짐이 무겁다고 투덜대지 말
라. 사람이 행운이라고 부르는 것이 하나님으로부터 오는 것임을 알
기 때문이다."하였습니다.

그러므로 금년 초부터 인내로부터 시작하여 놀라운 역사가 있어
야 하겠습니다.

2. 인내하여 복 받음으로 시작 합시다.

약 1 : 12 "시험을 참는 자는 복이 있도다 이것에 옳다 인정하심
을 받은 후에 주께서 자기를 사랑하는 자들에게 약속하신 생명의 면
류관을 얻을 것임이니라"하였습니다.

야고보서 저자는 기록하기를 "형제들아 주의 이름으로 말한 선지
자들로 고난과 오래 참음의 본을 삼으라 보라 인내하는 자를 우리가
복되다 하나니 너희가 욥의 인내를 들었고 주께서 주신 결말을 보았
거니와 주는 가장 자비하시고 긍휼이 여기는 자니라"(약 5 :
10~11) 하였습니다.

성경은 인내에 대하여 말씀하시기를 "다만 이뿐 아니라 우리가 환
난 중에도 즐거워 하나니 이는 환난은 인내를 인내는 연단을 연단은

소망을 이루는 줄 앎이로다"(롬 5 : 3~4) 하였고, "게으르지 아니하고 믿음과 오래 참음으로 말미암아 약속들을 기업으로 받는 자들을 본 받는 자 되게 하려는 것이니라"(히 6 : 12) 하였으며, "이는 너희 믿음의 시련이 인내를 만들어 내는 줄 너희가 앎이라 인내를 온전히 이루라 이는 너희로 온전하고 구비하여 조금도 부족함이 없게 하려 함이라"(약 1 : 3~4) 하였습니다.

잠언 저자는 기록하기를 "노하기를 더디 하는 자는 시비를 그치느니라"(잠 15 : 18) 하였고, 또 "노하기를 더디 하는 자는 용사보다 낫고 자기의 마음을 다스리는 자는 성을 빼앗는 자보다 나으니라"(잠 16 : 32) 하였고, 야고보서 저자는 기록하기를 "농부가 땅에서 나는 귀한 열매를 바라보고 길이 참아 이른 비와 늦은비를 기다리느니라"(약 5 : 8) 하였습니다. 이른 비는 인간의 바람에 좌우되는 것이 아니고 하나님의 뜻에 의하여 좌우되기 때문에 인간은 기다릴 수밖에 없는 것입니다.

누구보다도 많이 인내하는 자들이 먼저 성공하는 것입니다. 마호메트는 "인내는 만족의 열쇠다"하였고, 중국 속담에 "인내는 힘이다. 시간과 인내의 결과로 뽕나무 잎이 비단이 되기도 한다." 하였으며, 미국의 자본가인 앤드류 카네 기는 "승부내기에는 인내, 이 두 글자가 제일이다. 조급하면 눈이 흐리고 화를 내면 일이 눈에 보이지 않는다. 참으며 보고 있는 중에 기회는 나타난다"하였습니다. 그렇습니다. 그러므로 금년에는 누구보다도 많이 인내하여 주님께서 인내하는 자들에게 주시는 복을 받아야 하겠습니다.

3. 화목으로 시작 합시다.

마 5 : 9 "화평케 하는 자는 복이 있나니 저희가 하나님을 볼 것 임이요"하였습니다. 화목은 어디에서나 필요한 것입니다. 가정에서 도 필요하고 직장에서도 필요하며 교회에서도 필요한 것입니다.

일본 속담에 "화목하지 못한 자들은 두 구덩이를 파는 결과를 만 든다"하였습니다.

그 이유는 서로가 상대방의 함정을 파기 때문 입니다. 가화만사성 은 성도들의 가정에 적절한 말씀이라고 할 수 있는 것입니다. 하나님 께서는 화목하지 아니한 가정에는 복을 내리시지 아니하십니다. 그 러므로 어떤 일이 있어도 무슨 수단과 방법을 동원해서라도 화목을 도모해야 합니다.

고린도서 저자는 기록하기를 "모든 것이 하나님께로 났나니 저가 그리스도로 말미암아 우리를 자기와 화목하게 하시고 또 우리에게 화목하게 하는 직책을 주셨으니 이는 하나님께서 그리스도 안에 계 시사 세상을 자기와 화목하게 하시며 저희 죄를 저희에게 돌리지 아 니하시고 화목하게 하는 말씀을 우리에게 부탁하셨느니라 이러므로 우리가 그리스도를 대신하여 사신이 되어 하나님이 우리로 너희를 권면하시는 것 같이 그리스도를 대신하여 간구하노니 너희는 하나님 과 화목하라"(고후 5 : 18∼20) 하였습니다.

잠언 저자는 기록하기를 "마른 떡 한조각만 있고도 화목하는 것이 육선이 가득하고도 다투는 것보다 나으니라"하였고, 시편 저자는 기 록하기를 "온유한 자는 땅을 차지하며 풍부한 화평으로 즐기리로 다"(시 37 : 11) 하였습니다. 그렇습니다. 하나님의 나라는 싸우는 일도 없고 오직 평화만이 있는 것입니다. 그리하여 지상에서 화평한 생활은 천국생활의 예행연습하는 것과 같은 것입니다. 그러므로 금년에는 인내하여 화평을 도모함으로 가정도 천국과 같고 직장도 천국과 같으며 교회도 마찬가지로 천국과 같은 분위기 속에서 신앙생활을 해야 하겠습니다.

결 론

사람들이 살아가는 세계에서는 인내는 만 가지의 유익을 안겨주는 것입니다. 그러므로 인내하여 하나님께 영광과 찬송을 돌려드리고 사람들에게 은혜를 끼치며 가정과 교회는 화평을 도모하여 천국과 같은 환경을 만들어 서로가 모이면 헤어지기 싫어하고 헤어지면 만나보고 싶은 심정이 생기도록 해야 하겠습니다.

선을 행함으로 시작하자

마 5 : 16

16) 이같이 너희 빛을 사람 앞에 비취게 하여 저희로 너
희 착한 행실을 보고 하늘에 계신 너희 아버지께 영광을
돌리게 하라

서 론

사람이 선을 행하는 것은 자신과 후손이 잘되는 비결이고 사람의 도
리를 다하는 것입니다. 그러나 악을 행하면 자신은 물론 후손까지도
잘못되어 진다고 하였습니다. 여기서 말하는 선은 물질적으로 남을 돕
는 차원이 아니고 오직 믿음으로 행하는 행동을 말하는 것입니다.

바울사도는 말하기를 "믿음으로 행치 않는 모든 것이 죄니라"(롬
14 : 23) 하였습니다. 그리고 예수 그리스도께서는 "하나님 한분 외에
는 선한 이가 없느니라"(막 10 : 18) 하였습니다. 이는 예수 그리스도
의 말씀은 하나님의 말씀 따라서 믿음으로 행하는 행위가 오직 선한
일이라는 것입니다. 사람이 선하게 태어 났지만 죄를 지은 후부터는
그렇지 못하여 믿지 않고는 누구도 진정한 선을 행할 수 없는 것입니

다. 그리고 기왕 선을 행하는 것은 자원해서 해야 하는 것입니다.

탈무드에 "권고에 의하여 착한 일을 하면 스스로 한 것에 비해 절반의 값어치 밖에 없다"하였습니다. 그러므로 금년에는 자원하여 선을 행하는 것으로 시작하여야 하겠습니다.

1. 선을 행합시다.

요 3서 1 : 11 "악한 것을 본받지 말고 선한 것을 본 받으라 선을 행하는 자는 하나님께 속하였고 악을 행하는 자는 하나님을 뵈옵지 못하였느니라"하였습니다. 선을 행하는 사람은 이미 하나님을 본 사람이라는 것입니다.

그렇다면 성도들의 생활이 선을 행하여 하나님께서 우리들과 함께 하심을 많은 사람들에게 보여 주어야 하겠습니다. 하나님께서 우리들과 함께만 하신다면 문제는 간단하게 해결이 되는 것입니다. 요셉과 함께 하시는 하나님께서 지금도 성들과도 함께 하십니다.

역대서 저자는 기록하기를 "여호와께서 선한자와 함께 할 지로다"(대하 19 : 11). 창세기 저자는 기록하기를 "여호와께서 요셉과 함께 하심으로 그가 형통한 자가 되어 그 주인 애굽 사람의 집에 있으니 그 주인이 여호와께서 그와 함께 하심을 보며 또 여호와께서 그의 범사에 형통케 하심을 보았도다"(창 39 : 2~3) 하였습니다.

그는 요셉과만 함께 하시는 것은 아니고 누구에게나 그의 마음에 드는 자들은 함께 하시는 것입니다.

여호수아서 저자는 기록하기를 "너의 평생에 너를 능히 당할 자 없으리니 내가 모세와 함께 있던 것 같이 너와 함께 있을 것임이라 내가 너를 떠나지 아니하며 버리지 아니하리니 마음을 강하게 하라

담대히 하라 너는 이 백성으로 내가 그 조상에게 맹세하여 주리라
한 땅을 얻게 하리라 오직 너는 마음을 강하게 하고 극히 담대히 하
여 나의 종 모세가 네게 명한 율법을 다 지켜 행하고 좌로나 우로나
치우치지 말라 그리하면 어디로 가든지 형통하리니 이 율법책을 네
입에서 떠나지 말게 하며 주야로 그것을 묵상하여 그 가운데 기록한
대로 다 지켜 행하라 그리하면 네 길이 평탄하게 될 것이라 네가 형
통하리라"(수 1 : 5~8) 하였습니다. 그렇습니다.

　하나님은 선을 행하는 사람들과는 누구와도 함께 하시기 때문에
금년에 우리 성도들은 믿음의 행위인 선을 행하여 하나님께 함께 하
심으로 모든 면에서 형통한 역사가 있도록 해야 할 것입니다.

2. 선행하여 후손이 잘되게 합시다.

　시 37 : 25~28 "내가 어려서부터 늙기까지 의인이 버림을 당하
거나 그 자손이 걸식함을 보지 못하였도다. 저는 종일토록 은혜를
베풀고 꾸어주니 그 자손이 복을 받는 도다 악에서 떠나 선을 행하
라 그리하면 영영히 거하리니 여호와께서 공의를 사랑하시고 그 성
도를 버리지 아니하심이로다. 저희는 영영히 보호를 받으나 악인의
자손은 끊어지리로다."하였습니다. 그래서 시편 저자는 기록하기를
"악을 버리고 선을 행하며 화평을 찾아 따를 찌어다."(시 34 : 14)
하였습니다. 만약에 악을 행하게 되면 어떻게 되는가 이사야서 저자
는 기록하기를 "네가 자기 땅을 망케 하였고 자기 백성을 죽였으므
로 그들과 일반으로 안장함을 얻지 못하였나니 악을 행하는 자의 후
손은 영영히 이름이 나지 못하리로다"(사 14 : 20) 하였습니다.

　세상의 어느 부모라도 자신의 자식들이 잘 되는 일이라면 겨울에

도 찬물에 목욕하고 정성드리는 것을 알 수 있습니다. 그러므로 금
년에는 믿음으로 착한 일을 행하여 후손들이 잘 되도록 많은 노력을
해야 하겠습니다.

3. 선행하여 하나님께 영광되게 합시다.

마 5 : 16 "이같이 너희 착한 행실을 보고 하늘에 계신 너희 아버
지께 영광을 돌리게 하라"하였습니다. 성도들이 삶의 최대 목표는
먹든지 마시든지 무엇을 하든지 하나님의 영광을 위하여 하라 하였
습니다 (고전 10 : 31). 그럼 어떻게 해야 그의 영광을 위하여 사는
것인지 구체적으로 알아 보도록 하겠습니다. 무엇 보다도 먼저 하나님
을 섬기고 그 다음에 인간들에게 요구하시는 대로 부모를 공경하며
효도하는데 있는 것입니다 (엡 6 : 1~3). 또한 부부가 행복하게 살
아서 하나님께 영광과 찬송을 돌리며 사람들에게 칭찬을 받는 생활
을 해서 하나님께 영광을 돌려야 하겠습니다. 특히 부부간에 즐겁게
살아서 더욱 하나님께 영광되게 해야 합니다.

잠언 저자는 기록하기를 "네 샘으로 복되게 하라 네가 젊어서 취
한 아내를 즐거워 하라 그는 사랑스러운 암사슴 같고 아름다운 암노
루 같으니 너는 그 품을 항상 족하게 여기며 그 사랑을 항상 연모하
라"(잠 5 : 18~19) 하였습니다. 그리고 남에게 유익을 주어 그들로
하여금 영권을 받게하여 하나님께 영광을 돌려야 하겠습니다. 그리
하여 성도의 사명을 다하는 한해가 되도록 해야 하겠습니다.

결 론

금년에는 하나님께 속하였다는 뚜렷한 증거를 나타내기 위하여
먼저 하나님을 섬기는 생활로 시작하여 선을 뚜렷하게 행하며 그로
인하여 자손들이 잘 되는 일이 생기도록 하고 하나님께 영광되도록
사는 해가 되도록 피차가 최선을 다하여 살아야 할 것입니다.

서로 봉사로 시작하자

벧전 4 : 7~11

7) 만물의 마지막이 가까웠으니 그러므로 너희는 정신을
차리고 근신하여 기도하라
8) 무엇보다도 열심으로 서로 사랑할지니 사랑은 허다한
죄를 덮느니라
9) 서로 대접하기를 원망없이 하고
10) 각각 은사(恩賜)를 받은대로 하나님의 각양 은혜를
맡은 선한 청지기같이 서로 봉사(奉事)하라
11) 만일 누가 말하려면 하나님의 공급하시는 힘으로 하
는 것같이 하라 이는 범사에 예수 그리스도로 말미암아
하나님이 영광을 받으시게 하려 함이니 그에게 영광과 권
능이 세세에 무궁토록 있느니라 아멘

서 론

봉사는 남을 유익하게 하는 것으로 매우 귀한 것입니다. 미국의 실
업가인 헨리 포드는 "봉사를 주로 한 사업은 흥하고, 이득을 주로한
사업은 쇠한다"하였고, 미국의 수필가인 랄프 왈도 에머슨은 "사람
들에게 봉사하라. 그리하면 사람들은 그대에게 봉사할 것이요, 만약
그대가 한 평생을 걸고 사람들에게 봉사한다면 아무리 교활한 사람
일지라도 그 보상을 그대에게 하지 않을 수 없을 것이다."하였으며,

스탓트라는"인생은 봉사이다. 성공을 하게 되는 사람이란 사람들에게 약간의 보답과 더 많은 서비스와 약간의 보답이 더 좋은 서비스를 하는 사람일 따름이다."하였습니다.

봉사는 은혜 받은 증거이고 (시 116 : 12) 장래의 소망 중에 즐거워하면서 일하는 것입니다. 즉 야곱이 라헬을 위하여 7년 동안 봉사하였으나 수일 같이 보내는 것과 같은 것을 말하는 것입니다 (창 29 : 20). 그렇습니다. 봉사하는 생활은 삶이 고달프지 아니하고 즐거운 것입니다. 그러므로 금년에 우리 성도들은 봉사하는 생활로 즐거운 삶을 살아야 하겠습니다.

1. 가정에서부터 봉사 합시다.

막 5 : 1~20 "귀신들린 청년이 예수 그리스도로부터 고침을 받고 주님을 따르려고 할 때에는 너는 가정으로 돌아가 가족들에게 고침 받게 된 것을 보여 주라"하였습니다. 그리하여 그는 가정으로 돌아가 가족들에게 은혜 받은 증거를 보여줌으로 많은 사람들이 기이하게 여겼다고 하였습니다. 그렇습니다. 예수를 믿으면 먼저 가정에서 믿는 모습을 먼저 보여주어야 합니다.

그리하여 부모는 자식을 위하여 봉사하고 자식은 부모를 위하여 봉사하며 아내는 남편을 위하여 봉사하고 남편은 아내를 위하여 봉사하는 생활로서 시작 하자는 말입니다. 봉사란 말은 남의 뜻을 받들어 섬기는 것이고 남을 위하여 자기를 돌아보지 않고 노력하는 것이며 국가나 사회를 위하여 헌신적으로 일하는 것입니다. 그리고 자기의 것을 드려서 남에게 유익을 주는 것입니다. 그리하여 가정을 위하여 봉사를 할 때에 가족들이 즐거워 하게 되고 경제적으로도 보탬이 되도록 하여 경제적인 면에서도 윤택하게 되며 여러모로 자신의 봉사 때문에 가족들이 행복하게 산다는 것은 매우 바람직 한 일입니다.

그리하여 금년에 가족들이 피차에 봉사함으로 가정에 새로운 삶의 향기가 나타나야 할 것입니다. 즉 가족을 돌아보는 식구들이 되어야 하겠다는 것입니다.

바울사도는 기록하기를 "누구든지 자기 친족 특히 자기 가족을 돌아보지 아니하면 믿음을 배반한 자요 불신자 보다도 악한 자니라" (딤전 5 : 8) 하였습니다. 그러므로 가정적인 성도들이 되어서 가족을 위하여 최대한으로 봉사하는 가족들이 되도록 노력하여야 하겠습니다.

2. 교회를 위하여 봉사 합시다.

행 3 : 1~10 "앉은 뱅이가 베드로를 통하여 주님의 은혜를 받고 그 병이 고침을 받게 되었습니다. 그런데 그는 걷기도 하고 뛰기도 하며 찬미를 부르며 성전으로 들어 갔다."하였습니다. 이는 은혜 받은 증거로 교회를 위하여 봉사하는 것입니다.

은혜를 받은 성도들은 교회를 위하여 헌신과 봉사하지 않을 수 없는 것입니다. 출애굽기서 저자는 기록하기를 "성소의 모든 것을 만들기 위하여 예물이 필요한 때에 백성들이 자원하여 너무나 많이 가지고 와서 그만 가지고 오라고"(출 36 : 2~7) 하였습니다.

이와 같은 생활이 은혜 받은 사람들의 아름다운 태도인 것입니다. 다윗은 주의 성전을 얼마나 사모하였는지 "주의 궁전에서 한 날이 다른 곳에서 천날보다 나은즉 악인의 장막에 거함보다 내 하나님 문지기로 있는 것이 좋사오니"(시 84 : 10) 하였습니다. 그리고 신약에 안나라 하는 과부는 84년 동안을 성전에서 봉사 하였습니다 (눅 2 : 36~38). 교회 안에서 남들이 하지 아니하는 힘들고 천한 일을 자신이 도맡아서 하는 것이 봉사인 것입니다. 이는 크게는 하나님께 봉사하는 일이고 작게는 성도들을 위하여 봉사하는 일인 것입니다. 하나님께서 교회안에 각종 직분을 주시는 목적은 봉사하는 일로 하나님의 교회를 세우는데 있다고 하였습니다 (엡 4 : 11~12).

그러므로 금년에는 하나님의 교회를 위하여 열심히 봉사하는 한 해가 되도록 노력하여 하나님의 교회가 부흥하고 발전하는데 밑거름이 되어야 하겠습니다.

3. 사회에 봉사 합시다.

마 5 : 16 "너희 착한 행실을 사람 앞에 보여 그들로 하여금 하나님께 영광을 돌리게 하라"하였습니다. 은혜를 받으면 타인을 위하여 헌신하고 봉사해야 합니다.

바울사도는 말하기를 "항상 우리를 그리스도 안에서 이기게 하시고 우리로 말미암아 각처에서 그리스도를 아는 냄새를 나타내시는 하나님께 감사하노라 우리는 구원 얻는 자들에게나 망하는 자들에게나 하나님 앞에서 그리스도의 향기니"(고후 2 : 14~15) 하였습니다. 그리고 바울사도는 "유대인에게나 헬라인에게나 하나님의 교회에나 거치는 자가 되지 말고 나와 같이 모든 일에 모든 사람을 기쁘게 하여 나의 유익을 구치 아니하고 많은 사람의 유익을 구하여 구원을 얻게 하라"(고전 10 : 32~33) 하였습니다.

은혜를 받은 성도들은 사회를 위하여 헌신하고 봉사해야 합니다.

오늘의 한국교회가 이렇게 부흥되고 발전 된 것은 선교사들이 의료 봉사나 교육 봉사로 헌신한 결과인 것입니다. 그러므로 봉사는 사회가 발전하는데 빼놓을 수 없는 귀중한 부분을 차지하고 있는 것은 누구도 부인할 수 없는 것입니다. 그러므로 금년에 우리 성도들도 사회를 위하여 봉사하는데 나라와 민족을 위하여 먼저 기도하는 일로부터 시작해야 할 것입니다 (딤전 2 : 1~2).

결 론

금년에는 성도들이 가정에서부터 봉사하는 일을 게을리 해서는 안될 것입니다. 그리고 교회를 위하여 봉사하여 교회 발전에 최선을 다해야 할 것이며 사회에 봉사하여 사회발전에 기여해야 할 것입니다. 그러므로 금년에는 봉사하는 해로 정하고 모든 면에서 봉사해야 하겠습니다.

하나님의 영광을 위하여 살자

고전 10:31

31) 그런즉 너희가 먹든지 마시든지 무엇을 하든지 다
하나님의 영광을 위하여 하라

서 론

사람이 사는 목적이 있을 것입니다. 그러나 사는 목적이 무엇이냐
고 묻는다면 나름대로 대답을 하겠지만 성경에서 원하는 대답은 그
렇게 많지 않다는 것입니다. 그런데 하나님께서는 인간을 창조하신
목적이 있기 때문에 그의 목적대로 살아야 하는 것입니다. 그의 목적
이 바로 영광을 받으시는 것입니다. 세상에 어떤 물건이든지 그 만들
어진 목적대로 사용되고 있음을 알 수 있습니다.

그러므로 금년에는 우리성도들은 하나님의 영광을 위하여 살아야
하겠습니다.

1. 창조된 목적대로 살아야 합니다.

사 43 : 7 "내가 내 영광을 위하여 창조한 자를 오게 하라 그들을 내가 지었고 만들었느니라"하였습니다. 이는 타락 이전에 만들어진 목적 입니다. 타락 이후에 구속한 목적도 마찬가지 입니다.

바울사도는 기록하기를 "이는 그리스도 안에서 전부터 바라던 우리로 그의 영광의 찬송이 되게 하려 하심이라 그 안에서 너희도 진리의 말씀 곧 너희의 구원의 복음을 듣고 그 안에서 믿어 약속의 성령으로 인치 심을 받았나니 이는 우리의 기업에 보증이 되사 그 얻으신 것을 구속하시고 그의 영광을 찬미하게 하려 하심이라"(엡 1 : 12~14) 하였습니다. 그래서 인간은 하나님을 섬기는 것이 본분이고 (전 12 : 13), 그의 이름을 위하여 착한 행실로 하나님의 영광을 나타내야 합니다(마 5 : 16).

그러므로 금년에는 하나님을 섬기고 착한 행실로서 지음 받은 목적대로 살아서 하나님께 영광을 돌리는 삶이 되어야 하겠습니다.

2. 죄를 회개하며 살아야 합니다.

수 7 : 19 "여호수아가 아간에게 이르되 내 아들아 청하노라 이스라엘 하나님 여호와께 영광을 돌려 그 앞에 자복하고 너 행한 일을 내게 고하라 그 일을 내게 숨기지 말라"하였습니다. 죄를 지음으로 하나님을 마음에 한탄하고 근심케 해드렸는데 (창 6 : 5~6), 이제는 자백하므로 하나님께 영광을 돌리라는 것입니다. 예수 그리스도께서 말씀 하시기를 "죄인 하나가 회개하면 하늘에서는 회개할 것 없

는 의인 아흔 아홉을 인하여 기뻐하는 것보다 더하리라"(눅 15:7)
하였습니다.

하나님께서는 인간들이 죄를 범하고 회개치 아니하여 망하는 것
을 원하시지 않고 회개하여 사는 것을 원하시는 것입니다(겔 18:
30). 그리고 악인이 죽는 것을 원하시지 않고 악에서 떠나 사는 것을
기뻐하시는 것입니다(겔 33:11). 그렇습니다. 탕자가 돌아 왔을 때
에 그 아버지는 기뻐서 잔치를 베풀었는데 이것이 바로 하나님의 마
음이라는 것입니다. 그렇습니다. 하나님께서는 인간들이 죄를 지으
면 마음 아파하시고 그 죄를 회개하면 기뻐하시고 사하시며(요 1 서
1:8~9), 성령의 충만함과(행 2:38), 진정한 기쁨을 주시는 것입
니다(행 3:19). 그러므로 금년에는 철저하게 회개하여 하나님께
영광을 돌려야 하겠습니다.

3. 감사하며 살아야 하겠습니다.

눅 17:11~19 "예수께서 예루살렘으로 가실 때에 사마리아와
갈릴리 사이로 지나가시다가 한 촌에 들어가시니 문둥병자 열 명이
예수를 만나 멀리 서서 소리를 높여 가로되 예수 선생님이여 우리를
긍휼히 여기소서 허거늘 보시고 가라사대 제사장들에게 너희 몸을
보이라 하셨더니 저희가 가다가 깨끗함을 받은 지라 그 중 하나가
자기의 나은 것을 보고 큰 소리로 하나님께 영광을 돌리며 돌아와
예수의 발아래 엎드리어 사례하니 저는 사마리아인이라 예수께서
대답하여 가라사대 열 사람이 다 깨끗함을 받지 아니하였느냐 그 아
홉은 어디 있느냐 이 이방인 외에는 하나님께 영광을 돌리러 돌아온
자가 없느냐 하시고 그에게 이르시되 일어나 가라 네 믿음이 너를

구원하였느니라 하시더라"하였습니다.

그래서 바울 사도는 말하기를 "너희는 감사하는 자가 되라"(골 3 : 15) 하였습니다. 자식이 부모의 은혜를 감사하고 제자가 스승의 은혜를 보답하는 뜻에서 감사하며 성도들이 하나님의 은혜를 보답하는 생활은 하나님께 영광을 돌리는 일 입니다.

그러므로 금년에 성도들은 감사하는 성도가 되어 그의 영광을 돌리는 생활을 해야 하겠습니다.

결 론

지금까지 금년에 열 가지 실천 사항을 생각하여 보았습니다. 새벽 기도로부터 시작하고 고운 말로부터 시작하며 시간을 아끼는 생활로부터 시작하여야 합니다. 그리고 절약하고 저축하며 성령 충만한 생활을 하고 주일을 잘 지키고 십일조를 드리며 인내하여 화목을 도모하고 선을 행하며 서로 봉사하는 일을 하고 하나님의 영광을 위하여 살자고 하였습니다. 반드시 그렇게 살도록 노력해야 하겠습니다. 그래서 금년 한해를 삶의 승리를 가져와야 하겠습니다.

금년에 더욱 힘쓸 일

벧후 1 : 4~6

4) 이로써 그 보배롭고 지극히 큰 약속을 우리에게 주사
이 약속으로 말미암아 너희로 정욕을 인하여 세상에서 썩
어질 것을 피하여 신의 성품에 참예하는 자가 되게 하려
하셨으니
5) 이러므로 너희가 더욱 힘써 너희 믿음에 덕을, 덕에 지
식을,
6) 지식에 절제를, 절제에 인내를, 인내에 경건을,

서 론

사람이 살아가려면은 여러 면으로 힘쓰고 애써야 할 일들이 많은
것입니다.

세상은 너무나도 험악해서 살기가 매우 어려운 것입니다.

그래서 새 해를 맞이하여 금년에는 어떤 해보다도 모든 면에서 힘
쓰고 애쓰는 해가 되어 영육간에 모든 것이 잘 되는 역사가 있어야
하겠습니다.

1. 믿음에 덕을 세우는 일 입니다

본문 5 "이러므로 너희가 더욱 힘써 너희 믿음에 덕을"하였습니

다. 믿음에 덕은 신앙생활의 열매를 말하는 것인데 신앙신앙 하면서도 행위가 전혀 없는 일들이 많은데 이로 인하여 하나님의 영광을 가리우는 일들이 많은 것입니다.

야고보서 저자는 말하기를 "이와 같이 행함이 없는 믿음은 그 자체가 죽은 것이라 혹이 가로되 너는 믿음이 있고 나는 행함이 있으니 행함이 없는 네 믿음을 내게 보이라 네가 하나님 한 분이신 줄을 믿느냐 잘 하는 도다
귀신들도 믿고 떠느니라"(약 2 : 18~19)하였습니다. 그 정도의 믿음은 귀신들이 믿는 신앙이라는 것입니다.

바울사도는 기록하기를 "어리석은 자의 훈도요 어린아이의 선생이라고 스스로 믿으니 그러면 다른 사람을 가르치는 네가 네 자신을 가르치지 아니하느냐 도적질 말라 반포하는 네가 도적질 하느냐 간음하지 말라는 네가 간음하느냐 우상을 가증히 여기는 네가 신사 물건을 도적질하느냐 율법을 자랑하는 네가 율법을 범함으로 하나님을 욕되게 하느냐 기록된 바와 같이 하나님의 이름이 너희로 인하여 이방인 중에서 모독을 받는도다"(롬 2 : 20~24)하였습니다. 성도들은 하나님의 이름을 영화롭게 해야 할 의무가 있는 것입니다. 그런데 영광은 커녕 도리어 그의 이름이 모독을 받도록 하고 있으니 이것이 문제가 아닐 수 없는 것입니다.

바울사도는 기록하기를 "그런즉 너희가 먹든지 마시든지 무엇을 하든지 다 하나님의 영광을 위하여 하라 유대인에게나 헬라인에게나 하나님의 교회에나 거치는 자가 되지 말고 나와 같이 모든 일에 모든 사람을 기쁘게 하여 나의 유익을 구치 아니하고 많은 사람의 유익을 구하여 저희로 구원을 얻게 하라"(고전 10 : 31~33)하였습니다. 그렇습니다. 믿음을 가졌다면 반드시 덕을 세워서 하나님께

영광을 돌려 보내야 합니다. 그러므로 금년에는 어떤 수단과 방법을 동원 해서라도 믿음에 덕을 세우려고 힘쓰는 한 해가 되어야 할 것입니다. 그 이유는 덕은 영원히 무너지지 않기 때문입니다.

2. 덕스러움에 지식을 가지는 일 입니다.

본문 5 "덕에 지식을"하였습니다. 덕에만 신경을 쓰고 일반적인 선을 행하는 일이 많은 것이 또한 문제로 등장하는 것입니다.

바울사도는 말하기를 "의심하고 먹는 자는 정죄되었나니 이는 믿음으로 좇아 하지 아니한 연고라 믿음으로 좇아 하지 아니하는 모든 것이 죄니라"(롬 14 : 23).

여기서 말하는 지식은 세상적인 지식이 아니고 하나님을 아는 지식을 말하는 것입니다. 잠언 저자는 기록하기를 "여호와를 경외하는 것이 지식의 근본이어늘 미련한 자는 지혜와 훈계를 멸시하느니라"(잠 1 : 7)기독교에서 말하는 덕은 반드시 하나님을 믿는 행위를 말하지 신앙을 배제한 선을 말하지는 아니합니다. 호세아서 저자는 기록하기를 "내 백성이 지식이 없으므로 망하는도다 네가 지식을 버렸으니 나도 너를 버려 내 제사장이 되지 못하게 할 것이요 네가 네 하나님의 율법을 잊었으니 나도 네 자녀들을 잊어버리리라"(호 4 : 6)하였고, 예수그리스도는 말씀하시기를 "영생은 곧 유일하신 참 하나님과 그의 보내신 자 예수 그리스도를 아는 것이니라"(요 17 : 3)하였으며 그는 또 말씀하시기를 "진리를 알지니 진리가 너희를 자유케 하리라"(요 8 : 32)하였습니다. 그 진리가 무엇입니까?

예수께서 말씀 하시기를 "예수께서 가라사대 내가 곧 길이요 진리요 생명이니 나로 말미암지 않고는 아버지께로 올자가 없느니라"

(요 14 : 6)하였습니다. 그렇습니다. 예수 그리스도가 없는 세상적인 지식은 아무리 많이 알고 있다고 해도 그 자체로 영생을 얻는 것이 아니고 불행하게도 그 지식으로 인하여 교만하여 진다는 것입니다 (고전 8 : 1).

그래서 덕에 지식을 더하는 것은 먼저 하나님을 아는 지식이 무엇보다도 필요하기 때문이고 그리고 자신이 죄인줄을 아는 지식이 필요하며 자기를 정확하게 아는 지식이 필요하기 때문 입니다.

그러므로 금년에는 세상지식도 알아야 하겠지만 하나님을 아는 것에 더욱 힘쓰고 자기를 아는 지식을 얻기 위하여 무던히도 힘써야 하겠습니다.

3. 지식에 절제 생활하는 일 입니다.

본문 6 "지식에 절제를"하였습니다. 이는 하나님을 아는 진정한 지식을 가진 사람의 행동은 자기를 조절하는 행위가 뒤따르는 것입니다. 안다고 겸손하지 않고 교만하여 안하무인(眼下無人)이 되어 버리면 이는 정말 와이셔츠(white shirt)입지 않고 넥타이 맨 꼴과 같은 것입니다.

독일 격언에 "오직 절제만이 인생을 아름답게 한다"하였고, 미국의 정치가 벤쟈민 프랭클린은 "절제는 불에 장작을 넣는 것이요, 통에 음식을 넣는 것이며, 물 함지에 밀가루를 넣는 것이요, 지갑에 돈을 넣는 것이며, 나라의 신용을 얻는 것이요, 가정에 만족을 얻는 것이며, 자녀들에게 옷을 입히는 것이요, 육체에 생기를 불어 넣는 것이며, 두뇌에 지력을 넣는 것이요, 전신에 원기를 넣는 것이다."하였으며, 미국의 저술가인 리챠드 E. 버튼은 "절제는 황금 말굴레이다. 그것을 올바르게 사용할 수 있는 자는 인간보다 하나님을 더 많이 닮은 자이다. 그것은 짐승 같은 사람을 변화시켜 하나님을 닮는 자로 만든다."하였습니다.

지식에 절제가 없으면 반드시 교만해지는 것입니다. 절제는 모든 면에서 승리할 수 있는 비결 입니다. 바울사도는 말하기를 "운동장에서 달음질하는 자들이 다 달아날지라도 오직 상 얻는 자는 하나인 줄을 너희가 알지 못하느냐 너희도 얻도록 이와 같이 달음질하라 이기기를 다투는 자마다 모든 일에 절제하나니 저희는 썩을 면류관을 얻고자 하되 우리는 썩지 아니할 것을 얻고자 하노라 그러므로 내가 달음질하기를 향방 없는 것같이 아니하고 싸우기를 허공을 치는 것같이 아니하여 내가 내 몸을 쳐 복종하게 함은 내가 남에게 전파한 후에 자기가 도리어 버림이 될까 두려워함이로다"(고전 9 : 24~27) 하였습니다.

그러므로 절제는 성령의 열매임을 알고 (갈 5 : 23)금년에는 더욱 힘써야 할 것입니다.

결 론

금년에 힘쓸 일은 돈버는 것도 아니고 명예를 얻는 것도 아니며 오직 믿음에 덕을 세우기 위하여 힘쓰고 덕스러움에 하나님을 알고 자신을 아는데 힘쓰며 하나님을 아는 생활에서 절제생활을 해서 더욱 신령하여 마귀와 싸워 승리하는 생활이 있어야 할 것입니다.

금년에 더욱 힘쓸 일

벧후 1 : 6~7

6) 지식에 절제를, 절제에 인내를, 인내에 경건을,
7) 경건에 형제 우애를, 형제 우애에 사랑을 공급하라

서 론

전편에서는 믿음에 덕을 세우는데 힘써야 하겠다고 하였고 덕에 하나님을 아는 지식에 이르기를 힘쓰며 덕스러움에 절제생활에 힘써야 된다고 하였습니다. 이번에는 다른 차원에서 힘써야할 것을 말씀 드려야 하겠습니다.

1. 절제에 인내하는 일 입니다.

본문 6 "절제에 인내를"하였습니다. 인내 (忍耐)라는 말은 참고 견디는 것을 말하는 것입니다. 주님은 인내에 대하여 말씀 하시기를 "좋은 땅에 있다는 것은 착하고 좋은 마음으로 말씀을 듣고 지키어 인내로 결실하는 자니라"(눅 8 : 15)하였습니다. 이는 인내는 구원과

도 관계가 있음을 주님은 말씀을 하셨는데, "그러나 끝까지 견디는 자는 구원을 얻으리라"(마 24 : 13)하였습니다.

그리고 바울사도는 기록하기를 "다만 이 뿐 아니라 우리가 환난 중에도 즐거워하나니 이는 환난은 인내를 인내는 연단을 연단은 소망을 이루는 줄 앎이로다"(롬 5 : 3~4)하였습니다.

영국의 작가인 사무엘 죤슨은 말하기를 "위대한 일들은 힘이 아니라 인내로 성취한다. 하루 세 시간을 힘차게 걷는 사람은 7년이 지나면 지구를 한 바퀴 돈 것과 같은 거리를 걷게 된다"하였고, 러시아 신비주의자인 스베친 부인은 "중요한 목적을 성취하는 데에는 두 가지 방법이 있는데 권력과 인내이다. 권력은 오직 특권을 가진 소수의 사람들이 누릴 수 있는 행운이다.

그러나 엄격하고 지속적인 인내는 대다수의 보잘 것 없는 사람들이 행할 수 있는 일이다. "시간이 흐름에 따라 말없는 힘이 점점 자라난다."하였으며 영국의 박애주의자인 토마스 포웰 벅스턴 경은 "나는 한 가지 교훈을 가지고 있다. 내가 이 교훈 덕택에 대단한 것을 이루지는 않아도 내가 전에 가지고 있던 사소한 것들은 모두 이 교훈 덕택에 이룬 것이다. 즉 평범한 재능과 비범한 인내를 가질 때 모든 것을 다 성취할 수 있다."하였습니다. 그렇습니다. 인내는 모든 일을 성공할 수 있는 비법중에 비법인 것입니다. 그러므로 금년에는 인내 하는데 힘써야 할 것입니다.

2. 인내에 경건된 생활을 하는 일 입니다.

본문 6 "인내에 경건을"하였습니다. 인내하는데 매우 필요한 것은 경건된 생활이라는 것입니다. 경건 (敬虔)이란 말은 공경하는 마

음으로 깊이 삼가 하고 조심하는 것을 말하고 하나님을 두려워 하는
마음으로 성결생활로 봉사하는 것입니다.

고넬료는 군대의 백부장이면서도 경건하여 온 집으로 하나님을
경외하며 백성을 많이 구제하고 하나님께 항상 기도하였다 (행 10 :
1~2)하였습니다. 그런데 경건 되게 살기란 매우 어려운 것입니다.
바울사도는 기록하기를 "무릇 그리스도 예수 안에서 경건하게 살고
자 하는 자는 핍박을 받으리라"
(딤후 3 : 12)하였습니다. 이는 경건하게 살고자 하는 것은 매우 어
려운 것이라는 점은 이미 성경에서 말씀하고 계십니다. 경건은 신앙
적인 면에서 생각해야 합니다.

야고보서 저자는 "누구든지 스스로 경건하다 생각하며 자기 혀를
재갈 먹이지 아니하고 자기 마음을 속이면 이 사람의 경건은 헛 것
이라"(약 1 : 26)하였습니다. 이는 신앙인의 태도를 말하는 것입니
다. 그래서 야고보서 저자는 기록하기를 "하나님 앞에서 정결하고
더러움이 없는 경건은 곧 고아와 과부를 그 환난 중에 돌아보고 또
자기를 지켜 세속에 물들지 아니하는 이것이니라"(약 1 : 27)하였습
니다.

경건은 기도와도 관계가 있으며 신전의식과도 관계가 있는 것입
니다. 신전의식 생활은 곧 하나님을 두려워하는 가운데서 하나님을
두려워 하는 가운데 육과 영과 온갖 더러운 것에서 자신을 깨끗하게
하는 것이라 하였습니다. (고후 7 : 1)그렇습니다. 참는 것도 중요하
지만 하나님을 두려워 하는 가운데서 세례요한과 같이 경건되게 살
아야 할 것입니다.

그리하여 하나님 앞에서 부끄러움이 없는 생활이 되어야 하고 사
람 앞에서도 깨끗한 생활이 있어야 할 것입니다. 즉 사무엘 제사장

처럼 살아야 하고 세례요한 처럼 살아야하며 요셉처럼 살도록 힘써
야 할 것입니다.

3. 경건에 형제우애 하는 일 입니다.

본문 7 "경건에 형제 우애를"하였습니다. 경건은 하나님을 제대
로 섬긴다는 뜻으로 받아드려지는데 진정 그를 잘 섬긴다는 형제를
사랑하는 것으로 증명이 되는 것입니다.

요한서 저자는 기록하기를 "누구든지 하나님을 사랑하노라하고
그 형제를 미워하는 이는 거짓말 하는 자니 보는바 그 형제를 사랑
치 아니하는 자가 보지 못하는바 하나님을 사랑할 수가 없느니라 우
리가 이 계명을 주께 받았나니 하나님을 사랑하는 자는 또한 그 형
제를 사랑할지니라"(요 1서 1 : 20~21)하였습니다.

이는 하나님을 사랑한다는 증거가 사람을 사랑하는 것으로 보고
있습니다. 그렇다고 인위적인 인본주의적인 사랑을 말하는 것이 아
니고 우선 하나님을 사랑하고 그의 사랑에 입각하여 사람을 사랑하
는 것을 말하는 것입니다. 예수님 당시에 율법사의 질문과 예수
그리스도의 답변을 들어 보도록 하겠습니다. "그 중에 한 율법사가
예수를 시험하여 묻되 선생님이여 율법 중에 어느 계명이 크니이까
예수께서 가라사대 네 마음을 다하고 목숨을 다하고 뜻을 다하여 주
너의 하나님을 사랑하라 하셨으니 이것이 크고 첫째 되는 계명이요
둘째는 그와 같으니 네 이웃을 네 몸과 같이 사랑하라 하셨으니 이
두 계명이 온 율법과 선지자의 강령이니라"(마 22 : 35~40)하였습
니다.

바울사도는 기록하기를 "피차 사랑의 빛 외에는 아무에게든지 아

무 빚도 지지 말라 남을 사랑하는 자는 율법을 다 이루었느니라 간음하지 말라 살인하지 말라 도적질 하지 말라 탐내지 말라 한 것과 그 외에 다른 계명이 있을지라도 네 이웃을 네 자신과 같이 사랑하라 하신 그 말씀 가운데 다 들었느니라 사랑은 이웃에게 악을 행치 아니하나니 그러므로 사랑은 율법의 완성이니라"(롬 13:8~10)하였습니다.

그러므로 금년에는 서로 사랑하려고 힘쓰는 성도들이 되어야 하겠습니다.

결 론

금년에는 절제에 인내하기를 힘쓰고 인내에 경건된 신앙생활을 하려고 힘쓰며 경건된 신앙생활에 형제를 사랑하는 온전한 신앙을 가져야 하겠습니다.

바울사도는 기록하기를 "내가 사람의 방언과 천사의 말을 할지라도 사랑이 없으면 소리나는 구리와 울리는 꽹과리가 되고 내가 예언하는 능이 있어 모든 비밀과 모든 지식을 알고 또 산을 옮길만한 모든 믿음이 있을지라도 사랑이 없으면 내가 아무 것도 아니요 내가 내게 있는 모든 것으로 구제하고 또 내 몸을 불사르게 내어줄지라도 사랑이 없으면 내게 아무 유익이 없느니라"(고전 13:1~3)하였습니다. 그러므로 금년에는 하나님을 중심해서 사랑하면서 살려고 힘써야 하겠습니다.

금년에 더욱 힘쓸 일

벧후 1:7~9

7) 경건에 형제 우애를, 형제 우애에 사랑을 공급하라
8) 이런 것이 너희에게 있어 흡족(洽足)한즉 너희로 우리 주 예수 그리스도를 알기에 게으르지 않고 열매없는 자가 되지 않게 하려니와
9) 이런 것이 없는 자는 소경이라 원시(遠視)치 못하고 그의 옛 죄를 깨끗케 하심을 잊었느니라

서 론

전편에서 인내하는데 힘쓰자고 하였고 경건된 생활에 힘쓰자고 하였으며 형제를 사랑하는데 힘쓰자고 하였습니다.

이 편에서는 다른 차원에서 힘쓸 일에 대하여 생각해 보겠습니다.

1. 형제 우애에 사랑을 더 하는 일 입니다.

본문 7 "형제 우애에 사랑을 공급하라"하였습니다. 사랑은 아무리 강조해도 지나치지 아니하고 늘 부족한 편입니다. 사랑이 없는 삶은 마치 잘 타는 불에 물을 끼얹는 것과 같은 것일 것입니다. 인간은

본능적으로 무엇인가를 사랑해야 살맛나는 삶을 살게 되어 있습니다. 그러므로 금년에는 서로 사랑하고 살려고 힘쓰는 해가 되도록 노력해야 합니다. 그럼 어느 부분에 힘써야 할지 알아보도록 하겠습니다.

먼저 바울사도가 말한 사랑의 본질부터 알고 힘써야 하겠습니다. "사랑은 오래 참고 사랑은 온유하며 투기하는 자가 되지 아니하며 사랑은 자랑하지 아니하며 교만하지 아니하며 무례히 행치 아니하며 교만하지 아니하며 자기의 유익을 구치 아니하며 성내지 아니하며 악한 것을 생각지 아니하며 불의를 기뻐하지 아니하며 진리와 함께 기뻐하고 모든 것을 참으며 모든 것을 믿으며 모든 것을 바라며 모든 것을 견디느니라"(고전 13 : 4~7) 하였습니다. 그렇습니다. 참는 연습을 해야 하고 그 일에 무엇보다도 많은 힘을 써야 할 것입니다. 그리고 온유한 성품을 가지도록 노력하는 일에 최선을 다해야 할 것입니다. 그리고 투기하지 아니하려고 무척 노력해야 할 것이며 자신을 자랑하지 아니하려고 노력해야 합니다.

그 뿐만 아니고 교만하지 아니하도록 노력하며 무례히 행치 아니하려고 힘쓰고 자기의 유익을 구치 아니하려고 남달리 힘써야 하겠습니다. 그뿐만 아니고 악한 것을 생각지 말고 불의를 기뻐하지 말고 진리로 기뻐하도록 힘써야 할 것입니다. 그리고 모든 것을 이해하고 양보하며 희생하는 생활이 되도록 힘써야 하겠습니다.

사도요한은 말하기를 "말과 혀로만 사랑하지 말고 진실함과 행함으로 사랑하라"(요 1서 3 : 18) 하였고, 바울사도는 "너희 모든 일을 사랑으로 행하라"(고전 16 : 14) 하였으며 주님께서는 "나는 너희에게 이르노니 너희 원수를 사랑하며 너희를 핍박하는 자를 위하여 기도하라"(마 5 : 44) 하였습니다. 그러므로 주님의 말씀 따라서 사랑하고 살려고 힘써야 할 것입니다.

2. 예수 알기에 게으르지 않게 하는 일 입니다.

본문 8 "이런 것이 너희에게 있어 흡족한즉 너희로 우리 주 예수 그리스도를 알기에 게으르지 않고"하였습니다. 사람이 게으르면 무엇이나 할 수 없는 것입니다. 그래서 바울사도는 말하기를 "부지런하여 게으르지 말고 열심을 품고 주를 섬기라 소망 중에 즐거워하며 환난 중에 참으며 기도에 항상 힘쓰며 성도들의 쓸 것을 공급하며 손 대접하기를 힘쓰라"(롬 12 : 11~13)하였습니다.

잠언 저자는 기록하기를 "게으른 자여 개미에게로 가서 그 하는 것을 보고 지혜를 얻으라 개미는 두령도 없고 간역자도 없고 주권자도 없으되 먹을 것을 여름 동안에 예비하며 추수 때에 양식을 모으느니라 게으른 자여 네가 어느 때에 잠이 깨어 일어나겠느냐 좀더 자자 좀더 졸자 손을 모으고 좀더 눕자 하면 네 빈궁이 강도 같이 오며 네 곤핍이 군사같이 이르리라"(잠 6 : 6~11)하였고, "게으른 자의 길은 가시 울타리 같으나 정직한 자의 길은 대로니라"(잠 15 : 19)하였으며, "게으른 자는 선히 대답하는 사람 일곱 보다 자기를 지혜롭게 여기느니라"(잠 26 : 16)하였습니다.

그리고 예레미야 선지자는 기록하기를 "여호와의 일을 태만히 하는 자는 저주를 받을 것이요"(렘 48 : 10)하였고, 잠언 저자는 기록하기를 "손을 게으르게 놀리는 자는 가난하게 되고 손이 부지런한 자는 부하게 되느니라"(잠 10 : 4)하였으며, 잠언 저자는 "내가 증왕에 게으른 자의 밭과 지혜 없는 자의 포도원을 지나며 본즉 가시덤불이 퍼졌으며 거친 풀이 지면에 덮였고 돌담이 무너졌기로 내가

보고 생각이 깊었고 내가 보고 훈계를 받았었노라"(잠 24 : 30~32)
하였습니다. 그렇습니다 누구든지 게으르면 신앙생활이나 가정생활
이 원만하게 할 수 없는 것입니다. 그리고 인생 전부를 망치게 되는
것입니다.

로마의 시인 오비디우스는 "물이 흐르지 않으면 썩듯이 태만은 몸
을 쇠약하게 한다."하였고, 미국의 발명가인 벤자민 플랭클린은 "근
심 걱정은 태만에서 샘 솟고 쓰라린 노고는 불필요한 안일에서 생긴
다."하였으며, 영국 격언에 "한 가지에 태만한 자는 만사에 태만하
다"하였습니다. 그러므로 금년에는 열심히 주를 섬기는 부지런한 성
도들이 되도록 노력해야 하겠습니다.

3. 열매 맺는 일 입니다.

본문 8~9 "열매 없는 자가 되지 않게 하려니와 이런 것이 없는
자는 소경이라 원시치 못하고 소경이라 그의 옛 죄를 깨끗케 하심을
잊었느니라"하였습니다.

바울사도는 기록하기를 "이 복음이 이미 너희에게 이르매 너희가
듣고 참으로 하나님의 은혜를 깨달은 날부터 너희 중에 서와 같이
또한 온 천하에서도 열매를 맺어 자라는 도다 이와 같이 우리와 함
께 종된 사랑하는 에바브라에게 너희가 배웠나니 그는 너희를 위하
여 그리스도의 신실한 일군이요. 성령 안에서 너희 사랑을 우리에게
고한 자니라"(골 1 : 6~8)하였습니다. 그렇습니다.

우리는 지금까지 주의 말씀을 배웠습니다. 이제 배운 것으로 끝나
지 말아야 하고 실천하는 행동 즉 열매를 맺는 생활이 필요한 것입
니다. 특히 성령의 열매를 맺어야 하겠습니다.

바울사도는 성령의 열매 아홉 가지를 말하였는데 "오직 성령의 열매는 사랑과 희락과 화평과 오래 참음과 자비와 양선과 충성과 온유와 절제니 이같은 것을 금지할 법이 없느니라"(갈 5 : 22~23)하였습니다. 그렇습니다. 금년에는 무엇 보다도 열매 맺는 생활을 해야 합니다.

예수 그리스도께서는 말씀 하시기를 "그의 열매로 그들을 알지니 가시나무에서 포도를 또는 엉겅퀴에서 무화과를 따겠느냐 이와 같이 좋은 나무마다 아름다운 열매를 맺고 못된 나무가 나쁜 열매를 맺나니 좋은 나무가 나쁜 열매를 맺을 수 없고 못된 나무가 아름다운 열매를 맺을 수 없느니라 아름다운 열매를 맺지 아니하는 나무마다 찍혀 불에 던지 우느니라 이러므로 그의 열매로 그들을 알리라"(마 7 : 16~20)하였습니다. 그래서 금년에는 성도들이 회개의 열매와 사랑의 열매를 맺고 성령의 열매를 맺어야 하겠습니다. 그리하여 하나님께 인정 받는 성도들이 되어야 하겠습니다.

결 론

금년에 더욱 힘쓸 일이 형제를 사랑하고 하나님을 사랑하는 일에 더욱 힘쓰고 예수 알기에 더욱 힘을 써야 하겠으며 열매 맺는 생활 하려고 애써야 하겠습니다. 그리하여 힘쓴 이상으로 좋은 결과를 거두어야 하겠습니다.

금년에 더욱 힘쓸 일

벧후 1:10~11

> 10) 그러므로 형제들아 더욱 힘써 너희 부르심과 택하심
> 을 굳게 하라 너희가 이것을 행한즉 언제든지 실족(失足)
> 지 아니하리라
> 11) 이같이 하면 우리 주 곧 구주 예수 그리스도의 영원
> 한 나라에 들어감을 넉넉히 너희에게 주시리라

서 론

어디 사람이 평생을 살다보면 힘쓸 일이 한 두 가지가 되어야 말이
지 너무나도 많기 때문에 일일이 다 들어서 말하기는 어렵고 대충 생
각해 보아도 너무나도 많은 것입니다.

1. 부르심과 택하심을 굳게 하는 일 입니다.

본문 10 "그러므로 형제들아 더욱 힘써 너희 부르심과 택하심을
굳게 하라"하였습니다. 택하심은 하나님의 선택을 말하는 것이고 부
르심은 택하심에서 필연적으로 따르는 과정인 것입니다.

바울사도는 말하기를 "우리가 알거니와 하나님을 사랑하는 자 곧 그 뜻 대로 부르심을 입은 자들에게는 모든 것이 합력하여 선을 이루느니라 하나님이 미리 아신 자들로 또한 그 아들의 형상을 본받게 하기 위하여 미리 정하셨으니 이는 그로 많은 형제 중에서 맏아들이 되게 하려 하심이니라 또 미리 정하신 그들을 또한 부르시고 부르신 그들을 또한 의롭다 하시고 의롭다 하신 그들을 또한 영화롭게 하셨느니라"(롬 8 : 28~30)하였습니다.

하나님께서 창세전에 우리를 택하여 주시고 우리가 세상에 태어남과 동시에 부르시고 의롭게 하셔서 구원 받게 하셨습니다. 그러므로 우리는 할 일이 있다면 부르심을 받은 자 답게 사는 것입니다.

바울사도는 말하기를 "그러므로 주 안에서 갇힌 내가 너희를 권하노니 너희가 부르심을 입은 부름에 합당하게 행하여 모든 겸손과 온유로 하고 오래 참음으로 사랑 가운데서 서로 용납하고 평안의 매는 줄로 성령의 하나 되게 하신 것을 힘써 지키라"(엡 4 : 1~3)하였습니다.

이 말은 주일을 지켜서 구원 얻는 다는 말도 아니고 십일조를 드려서 구원 얻는다는 말도 아니며 어떤 행동으로 구원 얻는다는 것을 강조하는 것은 아닙니다. 다만 구원은 은혜로 인하여 믿음으로 받았으니(엡 2 : 8), 구원 받은 사람답게 하나님의 영광을 위하여 사는데 최선을 다하여 힘쓰자는 것입니다.

바울사도는 기록하기를 "그런즉 너희가 먹든지 마시든지 무엇을 하든지 다 하나님의 영광을 위하여 하라 유대인에게나 헬라인에게나 하나님 교회에나 거치는 자가 되지 말고 나와 같이 모든 일에 모든 사람을 기쁘게 하여 나의 유익을 구치 아니하고 많은 사람의 유익을 구하여 저희로 구원을 얻게 하라"(고전 10 : 31~33)하였습니다. 그렇습니다. 구원받은 사람들 답게 사는 일에 최선을 다해야 할 것입니다.

2. 실족하지 않는 일 입니다.

본문 10 "너희가 이것을 행한즉 언제든지 실족하지 아니하리라" 하였습니다. 이는 넘어지는 것을 말하는데 넘어지는 것은 타락을 말하는 것입니다.

여기서 분명하게 알고 넘어갈 것은 지옥갈 정도로 타락할 수 있느냐 하는 것이다. 그렇다면 인간이 지옥갈 수 있는 죄를 예방 할 수 있느냐 하는 것입니다. 그러나 분명한 것은 지옥갈 죄는 지을 수 없다는 것입니다.

바울사도는 기록하기를 "누가 능히 하나님의 택하신 자들을 송사하리요 의롭다 하신 이는 하나님이시니 누가 우리를 정죄하리요 죽으실 뿐아니라 다시 살아나신 이는 그리스도 예수시니 그는 하나님 우편에 계신 자요 우리를 위하여 간구하시는 자시니라 누가 우리를 그리스도의 사랑에서 끊으리요 환난이나 곤고나 핍박이나 기근이나 적신 이나 위험이나 칼이랴"(롬 8 : 33~35)하였습니다.

그리고 주님께서는 말씀하시기를 "내가 진실로 너희에게 이르노니 내 말을 듣고 나 보내신 이를 믿는 자는 영생을 얻었고 심판에 이르지 아니하나니 사망에서 생명으로 옮겼느니라"(요 5 : 24)하였습니다.

이는 결코 지옥갈 정도로는 타락할 수 없다는 것입니다. 이에 대하여 사도요한은 기록하기를 "누구든지 형제가 사망에 이르지 아니한 죄 범하는 것을 보거든 구하라 그러면 사망에 이르지 아니하는 범죄자들을 위하여 저에게 생명을 주시리라 사망에 이르는 죄가 있으니 이에 대하여 나는 구하라 하지 않노라 모든 불의가 죄로되 사망에 이르지 아니하는 죄도 있도다 하나님께로서 난 자마다 범죄치 아니하는 줄을 우리가 아노라 하나님께로서 나신 자가 저를 지키시매 악한 자가 저를 만지지도 못하느니라"(요1서 5 : 16~18)하였습니다.

그리고 시편 저자는 기록하기를 "저는 넘어지나 (타락하나)아주 엎드려 지지 아니함은 (영원히 타락하지 아니함은) 여호와께서 손으로 붙드심이로다"(시 37 : 24)하였습니다. 그러므로 우리는 실족하면 징계를 받으므로 징계 받는 일을 하지 않도록 힘써야 하겠습니다 (고전 11 : 31~32). 그리고 생명을 사랑하고 좋은 날을 위하여 죄짓지 않도록 힘써야 합니다 (벧전3 : 10~12).

3. 영원한 나라에 들어가는 일 입니다.

본문 11 "이같이 하면 우리 주 곧 구주 예수 그리스도의 영원한 나라에 들어감을 넉넉히 너희에게 주시리라"하였습니다. 하나님의 나라에 들어가는 것은 주님의 은혜로 들어가지만 하나님의 나라에 들어갈 사람의 태도는 삼가 조심하고 힘써야할 부분이 있습니다.

사도행전 저자는 기록하기를 "제자들의 마음을 굳게 하여 이 믿음에 거하라 권하고 또 우리가 하나님 나라에 들어가려면 많은 환난을 겪어야 할 것이라"(행 14 : 22)하였습니다.

이는 살아 생전에는 경건하게 살려고 노력을 해야 하기 때문에 환난과 핍박을 받게 되는 것입니다. 바울사도는 이에 대하여 기록하기를 "무릇 그리스도 안에서 경건하게 살고자 하는 자는 핍박을 받으

리라"(딤후 3 : 12)하였습니다. 그렇습니다. 하나님의 나라에 들어
갈 사람들은 믿지 아니하는 자들보다 더 많은 핍박을 받아야 합니
다. 문제는 그 핍박을 얼마나 잘 참고 견디느냐가 중요한 것입니다.

예수 그리스도는 말씀하시기를 "끝까지 견디는 자가 구원을 얻으
리라"(마 24 : 13)하였습니다.

그리고 야고보서 저자는 기록하기를 "시험을 참는 자는 복이 있도
다 이것에 옳다 인정하심을 받은 후에 주께서 자기를 사랑하는 자들
에게 약속하신 생명의 면류관을 얻을 것임이니라"(약 1 : 12)하였습
니다.

우리가 할 일은 영원한 나라를 생각하고 시험을 참고 핍박을 참으
며 환난을 견디어 내는 것입니다. 그래서 바울사도는 "현재 고난은
장차 영광과 족히 비교 할 수 없다"(롬 8 : 18)하였습니다.

그리고 그는 말하기를 "너희를 위하여 받는 괴로움을 기뻐하고
그리스도의 남은 고난을 그의 몸된 교회를 위하여 내 육체에다 채우
노라"(골 1 : 24)하였습니다. 그렇습니다. 하나님의 나라에 들어가
기 전에 우리들에게 찾아오는 시험을 참는 일에 힘쓰고 환난과 핍박
을 견디어 내는데 힘써야 할 것입니다.

결 론

성도들은 택하심과 부르심에 감사하여 성도답게 합당하게 살려고
힘쓰고 노력해야 할 것이고 타락하지 아니하려고 애써야 하며 환난
과 핍박을 견디고 승리하는 일에 힘써야 하겠습니다.

금년에 더욱 힘쓸 일

벧후 3 : 9~14

9) 주의 약속은 어떤 이의 더디다고 생각하는 것 같이 더
딘 것이 아니라 오직 너희를 대하여 오래 참으사 아무도
멸망치 않고 다 회개하기에 이르기를 원하시느니라
10) 그러나 주의 날이 도적같이 오리니 그날에는 하늘이
큰 소리로 떠나가고 체질(體質)이 뜨거운 불에 풀어지고
땅과 그 중에 있는 모든 일이 드러나리로다
11) 이 모든 것이 이렇게 풀어지리니 너희가 어떠한 사람
이 되어야 마땅하뇨 거룩한 행실과 경건함으로
12) 하나님의 날이 임하기를 바라보고 간절히 사모하라
그 날에 하늘이 불에 타서 풀어지고 체질이 뜨거운 불에
녹아지려니와
13) 우리는 그의 약속대로 의의 거하는 바 새 하늘과 새
땅을 바라보도다
14) 그러므로 사랑하는 자들아 너희가 이것을 바라보나니
주 앞에서 점도 없고 흠도 없이 평강 가운데서 나타나기
를 힘쓰라

서 론

성도가 힘써서 해야할 이들이 너무나도 많아서 모두 거론하기는
매우 어려운 것입니다. 계속해서 조금만 더 거론하고자 합니다.

1. 거룩한 생활하는 일 입니다.

본문 11~13 "이 모든 것이 이렇게 풀어지리니 너희가 어떠한 사람이 되어야 마땅 하느뇨 거룩한 행실과 경건함으로 하나님의 날이 임하기를 바라보고 간절히 사모하라 그날에 하늘이 불에 타서 풀어지고 체질이 뜨거운 불에 녹아지려니와 우리는 그의 약속대로 의의 거하는바 새 하늘과 새 땅을 바라보도다"하였습니다.

이는 성도답게 믿지 아니하는 사람들과는 달리 살아야 한다는 것입니다. 이방인들과는 다른 생활을 해야 합니다. 그 이유는 하나님께서 인간들을 구속하신 목적이 있는데 바울사도는 기록하기를 "물로 씻어 말씀으로 깨끗하게 하사 거룩하게 하시고. 흠이 없게 하려 하심이라"(엡 5 : 26~27)하였습니다. 그렇다면 흠이 없게 되었으면 흠 없게 살아야 마땅하지 않느냐는 것입니다. 인간이 의롭다 하심을 받는 것은 일회적이지만 거룩하게 되는 것은 죽을 때까지 입니다. 즉 칭의는 단 한 번이지만 성화는 죽을 때까지 계속된다는 것을 말하는 것입니다.

그러므로 구원을 받은 성도들은 죽을 때까지 거룩하게 살려고 힘을 써야 합니다. 그럼 어떻게 해야 거룩하게 살 수 있을까요 성령으로 행해야 합니다.

바울사도는 기록하기를 "너희는 성령을 좇아 행하라 그리하면 육체의 욕심을 이루지 아니하리라 육체의 소욕은 성령을 거스리고 성령의 소욕은 육체를 거스리나니 이 둘이 서로 대적함으로 너희의 원하는 것을 하지 못하게 하려 함이라"(갈 5 : 16~17)하였습니다.

그러므로 성령의 지배를 받아야만 거룩하게 살 수 있는 것입니다. 스가랴서 저자는 기록하기를 "힘으로도 할 수 없고 능으로도 할 수 없고 오직 나의 신으로만 되나니라"(슥 4 : 6)하였습니다. 이는 오직 성령의 역사만이 거룩하게 살 수 있게 한다는 것입니다. 그래서 성령의 충만함을 받으라고 한 것입니다.

성령은 언제나 정결하게 살도록 도와 주시고 협조하십니다. 그러므로 성령의 도우심을 간구해야 합니다. 그리고 말씀으로 거룩하게 됩니다. 바울사도는 기록하기를 "하나님의 말씀과 기도로 거룩하여짐이니라"(딤전 4 : 5)하였고 시편 저자는 "청년이 무엇으로 그 행실을 깨끗케 하리까 주의 말씀을 따라 삼갈 것이니라"(시 119 : 9)하였으며, 예수 그리스도는 "기도 외에는 이런 유가 나갈 수 없느니라"(막 9 : 29)하였습니다. 그리고 하나님을 두려워 하는 마음이 있어야 합니다.

바울사도는 기록하기를 "사랑하는 자들아 이 약속을 가진 우리가 하나님을 두려워 하는 가운데서 거룩함을 온전히 이루어 육과 영의 온갖 더러운 것에서 자신을 깨끗케 하자"(고후 7 : 1)하였습니다. 그렇습니다. 금년에는 하나님을 두려워 하는 신앙을 가지고 성령의 도우심과 말씀과 기도로 거룩하게 살려고 힘쓰는 해가 되어야 하겠습니다.

2. 깨끗한 생활을 하는 일 입니다.

본문 14 "그러므로 사랑하는 자들아 너희가 이것을 바라보나니 주 앞에서 점도 없고 흠도 없이"하였습니다. 그런데 인간들의 노력만으로는 죄에서 깨끗할 수 없는 것입니다. 죄는 인간이 지었지만 그 죄를 씻는 것은 누구도 할 수 없고 오직 예수 그리스도의 피로만 할 수 있는 것입니다.

사도요한은 기록하기를 "예수의 피가 우리를 모든 죄에서 깨끗하게 하실 것이요"하였고, 예레미야 선지자는 기록하기를 "주 여호와 내가 말하노라 네가 잿물로 스스로 씻으며 수다한 비누를 쓸지라도 네 죄악이 오히려 내 앞에 그저 있으리니"(렘 2:22)하였으며, 바울 사도는 "우리가 그 피를 인하여 의롭다 하심을 얻었은즉 더욱 그로 말미암아 진노하심에서 구원을 얻을 것이니"(롬 5:9)하였습니다.

그러므로 우리들은 하나님께 기도하는 일에 힘써야 합니다. 시편 저자는 기록하기를 "나의 죄악을 말갛게 씻기시며 나의 죄를 깨끗이 제하소서. 내 죄가 항상 내 앞에 있나이다. 모친이 죄 중에 나를 잉태하였나이다. 우슬초로 나를 정결케 하소서 내가 정하리이다 나를 씻기소서 내가 눈보다 희리이다"(시 51:2~7)하였고, 베드로는 말하기를 "내가 너를 씻기지 아니하면 네가 나와 상관이 없느니라 시몬 베드로가 가로되 주여 내 발 뿐아니라 손과 머리도 씻겨 주옵소서"(요 13:8~9)하였습니다.

이는 주께서 죄를 씻어 주셔야만 깨끗해질 수 있다는 것입니다. 그러므로 기도하는 일에 힘쓰고 더러운 것에서 피하려고 힘쓰며 주님의 말씀을 읽고 듣고 지키는 일에 힘써야 하겠습니다. 우리들은 지금까지 깨끗하게 살아 보려고 힘쓰지 못하였다는 것입니다.

그래서 히브리서 저자는 기록하기를 "너희가 죄와 싸우되 아직 피흘리기까지는 대항치 아니하고"(히 12:4)하였습니다. 이는 우리들이 죄와 싸우는 면에서 얼마나 소극적으로 대항했는가를 책하고 이제부터는 적극적으로 싸우라는 권고의 말씀인 것입니다.

그러므로 금년에는 그 동안 죄와 싸우되 적극적으로 싸우지 못한 것을 부끄럽게 생각하고 죄와 싸우는 일에 힘써야 할 것입니다. 그리하여 보다 더 깨끗한 생활을 해야 할 것입니다.

3. 주 맞이할 준비하는 일 입니다.

본문 14 "평강 가운데서 나타나기를 힘쓰라"하였습니다. 이는 재림을 말하는 것입니다. 성도들의 최대의 소망이 있다면 재림하시는 주님을 만나 뵙고 그와 함께 영원히 함께 있는 것입니다.

그래서 사도요한은 기도하기를 "이것들을 증거하신이가 가라사대 내가 진실로 속히 오리라 하시거늘 아멘 주 예수여 오시옵소서"(계 22 : 20)하였습니다. 베드로사도는 "하나님의 날이 임하기를 바라보고 간절히 사모하라 그날에 하늘이 불에 타서 풀어지고 체질이 뜨거운 불에 녹아지려니와 우리는 그의 약속대로 의의 거하는바 새 하늘과 새 땅을 바라보도다 그러므로 사랑하는 자들아 너희가 이것을 바라보나니 주 앞에서 점도 없고 흠도 없이 평강 가운데서 나타나기를 힘쓰라"(벧후 3 : 12~14)하였습니다.

그 이유는 주님께서 다시 오마고 약속을 하셨고 그 약속 뒤에는 성도들을 데리러 오신다는 단서가 붙어 있으며 그 이 후에는 주와 같이 영원히 함께 있겠다는 것 때문 입니다. (요 14 : 1~3). 그리고 주님께서 재림하시면 죽은 자들이 부활되고 살아 남은 사람들은 변화되어 주와 같이 영원히 살게 되기 때문 입니다. (살전 4 : 15~18, 고전 15 : 1~58).

그러므로 바울사도는 "이 여러 말로 서로 위로하라"(살전 4 : 18) 하였습니다. 그러니 주님을 맞이할 준비를 하는 것은 너무나도 당연한 것입니다. 그렇다고 시한부 종말론을 주장하는 이들과 같이 광신적으로 가정도 포기하고 직장도 포기하며 결혼도 학업도 포기하면서 준비해서는 안되는 것입니다. 주님의 재림은 밤이 될지 낮이 될지 언제가 될지 아무도 모르기 때문에 열심히 일하고 공부하며 헌신하고 봉사하는 가운데서 주님의 재림을 맞이할지 아무도 모르기 때문에 신앙생활은 오늘이 마지막이라 생각하고 세상일은 아직도 백년은 더 산다고 생각하고 성실하게 살아야 할 것입니다. 그렇게 살려고 힘써야 하겠습니다.

결 론

금년에는 거룩하게 살아서 주님을 영화롭게 하는 일에 힘쓰고 죄에서 용서를 받았으니 용서 받은 사람답게 깨끗하게 살려고 노력하며 주님의 재림을 준비하는 일에 힘쓰고 살아야 하겠습니다.

십일조 실천하는 해로 정하자

말 3 : 10~12

10) 만군의 여호와가 이르노라 너희의 온전한 십일조를
창고에 들여 나의 집에 양식이 있게 하고 그것으로 나를
시험하여 내가 하늘 문을 열고 너희에게 복을 쌓을 곳이
없도록 붓지 아니하나 보라
11) 만군의 여호와가 이르노라 내가 너희를 위하여 황충
을 금하여 너희 토지 소산을 멸하지 않게 하며 너희 밭에·
포도나무의 과실로 기한 전에 떨어지지 않게 하리니
12) 너희 땅이 아름다와지므로 열방이 너희를 복되다 하
리라 만군의 여호와의 말이니라

서 론

여기서 한 가지 기억할 것은 본문 말씀의 뜻을 어떻게 이해하며 어
떻게 해석하느냐는 것입니다. 해석 및 이해 여하에 따라서 성도들의
태도가 좌우 됩니다. 즉 복을 받기 위한 십일조인가? 아니면 복을 받
았으니 은혜를 보답하기 위한 십일조인가? 하는 것입니다. 만약에 복
을 받기 위한 십일조라면 이는 진정한 신앙적인 십일조라고는 말 할
수 없는 것입니다.

그 이유는 복을 전제로 하고 십일조를 하였기 때문에 감사의 십일

조가 아니고 무엇을 받으려고 드렸으므로 상업적인 행위에 해당하기 때문 입니다.

1. 주신 은혜를 보답하는 뜻에서 드려야 합니다.

시 116 : 12 여호와께서 내게 주신 은혜를 무엇으로 보답할꼬"하였습니다. 이는 지금까지 지내온 것도 주님의 은혜요 먹고 마시고 쓴 것도 주님의 은혜라는 것입니다. 우리가 가지고 있는 것 중에 우리의 것이라고 할 만한 것이 무엇하나가 있는가? 아무것도 없습니다 (고전4 : 7). 그러므로 오늘의 먹을 것과 입을 것이 있은즉 족한 줄로 알고 감사하는 마음으로 주신 것 중에서 온전히 십일조를 하나님께 드리는 것은 성도들로서는 너무나도 당연한 것입니다. 그래서 신약의 십일조는 구약의 율법적인 십일조의 성격이 아니고 복음적인 성격의 십일조가 되어야 합니다.

그 이유는 십의 하나만이 아니고 십의 오조를 드려도 주님의 은혜를 생각하면 너무나도 감사하기 때문 입니다. 그리고 십일조는 구원받기 위해서나 복을 받기 위해서가 아니고 복은 이미 받았고 구원도 받았으니 구원받은 은혜를 보답하는 뜻에서 감사하는 마음에서 십의 오조를 드려도 부족한 줄로 아는 정신에서 드려야 합니다.

예를 들어서 말한다면 부모를 공경하는 것은 유산을 받기 위해서 공경해서는 안되고 그 동안 낳아서 키워주신 은혜를 감사하는 마음에서 그 은혜를 보답하는 뜻에서 공경해야 하는 것과 같은 것입니다. 그렇게 할 때에 하나님께서 더욱 큰 복을 주시는 것입니다.

그러므로 금년에는 철저하게 십일조를 하여 복에 복을 더 받는 역사가 나타나기를 바랍니다.

2. 죄 사함 받은 감사한 마음에서 드려야 합니다.

눅 7 : 36~50 "죄사함 받은 여인이 예수님을 찾아와서 눈물로 발을 씻고 머리털로 발을 닦고 향유를 부어서 예수님을 기쁘시게 해 드렸다"고 하였습니다. 예수님께서 비유로 말씀 하시기를 "한 사람은 빚 오백 데나리온 졌고 한 사람은 오십 데나리온 졌는데 둘 다 탕감해 주었으니 그 중에 어느 누가 더 기뻐하겠느냐 제자들은 많이 사함 받은 자들이라 하였다"하였습니다.

이 말씀의 뜻은 감사의 조건이 많은 사람은 더 많이 감사하고 감사의 조건이 적은 사람은 적게 감사한다는 뜻 입니다. 같은 맥락에서 많은 물질을 받은 사람은 많은 십일조를 드리고 적게 받은 사람은 적게 드리되 단 받은대로 감사하는 마음에서 드려야 한다는 것입니다. 생각해 봅시다.

예수 그리스도께서는 우리의 죄를 위하여 십자가를 지시고 온 몸 전체를 주셨는데 우리들은 그 은혜를 보답하기 위하여 하나님께서 주신 물질 중에 십의 일도 드리지 못한다면 이는 정말 할 말을 잃을 수 밖에 없는 것입니다. 감사는 무엇을 따지고 하는 것이 아니고 받은 일만 생각하고 하는 것입니다.

바울사도는 기록하기를 "그리스도의 평강이 너희 마음을 주장하게 하라 평강을 위하여 너희가 한 몸으로 부르심을 받았나니 또한 너희는 감사하는 자가 되라 그리스도의 말씀이 너희 속에 풍성히 거하여 모든 지혜로 피차 가르치며 권면하고 시와 찬미와 신령한 노래를 부르며 마음에 감사함으로 하나님을 찬양하고 또 무엇을 하든지 말에나 일에나 다 주 예수의 이름으로 하고 그를 힘입어 하나님 아버지께 감사하라"(골 3 : 15~17)하였습니다.

십일조를 드리되 죄사함 받은 감사한 마음에서 즐거움으로 드려서 구원하여 주신 은혜를 보답하는 성도들이 되어야 하겠습니다. 그리하여 금년에는 어느 해보다도 많은 복을 받아야 하겠습니다.

3. 십일조 드리는 목적을 알고 드려야 합니다.

본문 10~12 "만군의 여호와가 이르노라 너희는 온전한 십일조를 창고에 들여 나의 집에 양식이 있게 하고 그 것으로 나를 시험하여 내가 하늘 문을 열고 너희에게 복을 쌓을 곳이 없도록 붓지 아니하나 보라 만군의 여호와가 이르노라 내가 너희를 위하여 황충을 금하여 너희 밭에 포도나무의 과실로 기한 전에 떨어지지 않게 하리니 너희 땅이 아름다와지므로 열방이 너희를 복되다 하리라 만군의 여호와의 말이니라"하였습니다. 온전한 십일조는 믿음으로 드리고 속임수 없는 십일조를 드려야 합니다. 그리고 그 드리는 십일조가 어떻게 사용되는 지도 알고 드려야 할 것입니다.

십일조를 요구하시는 목적은 하나님께서 사용하시지 아니하시고 그의 사업을 위하여 사용하도록 허용하시는 것입니다. 십일조는 하나님의 집에 두라는 것입니다.

그 이유는 그의 사업에 사용하기 위해서 입니다. 히스기야왕도 십일조를 여호와의 전 안에 방을 예비하라 (대하 31 : 11~12)하였습니다. 그리하여 그것을 사용하는 용도는 첫째 성전에서 하나님의 일을 하는 주의 종들이 생활하는데 사용하고 둘째는 고아나 과부나 불쌍한 사람들에게 구제하는데 사용하였습니다(민 18 : 28, 신 14 : 28~29). 이와 같이 십일조는 복을 받겠다는 목적에서 드리는 것 보다는 하나님의 것을 그의 사업에 필요하게 사용되도록 드려져야 할 것입니다.

그러므로 십일조를 복을 받겠다는 목적에서 드리지 말아야 할 것입니다.

결 론

십일조는 하나님께서 모든 것을 주신 것 중에서 감사하는 마음으로 드려야 하겠고 또한 구원받은 은혜를 보답하겠다는 뜻에서 드려야 하며 그리고 하나님의 성전을 위하고 그의 사업을 위하여 사용하기 위해서 드려야 합니다.

그와 같은 정신으로 하나님께 온전한 십일조를 드린다면 복을 전제로 하지 않고 드린 십일조라고 할지라도 하나님께서는 그의 행위를 보시고 만 가지 복을 주시는데 쌓을 곳이 없도록 부어주신다고 하였습니다. 그러므로 금년에는 주신 것 중에서 온전한 십일조를 드리는 신앙의 사람들이 되어야 하겠습니다.

그리하여 하나님의 복을 받아 더욱 영육간에 풍요로운 생활이 되어지기를 바랍니다.

주일을 잘 지키는 해로 정하자

사 58:13~14

13) 만일 안식일에 네 발을 금하여 내 성일에 오락을 행치 아니하고 안식일을 일컬어 즐거운 날이라, 여호와의 성일을 존귀한 날이라 하여 이를 존귀히 여기고 네 길로 행치 아니하며 네 오락을 구치 아니하며 사사로운 말을 하지 아니하면
14) 네가 여호와의 안에서 즐거움을 얻을 것이라 내가 너를 땅의 높은 곳에 올리고 네 조상 야곱의 업으로 기르리라 여호와의 입의 말이니라

서 론

주일은 옛날 구약시대 안식일과 같은 성격을 가지고 있습니다. 그런데 구약의 안식일은 창조를 기념하여 지켰으나 신약의 주일은 예수 그리스도의 부활을 기념하기 위하여 지키는 것입니다. 그러나 안식일이나 주일은 모두 주의 날이라는 점은 같은 것입니다. 일주일에 엿새동안은 우리를 위하여 열심히 일하는 날이지만 안식일이나 주일은 주의 날이기 때문에 그날은 주를 영화롭게 하며 주께서 원하시는 일을 해야 합니다. 그러나 안식일이냐 주일이냐는 문제 삼을 필요가 없는 것입니다.

바울사도는 이에 대하여 기록하기를 "혹은 이 날을 저 날보다 낫게 여기고 혹은 모든 날을 같게 여기나니 각각 자기 마음에 확정할지니라 날을 중히 여기는 자도 주를 위하여 중히 여기고 먹는 자도 주를 위하여 먹으니 이는 하나님께 감사함이요 먹지 않는 자도 주를 위하여 먹지 아니하며 하나님께 감사하느니라"(롬 14 : 5~6)하였습니다.

그러므로 신약의 성도들은 주의 부활하신 날 즉 주의 날을 지켜야 할 것입니다. 그 날은 보통날 보다는 엄격히 구별하여 거룩하게 지키는 성도들이 되어야 할 것입니다. 그러므로 지금까지 형식적으로 주일을 지킨 것을 금년부터는 철저하게 지켜 주님께 영광을 돌려야 할 것입니다.

1. 하나님의 거룩한 날로 지켜야 합니다.

본문 13 "만일 안식일에 네 발을 금하여 내 성일에"하였습니다. 이는 주일은 우리가 살고 있는 세상에 주신날이지만 주일 날은 주의 날이라 이 말은 나의 정욕을 위하여 사용하는 날이 아니고 이 날은 하나님께서 영광을 받으시기 위하여 제정하신 날 입니다. 이점을 알고 이 날을 거룩히 지키는 것이 올바로 주일을 지키는 것입니다. 생각해 봅시다. 6일 동안을 우리를 위하여 주시고 너희를 위하여 힘써 일하라고 하시고 7일째는 주께 드리라는 것을 못할 것이 없는 것입니다.

모세는 기록하기를 "제 칠일은 너의 하나님 여호와의 안식일인즉 너나 네 아들이나 네 딸이나 네 남종이나 네 여종이나 네 육축이나 네 문 안에 유하는 객이라도 아무 일도 하지 말라"(출 20 : 10)하였습니다.

그러므로 하나님께서 인간을 창조하신 목적이 있는데 이에 대하여 이사야 선지자는 기록하기를 "무릇 내 이름으로 일컫는 자 곧 내가 내 영광을 위하여 창조한 자를 오게 하라 그들을 내가 지었고 만들었느니라"(사 43:7) 하였고, "이 백성은 내가 나를 위하여 지었나니 나의 찬송을 부르게 하려 함이니라"(사 43:21) 하였습니다. 그런데 인간들이 타락하여 "여호와께서 사람의 죄악이 세상에 관영함과 그 마음의 생각의 모든 계획이 항상 악할 뿐임을 보시고 땅 위에 사람 지으셨음을 한탄하사 마음에 근심하시고 가라사대 나의 창조한 사람을 내가 지면에서 쓸어 버리되 사람으로부터 육축과 기는 것과 공중의 새까지 그리하리니 이는 내가 그것을 지었음을 한탄함이니라 하시니라"(창 6:5~7) 하였습니다. 그리하여 인간을 다시 구속하셔서 구원시키신 이유가 있다면 인간을 통하여 다시 영광과 찬송을 받으시는데 있는 것입니다(엡 1:6~14).

그러므로 구속받은 성도들은 하나님께 영광을 돌리기 위하여 주일을 거룩히 지켜야 할 것입니다.

2. 사사로운 일을 하지 아니해야 합니다.

본문 13 "만일 안식일에 네 발을 금하여 내 성일에 오락을 행치 아니하고 안식일을 일컬어 즐거운 날이라 여호와의 성일을 존귀한 날이라 하여 이를 존귀히 여기고 네길로 행치 아니하며 네 오락을 구치 아니하며 사사로운 말을 하지 아니하면"하였습니다.

이날은 사사로이 일하지 아니하고 하나님의 성일(聖日)로 여기고 그날을 하나님께 영광을 돌리는 날로 드려야 한다는 것입니다. 그래서 신약에서는 예수그리스도께서 예배에 대하여 말씀을 하셨는

데 "너희는 알지 못하는 것을 예배하고 우리는 아는 것을 예배하노
니 이는 구원이 유대인에게서 남이니라 아버지께 참으로 예배하는
자들은 신령과 진정으로 예배할 때가 오나니 곧 이때라 아버지께서
는 이렇게 예배하는 자들을 찾으시니라 하나님은 영이시니 예배하
는 자가 신령과 진정으로 예배할지니라"(요 4:22~24) 하였습니
다. 그렇습니다. 예배는 형식적으로만 드려서는 안되는 것입니다.

이사야서 저자는 기록하기를 "너희가 내 앞에 보이러 오니 그것을
누가 너희에게 요구하였느뇨 내 마당만 밟을 뿐이니라 헛된 제물을
다시가져 오지 말라 분향은 나의 가증히 여기는 바요 월삭과 안식일
과 대회로 모이는 것도 그러하니 성회와 아울러 악을 행하는 것을
내가 견디지 못하겠노라"(사 1:12~13) 하였습니다.

그렇습니다. 예배는 인간들의 욕구불만을 충족시키는 것이 아니
고 구원받은 성도들이 하나님께 영광과 찬송을 드리는 거룩한 예식
인 것임을 알아야 합니다.

그러므로 금년부터는 주일을 서로가 만나서 안부나 묻고 계돈 이
나 받고 정보나 교환하는 날로 여겨서는 안될 것입니다. 오직 하나님
의 날로 알고 하나님께 영광을 돌려야 할 것입니다. 그래야 하나님
께 사랑과 복을 받을 것입니다.

3. 복을 받는 날로 여겨야 합니다.

본문 14 "네가 여호와의 안에서 즐거움을 얻을 것이라 내가 너를
땅의 높은 곳에 올리고 네 조상 야곱의 업으로 기르리라 여호와의 입
의 말이니라"하였습니다. 모세는 기록하기를 "나 여호와가 안식일을
복되게 하여 그 날을 거룩하게 하였느니라"(출 20:11) 하였습니다.

이 날은 하나님의 날임과 동시에 성도들에게 복을 주시는 날이기도 합니다.

그러므로 이 날을 주님의 영광을 위하여 사용하면 하나님께서는 준비된 복으로 채워주시는 것입니다. 그런데 오늘날 많은 사람들이 잘못 알고 있는 것은 주의 날 한 날만 지키면 복을 받는 줄로 아는데 이것이 문제입니다.

하나님께서 말씀하시기를 주일을 잘지키는 방법을 말씀하셨는데 "안식일을 기억하여 거룩히 지키라 엿새 동안은 힘써 네 모든 일을 행할 것이나 제 칠일은 너의 하나님 여호와의 안식일은즉"(출 20 : 8~10) 하였습니다.

이는 주일 하루만 참석하며 예배를 드린 것으로 알고 있고 그렇게 하는 것이 주일을 거룩히 지킨 것으로 알고 있는데 사실은 엿새 동안에 힘써 일하는 것이 주일을 잘 지키는 준비동작인 것입니다.

엿새 동안 일하는 손을 통해서 복을 주시는 것입니다. (신 28 : 12) 하나님을 섬기는 것은 기본이고 (롬 12 : 11), 평소에 하나님께 산제사로 드려야 합니다. (롬 12 : 1).

즉 매일매시 하나님께 예배하는 자가 되어야 합니다. 그렇게 될 때에 하나님의 복을 받는 것입니다.

결 론

금년에는 주일을 잘 지켜야 하겠습니다. 그렇게 하기 위해서는 동방 박사들이 아기 예수를 찾아와 경배를 드리고 예물을 드리며 말씀을 받아 순종하는 것과 같이 우리도 순종해야 할 것입니다.

그러므로 주일을 주의 날로 정하고 그 날은 하나님께 영광과 찬송

을 드리는 날로 정하고 모든 것을 드려서 주님을 기쁘시게 하는 것
입니다.

그렇게 하기 위해서는 형식은 배제되어야 하고 신령과 진정으로
예배를 드려야 하겠습니다. 그리하여 주의 약속하신 복을 받는 성도
들이 되어야 하겠습니다.

부모를 공경하는 해로 정하자

출 20:12

12) 네 부모를 공경하라 그리하면 너의 하나님 나 여호와
가 네게 준 땅에서 네 생명이 길리라

서 론

바울사도는 기록하기를 "자녀들아 너희 부모를 주 안에서 순종하
라 이것이 옳으니라 네 아버지와 어머니를 공경하라 이것이 약속 있
는 첫 계명이니 이는 네가 잘 되고 땅에서 장수하리라"(엡 6:1~3)
하였습니다.

하나님을 섬기는 것은 천륜이요 부모를 공경하는 것은 인륜인 것
입니다. 그래서 십계명을 두 부분으로 나누어 생각하면 1~4계명까
지는 하나님께 관한 것이고 5~10계명까지는 인간에게 관한 것입니
다. 그래서 하나님께 관한 것 중에 첫 번째는 하나님 외에 다른 신을
섬기지 말라 하였고 인간에게 관한 것 중에서 첫 번째는 부모를 공경
하라는 것이 제일 먼저 입니다. 그래서 기독교의 효도는 우선 하나님
을 섬기고 그 신앙 안에서 부모를 공경하는 것으로 되어져 있습니다.

그러므로 위로 하나님을 섬기고 아래로 부모를 공경하여 온전한 하나님의 사람과 사람됨됨이 복을 받아 마땅하게 하여야 할 것입니다.

1. 부모를 즐겁게 해드려야 합니다.

잠 23 : 25 "네 부모를 즐겁게 하며 너 낳은 어미를 기쁘게 하라" 하였습니다. 부모님을 즐겁게 하는 일은 하나님 말씀 안에서 신앙적으로 순종하는 것입니다. 부모님은 자녀들을 키운다고 얼마나 많은 눈물과 땀을 흘렸는지 알 수 없습니다. 그러므로 자녀들은 부모님들의 마음을 즐겁게 해드려서 그 동안 흘린 눈물을 씻겨드리는 생활을 해야 할 것입니다.

부모님은 매우 귀하신 분들 입니다. 영국의 퀘어커 교도인 윌리엄 펜은 "하나님 다음으로 귀한 분이 당신의 부모이다"하였고, 미국의 신학자인 트라이언 에드워즈는 "당신을 태어나게 했으며, 어린시절엔 자비롭게 돌봐 주고, 젊은 시절엔 훈육하며, 언제나 사랑을 베푸는 당신의 부모를 공경하라. 그들을 사랑하고 순종하며 존경하라. 이렇게 함으로써 그들의 영혼은 성스런 기쁨으로 넘칠 것이며, 당신에게는 하나님의 가장 풍성한 은혜가 내릴 것이다. 그리고 시간이 흘러 당신이 자식을 갖게 되면 당신을 존경할 것이며 당신의 삶을 평화로 채워줄 것이다."하였으며, 영국의 시인인 토마스 랜돌프는 "아버지 마음에 피를 흘리게 하는 자는 누구나 자신에게 그렇게 복수할 자식을 갖게 될 것이다"하였습니다. 그렇습니다. 부모에게 불효하면 내 자식이 나에게 불효하는 것은 당연한 것입니다.

그러므로 장성한 자식들은 부모를 무엇 보다도 마음 편하게 해드리고 즐겁게 해드리면 이것이 부모님에게는 보약을 지어드리는 것보다 낳은 것입니다. 잠언 저자는 기록하기를 "마음의 즐거움은 양약이라도 심령의 근심은 뼈로 마르게 하느니라"(잠 17 : 22) 하였습니다.

그러므로 금년에는 부모님을 즐겁게 해드려 복을 받는 성도들이 되어야 할 것입니다.

2. 허물을 덮어 드려야 하겠습니다.

창 9 : 20~27 "노아가 농업을 시작하여 포도나무를 심었더니 포도주를 마시고 취하여 그 장막 안에서 벌거벗은 지라 가나안의 아비 함이 그 아비의 하체를 보고 밖으로 나가서 두 형제에게 고하매 셈과 야벳이 옷을 취하여 자기들의 어깨에 메고 뒷걸음쳐 들어가서 아비의 하체에 덮었으며 그들이 얼굴을 돌이키고 그 아비의 하체를 보지 아니하였더라 노아가 술이 깨어 그 작은 아들이 자기에게 행한 일을 알고 이에 가로되 가나안은 저주를 받아 그 형제의 종들의 종이 되기를 원하노라 또 가로되 셈의 하나님 여호와를 찬송하리로다 가나안은 셈의 종이 되고 하나님이 야벳을 창대케 하사 셈의 장막에 거하게 하시고 가나안은 그의 종이 되게 하시기를 원하노라 하였더라"하였습니다.

이는 자식이 부모를 사랑하는 마음이 없이 부모의 부끄러움을 덮어주지도 아니하고 그것을 나가서 형제들에게 폭로하였습니다. 이는 복을 받을만한 자식의 태도가 아니고 불효자의 태도입니다. 그리하여 그는 저주를 받아 형제의 종들의 종이 되었다는 것을 우리는 알고 있습니다. 그러나 아버지의 하체를 덮어준 자식들은 복에 복을 받았습니다. 이는 부모를 사랑한다는 것을 증명한 셈입니다. 베드로는 사랑은 모든 허물을 덮어주는 것이라고 하였습니다 (벧전 4 : 8).

그렇다면 덮어주지 못하는 것은 사랑이 없다는 증거인 것입니다. 그렇다고 부모가 국가에 간첩 행위를 하는 것을 알았을 때는 어떻게 하느냐 부모가 살인을 했음을 알고 있을 때에 당국에 신고를 해야 하느냐 말아야 하느냐 하는 것은 신앙을 떠나서 상황윤리에 속하는 것이 되는 것입니다. 그리하여 상황에 따라서 해결할 것입니다. 그럼 함은 무엇이냐는 것입니다.

이는 사상적인 문제도 아니고 형법적인 문제도 아니고 개인적인 도덕적이고 윤리적인 문제입니다. 그리고 이는 국가적인 문제가 아니고 부자간의 문제이고 또 효도 차원에서 다루어질 문제인 것입니다. 그리고 성도들로서는 신앙적인 문제가 대두 됩니다. 네 부모를 공경하라는 말씀에 위배가 되기 때문에 하나님께로부터 저주를 받은 것입니다. 그러므로 오늘의 우리들은 신앙적인 차원에서 다시 생각해 보아야 할 것입니다. 그리하여 주 안에서 네 부모를 공경하라는 말씀에 입각하여 부모를 공경하는 방법으로 부모의 허물을 덮어주는 효자들이 되어 복을 받아야 할 것입니다.

3. 부모 권위를 인정해야 합니다.

신 27 : 16 "부모를 경홀이 여기는 자는 저주를 받을 것이라"하였습니다. 탕자는 아버지의 권위하에 있기가 싫어서 그 권위 밖으로 뛰쳐 나갔습니다.

그 결과는 그가 바라는 것 만큼 거두지 못하고 도리어 그의 일생을 망치고 마는 것입니다. 즉 타락하고 말았다는 것입니다. 그렇습니다. 부모의 권위를 인정하지 아니하고 부모를 떠나면 이는 정상적

인 태도가 아니고 도덕적으로 용납할 수 없고 신앙적으로도 용납할
수 없는 죄악인 것입니다. 즉 하나님 앞에도 죄가 되고 사람 앞에도
죄가 된다는 것입니다. 다시 말해서 천륜(天倫)을 버리고 인륜(人
倫)을 저버린 행위가 된다는 것입니다.

이와 같은 불효자들은 어디를 가도 복을 받을 수 없고 저주만이
따를 뿐입니다. 잠언 저자는 부모에게 불효하고 타락한 인간들은 어
떻게 되느냐에 대하여 기록하기를 "아비를 조롱하며 어미 순종하기
를 싫어하는 자의 눈은 골짜기의 까마귀에게 쪼이고 독수리 새끼에
게 먹히리라"(잠 30 : 17) 하였습니다. 그렇다고 부모의 권위를 인정
하고 무엇이나 맹종하라는 것은 아닙니다. 신앙 좋은 요나단은 아버
지인 사울왕이 국가의 일등공신인 다윗을 죽이려고 할 때에 아버지
의 부당한 처사를 지적하였습니다.

이것이 불효이냐는 것입니다. 그렇지 않습니다. 아버지가 하나님
과 사람에게 죄를 지어 영육간에 망하는 일을 자초하고 있을 때에
그 아버지의 영혼과 육신의 생명을 보존하는 차원에서 부모에게 잘
못을 중지해 달라고 애원하는 행위가 결코 불효가 될 수 없다는 것
입니다(삼상 20 : 31~34). 그러나 부모가 섭섭하게 생각하는 모든
것이 불효냐는 질문에는 그렇지 않다고 대답할 수 밖에 없습니다.
그리고 부모의 물건 즉 부모의 소유권을 인정하지 아니하고 훔치는
자는 멸망을 받는다고 하였습니다(잠 28 : 24).

여하간 부모의 권위를 인정하고 부모의 소유권을 인정하여 부모
님의 처분에 따르고 부모의 축복을 바라는 자식은 복을 받지만 부모
를 무시하고 그의 소유권을 인정하지 아니하고 침해할 때에 저주를
면치 못할 것입니다.

결 론

금년에는 하나님 다음으로 귀하신 부모를 공경하는 해로 정하고 그 동안 불효를 회개하여 용서를 받고 이제부터 인간의 도리를 다하는 뜻에서 부모를 공경하는 방법으로 부모를 즐겁게 해드리고 부모의 허물을 덮어주되 밖으로 폭로하는 방법을 취하지 말고 울면서 부모의 잘못을 시정하도록 애원하며 부모의 권위와 소유권을 인정하고 부모에게 축복을 받는 효자들이 되어 하나님의 복을 받는 자녀들이 되어야 하겠습니다.

주의 종을 돕는 해로 정해야 합니다

히 13:17

17) 너희를 인도하는 자들에게 순종하고 복종하라 저희는 너희 영혼을 위하여 경성(警醒)하기를 자기가 회계할 자인 것같이 하느니라 저희로 하여금 즐거움으로 이것을 하게 하고 근심으로 하게 말라 그렇지 않으면 너희에게 유익이 없느니라

서 론

요즈음 많은 성도들은 주의 종들은 섬기는 직이기 때문에 그들을 대접이나 도울 필요없다고 생각하고 있습니다. 그렇습니다. 주의 종들을 섬겨야 복을 받는다는 말은 성경 적이 아니고 인간적인 말입니다.

그러나 그렇다고 정말 주의 종들을 함부로 대해도 되는지 생각해 볼 필요가 있습니다. 주의 종들은 베드로 처럼 나도 사람이라고 말을 해야하고 (행 10 : 26). 성도들은 수넴여인 처럼 하나님의 사람이라고 하는 것도 있어야 하겠습니다 (왕하 4 : 8~9). 그리하여 주의 종들은 겸손히 성도들을 섬기는 자세를 취하고 성도들은 주의 종들을 하나님의 사람으로 인정하여 그를 도와서 하나님의 나라 확장 사업에 최선

을 다해야 할 것입니다. 주의 종들은 성도들이 좋아서 받은 것이 아니고 하나님께서 보내 주셨기 때문에 받을 수 밖에 없는 것입니다.

그런데 본문에서는 주의 종들에게 순종하고 복종하라 하였습니다. 그리고 즐거움으로 일을 하여 성도들 자신들에게 유익이 있게 하라고 하였습니다. 그래서 주의 일을 하는 주의 종들을 먼데서라도 협조하고 도와서 하나님의 나라 확장하는데 큰 도움이 되어야 하겠습니다.

1. 하나님께서 보낸 줄로 알고 도와야 합니다.

렘 3 : 15 "내가 또 내 마음에 합하는 목자를 너희에게 주리니 그들이 지식과 명철로 너희를 양육하리라"하였습니다. 이는 하나님께서 그의 마음에 합한 자를 보내셨다고 하였습니다.

하나님께서 왜 그의 종들을 보내 실까요 하나님의 나라 확장을 위해서 입니다. 그러므로 성도들은 그를 도와서 복음 전하는 일에 최선을 다해야 할 것입니다. 어느 단체나 지도자가 필요한 것입니다. 그래서 옛날 이스라엘 백성들의 지도자로 모세를 보내 주셨습니다. 그리하여 그는 이스라엘 많은 백성들을 가나안으로 향하여 인도하다가 끝내 들어가지는 못하고 후계자 여호수아가 맡아서 들어 가도록 하였습니다.

어느 단체나 지도자가 필요한 것입니다. 그런데 종교단체의 지도자는 무엇보다도 하나님의 마음에 들어야 한다는 것입니다. 그리고 그의 마음에 든 사람을 보내어 주신다고 하였습니다. 물론 국가의 최고의 지도자도 하나님께서 세우시지 아니하시면 국가의 대통령이 될 수 없는 것입니다.

그래서 바울사도는 기록하기를 "각 사람은 위에 있는 권세들에게 굴복하라 권세는 하나님께로 나지 않음이 없나니 모든 권세는 다 하나님의 정하신 바라 그러므로 권세를 거스리는 자는 하나님의 명을 거스림이니 거스리는 자들은 심판을 자취하리라 관원들은 선한 일에 대하여 두려움이 되지 않고 악한 일에 대하여 되나니 네가 권세를 두려워 하지 아니하려느냐 선을 행하라 그리하면 그에게 칭찬을 받으리라 그는 하나님의 사자가 되어 네게 선을 이루는 자니라 그러나 네가 악을 행하거든 두려워하라 그가 공연히 칼을 가지지 아니하였으니 곧 하나님의 사자가 되어 악을 행하는 자에게 진노하심을 위하여 보응하는 자니라 그러므로 굴복하지 아니할 수 없으니 노를 인하여만 할 것이 아니요 또한 양심을 인하여 할 것이라 너희가 공세를 바치는 것도 이를 인함이라 저의 하나님의 일군이 되어 바로 이 일에 항상 힘쓰느니라 모든 자에게 줄 것을 주되 공세를 받을 자에게 공세를 바치고 국세 받을 자에게 국세를 바치고 두려워할 자를 두려워하며 존경할 자를 존경하라"(롬 13 : 1~7) 하였습니다.

그러므로 성도들을 위하여 보내신 주의 종들을 도와서 하나님의 뜻을 이루어 드리는 성도들이 되어야 할 것입니다. 그래야 주께서 기뻐하시고 은혜와 평강과 복을 주실 것입니다.

2. 종을 통하여 역사 하심을 알고 도웁시다.

암 3 : 7 "주 여호와께서는 자기의 비밀을 그 종 선지자들에게 보이지 아니하시고는 결코 행하심이 없으시리라"하였습니다. 이는 하나님께서는 반드시 주의 종들을 통하여 성도들에게 역사 하신다는 것을 말합니다. 노아 홍수가 나기 전에 지도자를 세워서 홍수를 경고케 하시고 소돔성이 망하기 전에 지도자를 세워서 소돔성이 망할 것을 경고케 하심이라 그 말입니다. 그리고 하나님께서는 필요하다고 인정이 될 때마다 선지자들이나 사도들 그리고 사사들까지 보내셔서 크게 역사 하심을 알고 있습니다. 지금도 주의 종들을 선택하시고 예수 그리스도께서 그의 말씀을 대신 전하게 하시고 성례를 행케 하시며 축복을 대신하게 하십니다. 그리고 시대에 따라서 필요한 지도자들을 세워서 말틴 루터를 세워서 종교개혁을 하게 하시고 죤 칼빈을 통해서 올바른 교리를 세우게 하시고 바울사도를 세워서 이방인들에게 복음을 전하게 하셨습니다.

그리고 필요에 따라서 순교자들을 세우시고 선교사를 세우시며 목사나 장로 교사를 세워서 하나님의 일을 맡기시는 것입니다. 그러므로 주의 종들을 진정으로 도와서 하나님의 뜻을 이루어 드려야 할 것입니다. 그렇지 못하고 하나님의 일을 그릇치면 그 책임 없다고 할 수 없는 것입니다.

물론 오늘날 주의 종이라는 명칭을 붙이고 우후죽순(雨後竹筍)처럼 나타난 많은 주의 종들 중에는 도저히 주의 종이라고 할 수 없는 사람들도 없지 않으니 이때는 어떻게 하느냐 그 말입니다. 그러나 성도들이 할 수 있는 일은 사람을 보지 말고 하나님께서 원하시는 일을 하자는 것입니다.

그러므로 하나님께서는 주의 종들을 통하여 일하심을 알고 어떻게 되었든지 하나님의 일을 원만하게 하도록 최선을 다해야 할 것입니다.

3. 즐거움으로 일하도록 도와야 합니다.

본문 17 "너희를 인도하는 자들에게 순종하고 복종하라 저희는 너희 영혼을 위하여 경성하기를 자기가 회계할 자인것 같이 하느니라 저희로 하여금 즐거움으로 이것을 하게 하고 근심으로 하게 말라 그렇지 않으면 너희에게 유익이 없느니라"하였습니다. 그렇습니다. 무엇 때문에 근심으로 일하도록 만들 필요가 있습니까? 기왕이면 주의 일을 즐거움으로 할 수 있도록 분위기 조성을 해야 할 것입니다.

그렇게 해야만 유익이 있다고 하였습니다. 바울사도는 "가르침을 받는 자는 말씀을 가르치는 자와 모든 좋은 것을 함께 하라"(갈 6 : 6) 하였습니다 기 이유는 가르치는 것이 고맙기 때문 입니다.

그 이유는 에디오피아 사람 곧 에디오피아 여왕 간다게의 국고를 맡은 권세 있는 내시가 성경을 읽었으나 빌립이 물어 보면서 읽는 것을 깨닫겠느냐고 물으니 대답하기를 지도하는 사람이 없으니 어찌 깨달을 수 있느냐고 할 때에 빌립이 풀어 해석해주니 세례를 받겠다고 청하여 세례를 준 일이 있습니다(행 8 : 26~39).

그와 같은 면에서 생각해 보면 지도자의 필요성은 인정할 수 있습니다. 그러므로 목회자는 열심히 성경을 연구하여 성도들에게 가르치고 성도들은 배워서 성경을 올바로 이해하여 주님을 섬기는 일에 도움이 되어야 하겠습니다. 그러므로 주의 종들을 괴롭히는 것보다는 도와서 즐겁게 하는 것이 좋고 정신적으로나 육체적으로나 괴롭히지 말고 모든 면에서 도와서 주의 일을 보다 더 잘할 수 있도록 해야 할 것입니다.

그러므로 금년에는 주의 종을 도와서 하나님의 사업을 많이 하는 업적을 남겨야 할 것입니다. 수넴 여인은 엘리사를 하나님의 사람으로 대접을 하였고 갈라디아 교인들은 천사와 같이 예수 그리스도와 같이 여겨 버리지도 아니하고 업신여기지 않고 할 수만 있었더면 눈이라도 빼어 주었으리라 하였습니다 (갈 4 : 13~15).

이는 그들이 우리들 보다도 못해서 그와 같이 주의 종들을 도운 것이 아니고 신앙적으로 그것이 옳다고 인정이 되었기 때문에 그렇게 한 것입니다. 이점을 우리가 알고 할 수만 있으면 주의 종을 도와서 주님의 사업을 해야하겠습니다.

결 론

금년에는 주의 종들과 더불어 주의 종은 하나님께서 보내주신 줄로 알고 주의 종을 통하여 역사 하심을 또한 믿고 주의 종들과 협력하여 영육간에 유익이 되어야 하겠으며 좋은 것으로 대접하고 주의 일을 많이 하여 하나님의 뜻을 함께 이루어 드리는 성도들이 되어야 할 것입니다.

그리하여 하나님의 마음에 합한 성도들이 되어 복을 받는 놀라운 역사가 있어야 하겠습니다.

교회를 위하여 헌신하는 해로 정하자

골 1 : 24

> 24) 내가 이제 너희를 위하여 받는 괴로움을 기뻐하고 그리스도의 남은 고난을 그의 몸된 교회를 위하여 내 육체에 채우노라

서 론

교회는 건물이 아니고 예수 그리스도로 통하여 구원 받은 성도들이 교회임을 알아야 합니다. 그러나 그들이 모이는 공동체를 교회라고 하고 모이는 장소를 예배당이라고도 합니다. 그러므로 교회는 건물 자체가 아니고 구속받은 성도들이 모여서 주를 위하여 헌신하고 봉사하며 주께 예배드림을 말하는 것입니다. 크게는 성도들의 마음 속이 성령께서 계시는 전이고 (고전 6 : 19~20).

작게는 그들이 모여서 예배드리는 공동체가 교회입니다. 그리하여 건물은 예배당이라고 합니다. 그러므로 예배당을 위하여 헌신이 아니고 우리를 구속하신 교회 머리가 되시는 주를 위하여 헌신하고 봉사해야 합니다.

　바울사도는 교회를 위하여 자신은 많은 고난과 괴로움과 배고픔
과 자지 못함과 멸시함을 받았으나 그 외에 일은 고사하고 자신에게
눌리는 것이 있으니 교회를 염려하는 것이라 (고후 11 : 23~28) 하
였습니다. 그래서 금년에는 우리 모든 성도들이 하나님의 몸된 교회
를 위하여 헌신과 봉사하는 해로 정해야 하겠습니다.

1. 주의 전으로 섬겨야 합니다.

　합 2 : 20 "오직 여호와는 그 성전에 계시니 온 천하는 그 앞에서
잠잠할지니라"하였습니다. 교회는 삼위일체께서 계시는 집이라는
것입니다. 그리하여 교회 내에서는 언행을 삼가 조심해야 합니다.

　하나님께서는 무소부재 (無所不在) 하시기 때문에 아니계신 곳이
없습니다. 그러나 특별히 성도들이 있는 곳에는 어디나 계시고 그들
을 도와 주시기도 하고 그들이 드리는 예배를 받으시기도 하십니다.
그래서 예배당을 예수 그리스도께서는 말씀하시기를 내 집은 만이
기도하는 집이라고 말씀을 하십니다. 그래서 예배당을 중심으로 해
서 모이면 무엇을 하는가?

　바울사도는 기록하기를 "그런즉 형제들아 어찌할꼬 너희가 모일
때에 각각 찬송시도 있으며 가르치는 말씀도 있으며 계시도 있으며
방언도 있으며 통역함도 있나니 모든 것을 덕을 세우기 위하여 하
라"(고전 14 : 26) 하였습니다. 하나님의 전으로 섬긴다는 말은 신전
의식 생활을 해야 한다는 것입니다.

　하나님께서 면전에 계신다고 생각하면 누구든지 언행을 함부로
할 수 없는 것은 사실 입니다. 바울사도는 기록하기를 "교회는 그의
몸이니 만물 안에서 만물을 충만케 하시는 자의 충만이니라"(엡 1 :

23) 하였습니다. 그러므로 주의 몸된 교회에서 싸움질이나 시기 질
투 및 더러운 생활을 할 수 없는 것입니다.

그래서 이사야서 저자는 기록하기를 "여호와께서 말씀하시되 너
희의 무수한 제물이 내게 무엇이 유익하뇨 나는 수양의 번제와 살진
짐승의 기름에 배불렀고 나는 수송아지나 어린 양이나 수염소의 피
를 기뻐하지 아니하노라 너희가 내 앞에 보이러 오니 그것을 누가
너희에게 요구하였느뇨 내 마당만 밟을 뿐이니라 헛된 제물을 다시
가져오지 말라 분향은 나의 가증히 여기는 바요 월삭과 안식일과 대
회로 모이는 것도 그러하니 성회와 아울러 악을 행하는 것을 내가
견디지 못하겠노라"(사 1 : 11~13) 하였습니다. 그렇습니다. 하나님
앞에서 악을 행하는 일을 금하는 것이 여호와의 전으로 섬기는 기본
태도입니다.

2. 성도를 사랑하는 것입니다.

요 1서 4 : 20~21 "누구든지 하나님을 사랑하노라 하고 그 형
제를 미워하면 이는 거짓말 하는 자니 보는바 그 형제를 사랑치 아
니하는 자가 보지 못하는바 하나님을 사랑할 수가 없느니라 우리가
이 계명을 주께 받았나니 하나님을 사랑하는 자는 또한 그 형제를
사랑할지니라"하였습니다. 그렇습니다. 교회를 위하여 헌신하고 봉
사하는 것이 무엇입니까? 위로 하나님을 사랑하고 아래로 사람을 사
랑하는 것입니다. 예수님 당시에 한 율법사가 예수님에게 질문을 했
습니다. "그 중에 한 율법사가 예수를 시험하여 묻되 선생님이여 율
법 중에 어느 계명이 크니이까 예수께서 가라사대 네 마음을 다하고
목숨을 다하고 뜻을 다하여 주 너의 하나님을 사랑하라 하셨으니 이

것이 크고 첫째 되는 계명이요 둘째는 그와 같으니 네 이웃을 네 몸과 같이 사랑하라 하셨으니 이 두 계명이 온율법과 선지자의 강령이니라"(마 22 : 35~40) 하였습니다.

그러므로 하나님의 교회에서 서로 봉사하고 헌신하는 것은 서로 사랑하고 하나님을 영화롭게 해드리는 것입니다.

하나님을 사랑하는 자는 어떻게 해야 합니까? 예수 그리스도께서 말씀하시기를 "너희가 나를 사랑하면 나의 계명을 지키라"(요 14 : 15) 하였습니다. 그 계명이 무엇입니까 그 계명은 형제를 사랑하는 것입니다(요 1 서4 : 21).

물론 십계명도 계명이지요 그러나 십계명도 사랑의 계명속에 다 포함이 되어 있습니다.

바울사도는 이에 대하여 기록하기를 "피차 사랑의 빚 외에는 아무에게든지 아무 빚도 지지 말라 남을 사랑하는 자는 율법을 다 이루었느니라 간음하지 말라 살인하지 말라 도적질하지 말라 탐내지 말라 한 것과 그 외에 다른 계명이 있을지라도 네 이웃을 네 자신과 같이 사랑하라 하신 그 말씀 가운데 다 들었느니라 사랑은 이웃에게 악을 행치 아니하나니 그러므로 사랑은 율법의 완성이니라"(롬 13 : 8~10) 하였습니다. 그렇습니다. 교회를 위하여 헌신과 봉사중에 가장 기본은 서로 사랑하는 것입니다. 그래야만 교회가 부흥되기 때문입니다. 금년에는 진정으로 성도들을 사랑하여 교회 발전에 밑거름이 되어야 할 것입니다.

3. 교회 발전을 생각하는 것입니다.

눅 14 : 23 "사람을 강권하여 데려다가 내 집을 채우라"하였습니다. 하나님께서는 교회가 성장하시기를 바라시는 것입니다. 그리하여 강권하여서라도 사람들을 데려다가라도 하나님의 집을 채우라는 것입니다. 그렇다면 성도들이 어떻게 해야 교회를 발전시킬 수 있을까? 하는 것을 생각지 않을 수 없는 것입니다. 그런데 오늘날은 교회 성장이라는 명목하에 대형 버스를 구입하여 교인 수송작전에 총력을 기울이고 있고 심하면 교인 쟁탈전까지 벌이는 실정에 놓여 있습니다.

어떤 이는 말하기를 자신이 전도하여 예수 믿게 하여 이제 교회에서 일이라도 하는가 보다 기대에 부풀어 있었는데 어느날 그 교인이 큰 교회의 버스를 타는 것을 보았을 때 그 심정은 양을 이리에게 물려가는 것을 보는 심정이었다는 것입니다. 글쎄요. 이와 같이 하여 교회 성장은 바람직하지 못한 것입니다. 성도는 어디서 믿든지 그는 하나님의 자녀입니다. 그리고 하나님 앞에서는 성장으로 보지 못하는 것입니다.

타락한 사람을 다시 믿게 했다든지 아니면 전혀 예수를 믿지 않던 사람을 믿게 하였다든지 하는 것은 별문제가 없지만 개척교회 성도를 대형교회 버스에 태워가는 것은 엄격히 말하면 양을 도적질하는 강도와 같고 강자의 횡포입니다.

그러므로 정상적인 방법으로 하나님의 교회 부흥을 위해서 헌신하고 봉사해야 하겠습니다.

그럼 정상적인 방법은 무엇일까요 세가지만 생각해 보겠습니다. 첫째는 교회 평안을 도모하는 일입니다. 사도행전 저자는 기록하기를 "그리하여 온 유대와 갈릴리와 사마리아 교회가 평안하여 든든히 서 가고 주를 경외

함과 성령의 위로로 진행하여 수가 더 많아 지니라"(행 9 : 31) 하였

습니다.

이는 수가 많아서 부흥이 아니고 평안하여 수가 많게 되었다는 점을 잊어서는 안될 것입니다. 그리고 둘째는 사회에 칭찬을 받는 일입니다.

사도행전 저자는 기록하기를 "하나님을 찬미하며 또 온 백성에게 칭송을 받으니 주께서 구원 받는 사람을 날마다 더하게 하시니라" (행 2 : 47) 하였습니다. 그렇습니다. 하나님의 교회는 성도들의 아름다운 생활로 인하여 하나님께 영광을 돌려 보내야 합니다(마 5 : 16). 마지막 셋째는 기도하는 일입니다.

에스겔서 저자는 기록하기를 "나 주 여호와가 말하노라 그래도 이스라엘 족속이 이와 같이 자기들에게 이루어 주기를 내게 구하여야 할지라 내가 그들의 인수로 양떼 같이 많아지게 하되 제사드릴 양떼 곧 예루살렘 정한 절기의 양떼 같이 황폐한 성읍에 사람의 떼로 채우리라 그리한즉 그들이 나를 여호와인줄 알리라 하셨느니라"(겔 36 : 37~38) 하였습니다.

그러므로 교회를 위하여 헌신하고 봉사하는 것이 교회 평안을 도모하고 사회적으로 칭찬을 받는데 헌신하고 기도하는데 최선을 다해야 할 것입니다.

결 론

금년에는 교회를 위하여 헌신하는 해로 정하고 하나님의 교회가 진정 건물만은 아니고 구속받은 성도들이라는 점을 알고 그들이 모이는 공동체가 교회라는 점도 잊어서는 안될 것입니다.

다만 구속받은 성도들이 모여서 예배를 드리는 곳이 예배당인데 건물을 위해서 봉사하라는 말이 아니고 그곳에 모이는 성도들을 위하여 봉사하라는 것이며 그들이 예배를 드릴 수 있는 예배당 보존을 위하고 분위기를 위해서 봉사도 해야 한다는 것입니다.

그리하여 예배당은 예수 그리스도께서 계시는 전인줄 알고 그 앞에서 조용해야 합니다. 그리고 하나님의 자녀인 성도들을 사랑하는 것이며 교회 발전을 위하여 헌신하고 봉사하는 것입니다. 그리하여 예루살렘을 사랑하는 자들은 형통하리라 하신 말씀대로 복을 받는 역사가 있어야 하겠습니다.

손님을 대접하는 해로 정하자

히 13 : 1~2

1) 형제 사랑하기를 계속하고
2) 손님 대접(待接)하기를 잊지 말라
이로써 부지중(不知中)에 천사들을 대접한 이들이 있었느
니라

서 론

형제 사랑하기를 계속하고 손님 대접하기를 잊지 말라 이로써 부
지중에 천사들을 대접한 이들이 있었느니라 하신 말씀은 아브라함과
롯을 가리켜서 하는 말입니다. 사람의 집에 손님이 찾아오는 것은 매
우 중요한 일인 것입니다. 그리고 손님을 대접하는 것은 매우 즐겁고
기쁜 일인 것입니다. 그리고 복을 받는 일이라고 합니다.

주님께서 말씀하시기를 "냉수 한 그릇이라도 대접하는 자에게 그
상을 잊지 않겠다"(마 10 : 40~42) 하였습니다.

바울사도는 말하기를 "손 대접하기를 힘쓰라"(롬 12 : 13) 하였습
니다. 사람이 사는 집에는 사람이 찾아오기 마련 입니다. 그래서 이
런 말이 있습니다. "오는 손님 기쁨으로 맞이하고 가는 손님 인상깊

게 하자"는 것입니다. 그렇습니다. 손님이 찾아오면 즐겁게 맞이하는 태도와 가는 손님을 다시 오고 싶도록 만들어야 하겠습니다.

1. 유쾌하게 대접해야 하겠습니다.

창 18 : 5 "당신들의 마음을 쾌활케 하신 후에 지나가소서"하였습니다. 아브라함은 자기집에 온 손님을 최대한으로 즐겁게 해주려고 노력을 하였습니다. 이는 하나님을 사랑하는 심정으로 손님을 대접하였다고 볼 수 있습니다.

사도요한은 기록하기를 "누구든지 하나님을 사랑하노라 하고 그 형제를 미워하면 이는 거짓말 하는 자니 보는바 그 형제를 사랑치 아니하는 자가 보지 못하는바 하나님을 사랑할 수가 없느니라 우리가 이 계명을 주께 받았나니 하나님을 사랑하는 자는 또한 그 형제를 사랑할지니라"(요 1서 4 : 20~21) 하였습니다. 누구든지 하나님을 사랑치 아니하는 사람은 사람을 사랑할 수 없는 것입니다. 그래서 무엇보다도 하나님을 사랑하는 신앙인이 되어야 합니다.

그 다음에 사람을 사랑해야 합니다. 그렇지 아니하면 신본주의 사랑이 아니고 인본주의 사랑이 되기 때문 입니다. 그래서 예수 그리스도께서 말씀하시기를 "네 마음을 다하고 목숨을 다하고 뜻을 다하여 주 너의 하나님을 사랑하라 하셨으니 이것이 크고 첫째 되는 계명이요 둘째는 그와 같으니 네 이웃을 네 몸과 같이 사랑하라 하셨으니"(마 22 : 37~40) 하였습니다.

이는 하나님을 먼저 사랑하고 그 다음에 사람을 사랑하라는 것입니다. 사람이 사는 사회가 삭막하게 살기보다는 훈훈하고 따뜻하게 살아야 합니다. 명심보감 성심편에 보면 "손님 맞아 드릴 줄 모르면 자기도 손님으로 갔을 때 환대해 줄 사람이 적다 하는 조건부의 친절이요 대접인 것이다"하였습니다.

그러나 아브라함은 아무 조건 없이 손님을 맞이하여 유쾌하게 대접하였습니다.

이와 같은 생활이 살맛 나는 세상을 만드는 것입니다.

2. 정성껏 대접해야 하겠습니다.

창 18 : 6~7 "아브라함이 또 짐승 떼에 달려가서 기름지고 좋은 송아지를 취하여 하인에게 주니 그가 급히 요리한지라 아브라함이 버터와 우유와 하인이 요리한 송아지를 가져다가 그들의 앞에 진설하고 나무 아래 모셔 서매 그들이 먹으니라"하였습니다. 아브라함은 손님을 위하여 송아지를 잡았습니다.

이는 손님을 대접하는 정성이 보통이 아니라는 것입니다. 손님을 사랑하는 마음이 없으면 손님을 엉성하게 대접하는 것입니다. 잠언 저자는 기록하기를 "여간 채소를 먹으며 서로 사랑하는 것이 살진 소를 먹으며 서로 미워하는 것보다 나으니라"(잠 15 : 17) 하였습니다. 사람은 정성을 다하여 음식을 만들어야 영양도 있고 맛도 있는 것입니다. 정성을 다하여 대접한다는 것은 친절하게 대접한다는 것입니다.

손님을 반갑게 대접하지 아니하면 해충처럼 여겨지는 것입니다. 그래서 프랑스의 의사인 라블레씨는 말하기를 "첫날은 손님이지만 둘째 날은 짐이요 셋째 날은 해충이라"고 하였다. 한번은 방랑자 김삿갓이 친구집에 갔는데 때가 되어도 밥상이 들어오지 아니하여 이상하다 생각하고 있는데 그 집 하인이 말하기를 "인양복일(人良卜

一) 하오리까"하였는데 이는 식상 (食上) 을 올리리까? 하는 말이다.

이 말을 들은 그 집 주인이 하는 말이 "월월산산 (月月山山) 커든" 하고 말하였다. 이 말은 친구가 가거든 (月月出) 밥상을 가지고 오라 그 말입니다. 김삿갓이 들은즉 화가 잔뜩 나서 나오면서 하는 말이 "대점자 (大·者)"로다 하고 나왔습니다. 이는 개놈 (犬者) 이라는 말입니다. 손님을 이렇게 대접하면 문제가 있는 것입니다.

그러므로 손님을 해충처럼 여기지 말고 귀하게 여겨 정성껏 대접함으로 복을 받아야 하겠습니다.

3. 전송도 즐겁게 해야 하겠습니다.

창 18 : 16 "그 사람들이 거기서 일어나서 소돔으로 향하고 아브라함은 그들을 전송하러 함께 나아가니라"하였습니다. 손님을 맞이하는 것은 처음이요 전송하는 것은 마지막을 말하는 것입니다. 사람은 유종의 미를 거두는 것이 좋은 것입니다.

바울사도가 예배소서 교회를 떠날 때 예배소서 교회 성도들은 바울의 목을 안고 입을 맞추고 울면서 배에까지 전송했다 (행 20 : 37~38) 하였습니다. 이것이 사람의 도리인 것입니다. 그래서 사도요한은 말하기를 "사랑으로 합당하게 전송하는 것이 가상하다" (요 3서 1 : 6) 하였습니다.

그러므로 우리들도 가정에 찾아온 손님을 유쾌하게 대접하고 정성껏 대접하며 끝까지 전송하는 예의까지 지켜서 아브라함이나 롯처럼 복을 받는 성도들이 되어야 하겠습니다. 수넴 여인은 하나님의 사람 엘리사를 강권하여 모셔드려 정성껏 대접하고 아들을 낳는 복을 받았고 (왕하 4 : 8~37), 사르밧 과부는 찾아온 엘리야를 대접하

고 흉년이 다할 때까지 굶주림을 면하는 복을 받았습니다 (왕상 17 :
8∼16).

그러므로 손님을 대접하는 것은 사랑을 실천하는 행위요 그 행위
로 말미암아 복을 받을 수 있음도 명심하여 금년에는 무엇 보다도
사람을 대접하는 해로 정해서 예수 그리스도의 향기를 날리고 가정
도 복을 받는 역사가 있기를 바랍니다. 특히 상대적으로 대접하면
대접을 할 수 있는 사람을 대접하는 것보다는 대접을 할 수 없는 불
쌍한 사람들을 예수 그리스도의 사랑으로 대접하여 그것이 바로 복
으로 이어지는 놀라운 역사가 있기를 바랍니다.

다시 말해서 가난한 사람을 대접하여 천사를 대접하는 것과 같은
효과를 거두는 해로 정해야 하겠습니다.

결 론

손님을 잘 대접하여 복을 받되 유쾌하게 대접하고 정성껏 대접하
며 전송하는 예의도 갖추어서 대접하자고 하여야 하겠습니다.

그 이유는 그렇게 하면 모두가 형통하고 복되기 때문 입니다.

희망을 가져라

사 32:1~4

1) 보라 장차 한 왕이 의로 통치할 것이요 방백들이 공평
으로 정사할 것이며
2) 또 그 사람은 광풍을 피하는 곳, 폭우를 가리우는 곳
같을 것이며 마른 땅에 냇물 같을 것이며 곤비(困憊)한
땅에 큰 바위 그늘 같으리니
3) 보는 자의 눈이 감기지 아니할 것이요 듣는 자의 귀가
기울어질 것이며
4) 조급한 자의 마음이 지식을 깨닫고 어눌한 자의 혀가
민첩하여 말을 분명히 할 것이라

서 론

사람은 희망을 가질 때 발전이 있지 절망을 가지면 자살할 가능성
이 높은 것입니다.

오늘의 성도들이 내세의 희망이 없고 부활의 소망이 없다면 현재
믿고 있는 믿음도 헛되고 세상에 그 어느 사람들 보다 불쌍한 사람들
이 될 것입니다. 그런데 본문 말씀은 이스라엘 백성들이 앗수르의 침
략에서 구원을 받으리라는 복된 전망을 보여주시는 것인데 가깝게는
정치적인 왕을 보내주셔서 태평성대를 누리고 멀리는 메시야를 보내

주셔서 영원한 평화 속에서 살게 될 것을 보여주시는 것입니다. 그
래서 그 면에는 희망을 가지고 살자는 것입니다. 즉 어제보다 오늘
이 더 좋아질 것이라는 희망을 가지고 살고 이 달보다는 내 달이 더
좋아질 것이라는 희망을 가지고 살며 금년보다는 내년이 더 좋아지
리라는 희망을 가지고 살자는 것입니다. 그렇게 될 때에 믿음대로
될 줄로 압니다.

1. 의로운 시대가 온다는 희망을 가져야 합니다.

본문 1 "보라 장차 한 왕이 의로 통치할 것이요 방백들이 공평으
로 정사할 것이며"하였습니다.

이는 현재는 세상의 왕들이 백성을 다스리는데 포악하게 다스리
어 살기가 매우 어려운 실정을 말하는 것입니다. 그런데 가깝게는
하나님께서 히스기야왕과 같은 왕을 보내주시겠다는 것이며 멀리는
예수 그리스도를 보내 주신다는 것입니다. 이는 가깝게는 정치적인
왕을 말하고 멀게는 메시야를 말하는 것입니다. 그리하여 선량한 왕
으로 다소나마 위로를 받게 하시고 또 재림 주를 보내셔서 영원한
평화를 누리게 하신다는 것입니다.

그러므로 인생들의 가장 큰 희망은 구약시대는 초림하실 메시야
이고 신약시대 사람은 재림하실 메시야를 기다리는 것입니다.

그 이유는 재림하실 메시야만 뵙게 되면 그 때부터 영원한 평화가
시작되기 때문 입니다. 지금은 성도들이 고통스럽지만 주님만 재림
하시면 그 고통은 안개 살아지듯이 없어지고 영원한 즐거움만 찾아
오는 것입니다. 그러므로 금년도 살기가 고통스럽지만 그래도 낙심
하지 말고 좋은 일이 있을 것을 기대하고 살아가야 하겠습니다. 그

리하여 믿음대로 되시기를 바랍니다.

2. 평화로운 시대가 온다는 희망을 가져야 합니다.

본문 2 "또 그 사람은 광풍을 피하는 곳 폭우를 가리우는 곳 같을 것이며 마른 땅에 큰 바위 그늘 같으리니"하였습니다. 사람이 바다로 배를 타고 나가다가 큰 광풍을 만났다고 생각해 봅시다. 그 처지가 어떠하겠는가 말입니다.

그런데 구원자가 나타나서 바다를 잔잔하게 하고 광풍을 막아준다는 것입니다. 예수 그리스도 당시에 제자들이 배를 타고 항해하는데 큰 풍랑을 만났습니다. 그 때에 주무시는 예수 그리스도를 깨워서 구원을 요청하여 주께서 바다를 꾸짖으시니 바다가 잠잠하여 이들의 두려움이 물러 갔습니다.

세상에는 비록 바다에 가서 배를 타지 아니하여도 풍랑과 같은 어려움은 너무나도 많이 있습니다. 그런데 주님께서 오셔서 성도들의 집에 계시면 아무런 걱정이 없습니다. 그리고 세상의 종말이나 개인적으로 죽음이 찾아올 때는 주께서 지배하시는 세계에서 살기 때문에 더욱 평안하게 사는 것입니다.

그러므로 세상 사는 동안에 주님을 모시고 평안하게 살고 주님께서 재림하시면 영원한 평안이 있음을 기억하고 그날을 바라보고 살아가는 성도들이 되어야 하겠습니다. 반드시 그날은 오고야 맙니다.

3. 신령한 시대가 온다는 희망을 가져야 합니다.

본문 3~4 "보는 자들은 눈이 감기지 아니할 것이요 듣는 자의 귀가 기울어질 것이며 조급한 자의 마음이 지식을 깨닫고 어눌한 자의 혀가 민첩하여 말을 분명히 할 것이라"하였습니다. 이는 하나님의 은혜로 신령한 생활을 말하는 것입니다.

바울사도는 기록하기를 "우리가 부분적으로 알고 부분적으로 예언하니 온전한 것이 올 때에는 부분적으로 하던것이 폐하리라 내가 어렸을 때에는 말하는 것이 어린 아이와 같고 깨닫는 것이 어린 아이와 같고 생각하는 것이 어린아이와 같다가 장성한 사람이 되어서는 어린 아이의 일을 버렸노라 우리가 이제는 거울로 보는 것 같이 희미하나 그 때에는 얼굴과 얼굴을 대하여 볼 것이요 이제는 내가 부분적으로 아나 그 때에는 주께서 나를 아신것 같이 내가 온전히 알리라"(고전 13 : 9~12)하였습니다. 그렇습니다. 지금은 구원은 받았으나 누리는 구원은 아니고 하나님의 자녀가 되었으나 완전한 천국의 생활을 하면서 하나님의 자녀답게 사는 것은 아닙니다. 그래서 지금은 완전한 구원을 바라보고 사는 것입니다. 그리고 영생복락을 기다리면서 사는 것입니다. 그러나 우리가 세상을 떠나고 주님을 만나면 그 때에는 신령한 생활이 시작되는 것입니다. 이것이 바로 우리들의 희망인 것입니다. 그날을 바라고 삼가 조심하고 준비하여 기다리는 것입니다.

결 론

금년에는 우리 모두가 희망을 가지고 살아가야 할 것입니다. 정치적으로도 의로운 사람이 잘 산다는 희망을 가지고 살아야 하겠고 답답했던 환경이 평안한 환경으로 변경되기를 바라며 육신만으로 살던 우리가 신령한 생활로 이어지는 놀라운 역사가 있기를 바라고 살아야 하겠습니다.

"한 해를 정리하면서" (송구영신)

잠 6 : 6~19

6) 게으른 자여 개미에게로 가서 그 하는 것을 보고 지혜를 얻으라
7) 개미는 두령도 없고 간역자 (看役者)도 없고 주권자도 없으되
8) 먹을 것을 여름 동안에 예비하며 추수 때에 양식을 모으느니라
9) 게으른 자여 네가 어느때까지 눕겠느냐 네가 어느때에 잠이 깨어 일어나겠느냐
10) 좀더 자자, 좀더 졸자, 손을 모으고 좀더 눕자 하면
11) 네 빈궁이 강도같이 오며 네 곤핍 (困乏)이 군사같이 이르리라
12) 불량하고 악한 자는 그 행동에 궤휼한 입을 벌리며
13) 눈짓을 하며 발로 뜻을 보이며 손가락질로 알게 하며
14) 그 마음에 패역 (悖逆)을 품으며 항상 악을 꾀하여 다툼을 일으키는 자라
15) 그러므로 그 재앙이 갑자기 임한즉 도움을 얻지 못하고 당장에 패망하리라
16) 여호와의 미워하시는 것 곧 그 마음에 싫어하시는 것이 육칠 가지니
17) 곧 교만한 눈과 거짓된 혀와 무죄한 자의 피를 흘리는 손과
18) 악한 계교 (計巧)를 꾀하는 마음과 빨리 악으로 달려가는 발과
19) 거짓을 말하는 망령된 증인과 및 형제사이를 이간 (離間)하는 자니라

서 론

한 해를 뒤돌아 본다는 것은 무엇 보다도 겸손한 태도가 아닐 수 없습니다.

그리고 성도로서의 마땅한 도리인 것입니다. 그리하여 한 해를 보

내는 시점에서 본문 말씀대로 게으르지 아니했는지 아니면 하나님께서 싫어하시는 일을 얼마나 했는지 반성하고 자신을 살피고 깨끗하게 정리하고 세 해를 맞이할 필요성이 절실한 것입니다. 그와 같은 생활이 한 해를 정리하고 새 해를 계획하는 것이 됩니다.

1. 얼마나 게을렀는지 생각해 보아야 합니다.

본문 6~11 "게으른 자여 개미에게로 가서 그 하는 것을 보고 지혜를 개미는 두령도 없고 간역자도 없고 주권자도 없으되 먹을 것을 여름 동안에 예비하며 추수 때에 양식을 모으느니라 게으른 자여 네가 어느 때까지 눕겠느냐 네가 어느 때에 잠이 깨어 일어나겠느냐 좀더 자자 좀더 졸자 손을 모으고 좀더 눕자 하면 네 빈궁이 강도 같이 오며 네 곤핍이 군사 같이 이르리라"하였습니다.

어떤 사람은 "목이 말라야 우물을 파는 뜻으로 일이 생긴 뒤 비로서 서둘러 봐야 소용이 없다는 것을 갈이천정(葛而天井)이라"한다. 법구경에는 "게으르게 사는 이의 백 년은 일하며 사는 이의 하루만 못하다"하였고, 영국의 작가인 사무엘 죤슨은 "게으름과 가난은 자고로 비난의 대상이기에 누구나 자기의 빈곤을 남이 모르게, 자기의 태만을 자신이 모르게 감추려고 애를 쓴다"하였으며, 영국의 철학자인 토마스 칼라일는 "이 세상에 하나의 괴물이 있다. 그것은 게으른 자이다."하였습니다.

성경은 말씀하시기를 "손을 게을리 놀리는 자는 가난하게 되고 손이 부지런한 자는 부하게 되느니라"(잠 10 : 4) 하였고, "게으른 자는 마음으로 원하여도 얻지 못하나 부지런한 자의 마음은 풍족함을 얻느니라"(잠 13 : 4) 하였으며, "여호와의 일을 태만이 하는 자는 저주를 받을 것이요"(렘 48 : 10) 하였습니다.

그런데 바울사도는 기록하기를 "게으르지 말고 부지런하여 열심을 품고 주를 섬기라"(롬 12 : 11) 하신 말씀을 생각하며 금년에 영육간에 얼마나 부지런히 일을 하였는지 아니면 신앙생활을 얼마나 열심히 했는지 생각해 보아야 할 것입니다. 그리고 내년도는 더욱 열심히 일하겠다는 생각을 해야 할 것입니다.

2. 불량하게 살았는지 생각해 보아야 합니다.

본문 12～15 "불량하고 악한 자는 그 행동에 궤휼한 입을 벌리며 눈 짓을 하며 발로 뜻을 보이며 손가락질로 알게 하며 그 마음에 패역을 품으며 항상 악을 꾀하며 다툼을 일으키는 자라 그러므로 그 재앙이 갑자기 임한즉 도움을 얻지 못하고 당장에 패망하리라"(잠 6 : 12～15) 하였습니다.

성격이 포악하고 행동이 악한자 입니다. 나발이 불량한 자라는 것입니다. 그는 자기 밖에 모르고 남의 사정은 조금도 관심이 없는 것입니다. 그리고 엘리의 자식들이 불량자라 성전에서 여인들을 간음하고 제물을 먼저 먹어버리는 자들이라고 하였습니다.

우리는 한 해를 어떻게 살아왔는지 검토해볼 필요성이 있는 것입니다. 사람이 하나님 앞에서나 사람 앞에서 불량하게 살아서는 안되는 것입니다.

그러므로 보다 더 선량하게 살아야 합니다. 그것이 지혜자의 태도일 것입니다.

3. 하나님께서 싫어하시는 일을 했는지 생각해 보아야 합니다.

본문 16~19 "여호와의 미워하시는 것 곧 그 마음에 싫어하시는 것이 육 칠 가지니 곧 교만한 눈과 악한 계교를 꾀하는 마음과 빨리 악으로 달려가는 발과 거짓을 말하는 망령된 증인과 및 형제 사이를 이간하는 자니라"하였습니다. 이는 몸의 지체로 한 해 동안에 범죄한 것들을 살펴보자는 것입니다.

바울사도는 몸의 지체로 불의 병기로 아니면 의의 병기로 사용하느냐에 따라서 결과는 달라진다는 것입니다. 눈으로 지은죄가 얼마나 되는지 아니면 혀로 지은죄는 얼마나 되는지 손으로 지은죄는 얼마나 되는지 마음으로 지은 죄는 얼마나 되는지 발로 지은죄는 얼마나 되는지 형제사이를 이간시키는 일을 얼마나 많이 했는지 알아볼 필요가 있다는 것입니다.

그래서 내 년에는 절대로 범죄하지 아니해야 되겠다는 결심을 가져야 한다는 것입니다. 그리하여 하나님께서 좋아하시는 일을 많이 할 수 있도록 해야 할 것입니다.

결 론

한 해가 다 가기 전에 뒤를 돌아보고 잘못은 회개하여 고치고 지나가고 내년에는 그와 같은 실수는 하지 않겠다는 결심을 가지고 새해를 맞이하는 것이 매우 현명한 일인 것입니다.

과거를 회상하는 야곱

창 48 : 1~4

1) 이 일 후에 혹이 요셉에게 고하기를 네 부친이 병들었다 하므로 그가 곧 두 아들 므낫세와 에브라임과 함께 이르니
2) 혹이 야곱에게 고하되 네 아들 요셉이 네게 왔다 하매 이스라엘이 힘을 내어 침상(寢床)에 앉아
3) 요셉에게 이르되 이전에 가나안 땅에 루스에서 전능(全能)한 하나님이 내게 나타나 복을 허락하여
4) 내게 이르시되 내가 너로 생육하게 하며 번성하게 하여 네게서 많은 백성이 나게하고 내가 이 땅을 네 후손에게 주어 영원한 기업이 되게 하리라 하셨느니라

서 론

사람은 생각하는 갈대라고 말합니다. 그래서 과거도 생각할 수 있고 현재도 생각할 수 있으며 미래도 생각할 수 있는 것입니다. 그리고 생각하는 내용은 사람에 따라서 다양할 줄 압니다. 그런데 야곱은 과거에 하나님의 은혜에 대하여 생각하는 것입니다. 지나온 과거를 회상하면서 하나님께 감사와 찬송을 드리는 것입니다. 그렇습니다. 한 해를 지나고 보니 하나님의 은혜가 얼마나 얼마나 컸는가를 알 수 있습니다.

1. 하나님께 복을 받았다는 것입니다.

본문 3 "요셉에게 이르되 이전에 가나안 땅 루스에서 전능한 하나님이 내게 나타나 복을 허락하셨다"고 하였습니다. 이는 야곱이 말년에 와서 생각해보니 하나님께서 복을 주셔서 현재까지 살아왔다는 것입니다. 이 얼마나 은혜스러운 광경입니까? 그는 야곱에게 복을 주셨고 야곱은 복 받은 것을 잊지 아니하고 감사한 마음을 가지고 있으니 말입니다.

오늘의 많은 사람은 그의 은혜도 감사할 줄 모르고 부모의 은혜도 보답할 줄 모르며 스승의 고마움도 모르는 시대가 되고 말았습니다. 즉 감사할 줄 모르는 시대라 그 말입니다.

사람이 하나님께 복을 받은 줄로 알아야지 감사하는 생활이 있지 받은 줄을 모르면 누구도 감사하지 아니하는 것입니다. 이삭은 하나님께 복을 받았는데 자신이 복을 받았다고 말하지 아니하고 그날 사람들이 말을 하는데 "너는 우리를 해하지 말라 이는 우리가 너를 범하지 아니하고 선한 일만 네게 행하며 너로 평안히 가게 하였음이니라 이제 너는 여호와께 복을 받은 자니라"(창 26 : 29) 하였습니다.

성도들은 언제나 복을 받은 줄로 알고 감사하며 주의 은혜를 보답하는 뜻으로 살아야 주께서 복에 복을 더 하시는 것입니다.

시편저자 처럼 "여호와께서 내게 주신 모든 은혜를 무엇으로 보답할꼬"(시 116 : 12)해야 합니다. 그렇게 될 때에 아들까지 아끼지 아니하시고 주신 이가 무엇인들 아끼겠느냐 하셨습니다(롬 8 : 32).

2. 생육하고 번성케 하셨다는 것입니다.

본문 4 "내게 이르시되 내가 너로 생육하게 하며 번성하게 하여 네게서 많은 백성이 나게 한다"고 하셨습니다. 야곱의 후손들이 많은 것은 하나님의 은혜라는 것입니다.

시편 기자는 말하기를 "자식은 여호와의 주신 기업이요 태의 열매는 그의 상급이라"(시 127 : 3) 하였습니다.

야곱은 과거를 회상해 보니 하나님의 은혜가 아니면 결코 복을 받지 못했을 것이라는 것입니다. 시편 기자는 "여호와께서 집을 세우지 아니하시면 세우는 자의 수고가 헛되며 여호와께서 성을 지키지 아니하시면 파숫군의 경성함이 허사로다 너희가 일찍이 일어나고 늦게 누우며 수고의 떡을 먹음이 헛되도다"(시 127 : 1~2) 하였습니다.

그러므로 우리 시편 기자처럼 "여호와께서 내게 주신 은혜를 무엇으로 보답할꼬"(시 116 : 12) 해야 할 것입니다. 번성케 하셨다는 것은 창조시 아담에게 약속하신 복을 주신 것입니다.

하나님께서 아담에게 복을 약속하실 때에 "하나님이 자기 형상 곧 하나님의 형상대로 사람을 창조하시되 남자와 여자를 창조하시고 하나님이 그들에게 복을 주시며 그들에게 이르시되 생육하고 번성하여 땅에 충만하라 땅을 정복하라 바다의 고기와 공중의 새와 땅의 움직이는 모든 생물을 다스리라 하시니라"(창 1 : 27~28) 하였습니다.

그러므로 복을 주신 하나님께 감사와 찬송을 드려야 합니다.

3. 가나안 땅을 기업으로 주겠다고 하였습니다.

본문 4 "이 땅을 네 후손에게 주어 영원한 기업이 되게 하리라 하셨느니라"하였습니다.

야곱은 자기에 뿐만 아니고 자기의 후대에게 복을 주신다는 것을 잊지 아니하고 있는 것입니다. 그래서 야곱은 과거를 생각해 보면 너무나도 감사하여 어찌할 바를 모르는 것입니다.

　이 영원한 기업은 물론 가나안 땅을 말했지만 그 이상의 영원한 하나님의 나라를 염두에 두고 한 말입니다. 그래서 야곱은 과거, 현재, 미래 어느 것 하나도 소중하지 아니한 것이 없는 것입니다. 땅만 주신 것이 아니고 그 땅에 들어가서 하나님의 말씀을 순종하면 모든 면에서 복을 주시겠다고 약속을 하셨는데 "네가 네 하나님의 말씀을 삼가 듣고 내가 오늘날 네게 명하는 그 모든 명령을 지켜 행하면 네 하나님 여호와께서 너를 세계 모든 민족 위에 뛰어나게 하실 것이라 네가 네 하나님 여호와의 말씀을 순종하면 이 모든 복이 네게 임하며 네게 미치리니 성읍에서도 복을 받고 들에서도 복을 받을 것이며 네 몸의 소생과 네 토지의 소산과 네 짐승의 새끼와 우양의 새끼가 복을 받을 것이며 네 광주리와 떡반죽 그릇이 복을 받을 것이며 네가 들어와도 복을 받고 나가도 복을 받을 것이니라"(신 28 : 1~6) 하였습니다.

　이와 같은 것을 생각한 야곱은 과거를 회상하면서 현재에 감사와 찬송을 드리지 않을 수 없는 것입니다.

결 론

　우리들도 과거로부터 현재 아니 미래의 약속까지 생각하고 하나님의 은혜를 무엇으로 보답할까하는 고마운 마음가짐이 있어야 할 것입니다.

　그 이유는 예수 그리스도는 어제나 오늘이나 영원토록 동일한 복을 주시기 때문 입니다. 즉 과거에 복을 주신 하나님이 현재에도 복을 주시고 미래에도 복을 주시는 것을 믿기 때문 입니다.

"순간의 선택이"

대하 10:1~19

1) 르호보암이 세겜으로 갔으니 이는 온 이스라엘이 저로 왕을 삼고자 하여 세겜에 이르렀음이더라

2) 느밧의 아들 여로보암이 전에 솔로몬왕의 얼굴을 피하여 애굽으로 도망하여 있었더니 이 일을 듣고 애굽에서부터 돌아오매

3) 무리가 보내어 저를 불렀더라 여로보암과 온 이스라엘이 와서 르호보암에게 고하여 가로되

4) 왕의 부친이 우리의 멍에를 무겁게 하였으나 왕은 이제 왕의 부친이 우리에게 시킨 고역과 메운 무거운 멍에를 가볍게 하소서 그리하시면 .우리가 왕을 섬기겠나이다

5) 르호보암이 대답하되 삼 일 후에 다시 내게로 오라 하매 백성이 가니라

6) 르호보암왕이 그 부친 솔로몬의 생전에 그 앞에 모셨던 노인들과 의논하여 가로되 너희는 어떻게 교도하여 이 백성에게 대답하게 하겠느뇨

7) 대답하여 가로되 왕이 만일 이 백성을 후대하여 기쁘게 하고 선한 말을 하시면 저희가 영영히 왕의 종이 되리이다 하나

8) 왕이 노인의 교도(教導)하는 것을 버리고 그 앞에 모셔 있는 자기와 함께 자라난 소년들과 의논하여

9) 가로되 너희는 어떻게 교도하여 이 백성에게 대답하게 하겠느뇨 백성이 내게 말하기를 왕의 부친이 우리에게 메운 멍에를 가볍게 하라 하였느니라

10) 함께 자라난 소년들이 왕께 고하여 가로되 이 백성들이 왕께 고하기를 왕의 부친이 우리의 멍에를 무겁게 하였으나 왕은 우리를 위하여 가볍게 하라 하였은즉 왕은 대답하시기를 나의 새끼손가락이 내 부친의 허리보다 굵으니

11) 내 부친이 너희로 무거운 멍에를 메게하였으나 이제 나는 너희의 멍에를 더욱 무겁게 할지라 내 부친은 채찍으로 너희를 징치하였으나 나는 전갈로 하리라 하소서

12) 삼 일 만에 여로보암과 모든 백성이 르호보암에게 나아왔으니 이는 왕이 명하여 이르기를 삼 일 만에 내게로 다시 오라 하였음이라

13) 왕이 포학(暴虐)한 말로 대답할새 노인의 교도를 버리고

14) 소년의 가르침을 좇아 저희에게 고하여 가로되 내 부친은 너희의 멍에를 무겁게 하였으나 나는 더할지라 내 부친은 채찍으로 너희를 징치하였으나 나는 전갈로 하리라 하니라

15) 왕이 이같이 백성의 말을 듣지 아니하였으니 이 일은 하나님께로 말미암아 난 것이라 여호와께서 전에 실로 사람 아히야로 느밧의 아들 여로보암에게

고한 말씀을 응하게 하심이더라

16) 온 이스라엘이 자기들의 말을 왕이 듣지 아니함을 보고 왕에게 대답하여 가로되 우리가 다윗과 무슨 관계가 있느뇨 이새의 아들에게서 업이 없도다 이스라엘아 각각 너희 장막으로 돌아가라 다윗이여 이제 너는 네 집이나 돌아보라 하고 온 이스라엘이 그 장막으로 돌아가니라

17) 그러나 유다 성읍들에 사는 이스라엘 자손에게는 르호보암이 그 왕이 되었더라

18) 르호보암왕이 역군 (役軍)의 감독 하도람을 보내었더니 이스라엘 자손이 저를 돌로 쳐죽인지라 르호보암왕이 급히 수레에 올라 예루살렘으로 도망하였더라

19) 이에 이스라엘이 다윗의 집을 배반하여 오늘날까지 이르니라

서 론

상품 선전에 '순간의 선택이 10년을 좌우한다'는 말이 있습니다. 사실은 10년이 아니라 평생을 좌우한다고 보아야 합니다. 아담과 하와는 순간의 선택을 잘못함으로 자손 만대까지 사망과 고통을 안겨 주고 말았습니다. 솔로몬의 아들 르호보암도 백성들의 요구인 선처를 늙은이들의 의견인 선정과 소년들의 의견인 폭정을 놓고 삼일간 생각하다가 폭정을 선택하여 백성들의 배반을 당하는 결과를 초래하고 말았습니다. 새해를 맞이하여 무엇을 어떻게 할까 선택하는 마음이 무엇 보다도 중요한 것입니다.

1. 백성들의 요구는 선정 (善政) 입니다.

본문 3~5 "우리가 보내어 저를 불렀더라 여로보암과 온 이스라엘이 와서 르호보암에게 고하여 가로되 왕의 부친이 우리의 멍에를 무겁게 하였으나 왕은 이제 왕의 부친이 우리에게 시킨 고역과 매우 무거운 멍에를 가볍게 하소서 그리하시면 우리가 왕을 섬기겠나이다 르호보암이 대답하되 삼일 후에 다시 내게로 오라 하매 백성이 가니

라"하였습니다. 솔로몬과 같이 지혜로운 왕이라도 백성 전체를 만족시킬 수는 없어서 많은 사람들이 정부에 대하여 불만을 품고 반정부 데모를 하도록 만들었습니다. 백성들의 요구가 바로 백성들의 시위요 항변인 것입니다.

그리고 솔로몬이 말년에 가서 하나님께 대한 의무를 다하지 아니할 때에 그에게서 지혜가 떠나 백성들에게 폭정으로 다스렸을 것입니다. 거친 백성들은 그렇게 하지 아니하여도 모세에게 원망하고 돌로 쳐 죽이려고 하였는데 폭정을 했다면 가만이 있을리 만무합니다.

당연히 일어나서 항의 합니다. 그런데 솔로몬이 죽고 그의 아들이 왕위에 오르게 되니 백성들이 소리를 모아서 선정을 요구하고 나섰습니다. 그런데 르호보암은 삼일이라는 시간적인 여유를 달라고 하였습니다. 충분하게 생각하고 검토하기 위한 수단인 것입니다. 이는 생각할 필요도 없이 즉석에서 응낙해야 옳은 것입니다.

그 이유는 너무나도 당연하기 때문 입니다. 그런데도 순간적으로 잘못 생각하여 선정을 베풀지 않고 폭정(暴政)을 행한다면 그는 최후가 매우 불행하게 끝나는 것을 선택하는 순간인 것입니다.

2. 노인들의 의견을 수락하지 아니하였습니다.

본문 6~7 "르호보암왕이 그 부친 솔로몬의 생전에 그 앞에 모셨던 노인들과 의논하여……. 왕이 만일 이 백성을 후대하여 기쁘게 하고 선한 말을 하시면 저희가 영영히 왕의 종이 되리이다 하나"하였습니다.

이는 왕이 노인들과 백성들의 요구에 대하여 어떻게 할 것을 의논하는 것입니다. 노인들은 선하게 권고하였습니다. 왕이 백성을 후대하십시오. 그리고 기쁘게 하시고 선한 말로 다스린다면 백성들은 영영히 왕의 종이 될 것이라고 하였습니다.

이는 바른 권면이요 좋은 제안입니다. 그러나 르호보암은 즉석에서 그렇게 하겠다고 하지 아니하고 망설이고 있습니다. 이것이 문제인 것입니다. 선한 충고는 듣는 것이 덕이 되고 유익한 것입니다. 그런데 르호보암은 그렇게 하겠노라고 노인들 앞에서 다짐하지 아니하고 결단을 내리지 아니하는 그 태도가 문제가 아닐 수 없는 것입니다. 지도자의 성품은 우유부단해서는 안되는 것입니다.

끊을 것은 냉정하게 끊고 할 것은 과감하게 행동으로 보여주어야 합니다. 그래야 지도자 다운 면모를 갖춘 것이라고 볼 수 있습니다. 그런데 르호보암은 의논 상대자는 좋은 분들로 정해놓고 그들의 의견을 수락하지 아니하는 태도가 문제인 것입니다. 그리하여 그는 순간의 선택이 끝내는 불행을 몰고 오고야 마는 것입니다.

3. 소년들의 의견을 수락하였습니다.

본문 8~11 "왕이 노인의 교도하는 것을 버리고 그 앞에 모셔있는 자기와 함께 자라난 소년들과 의논하여 가로되 너희는 어떻게 교도하여 이 백성에게 대답하겠느뇨 백성이 내게 말하기를 왕의 부친이 우리에게 메운 멍에를 가볍게 하라 하였느니라 함께 자라난 소년들이 왕께 고하여 가로되 이 백성들이 왕께 고하기를 왕의 부친이 우리의 멍에를 무겁게 하였으나…… 대답하시기를 나의 새끼 손가락이 내 부친의 허리보다 굵으니 내 부친이 너희로 무거운 멍에를 메게 하였으나 이제 나는 너희의 멍에를 더욱 무겁게 할지라 내 부친은 채찍으로 너희를 징지하였으나 나는 전갈로 하리라 하소서"하였습니다.

그래서 왕은 노인들의 교도(가르쳐 지도함)를 버리고 소년들의 가르침을 좇았다고 하였습니다(13~14). 이것이 불행의 시초가 되는 것입니다, 결국은 백성들이 왕에게 등을 돌리고 말았습니다. 과격한 처사는 불행을 초래할 뿐입니다.

르호보암은 폭정을 택하여 백성들로부터 버림을 받고 마는 것입니다. 이는 순간의 잘못 선택이 이와 같이 불행을 초래하고 말았으니 당연한 결과라고 보아야 합니다.

그러므로 순간의 선택이 얼마나 중요한가를 알 수 있는 것입니다.

결 론

사람이 무엇을 선택하든지 간에 선택은 자유입니다. 하나님께서 인간을 지으실 때에 자유의지를 주셨습니다. 무엇이나 할 수도 있고 하지 아니할 수도 있도록 지으셨습니다. 그러나 선택은 자유이지만 그 결과는 책임져야 합니다. 그래서 선택이 얼마나 중요한가를 알 수 있습니다. 종교의 선택, 배우자 선택, 직업 선택, 그 외에도 선택의 중요성은 얼마든지 있습니다. 그러므로 우리는 심중을 기하여 무엇을 선택해야 할 것입니다.

새해는 주의 권면대로 살자

벧전 5:1~7

1) 너희 중 장로들에게 권하노니 나는 함께 장로 된 자요 그리스도의 고난의 증인이요 나타날 영광에 참예할 자로라
2) 너희 중에 있는 하나님의 양 무리를 치되 부득이함으로 하지 말고 오직 하나님의 뜻을 좇아 자원함으로 하며 더러운 이를 위하여 하지 말고 오직 즐거운 뜻으로 하며
3) 맡기운 자들에게 주장하는 자세를 하지 말고 오직 양 무리의 본이 되라
4) 그리하면 목자장이 나타나실 때에 시들지 아니하는 영광의 면류관을 얻으리라
5) 젊은 자들아 이와 같이 장로들에게 순복하고 다 서로 겸손으로 허리를 동이라 하나님이 교만한 자를 대적하시되 겸손한 자들에게는 은혜를 주시느니라
6) 그러므로 하나님의 능하신 손 아래서 겸손하라 때가 되면 너희를 높이시리라
7) 너희 염려를 다 주께 맡겨 버리라 이는 저가 너희를 권고하심이니라

서 론

하나님께서는 인간을 끊임 없이 권면하시고 타일러서 새로운 사람을 만드시려고 무척이나 노력을 하고 계십니다. 권면 "勸勉"이라는 말은 타일러서 힘쓰게 하는 말인데 인간들은 그의 권면을 듣지 아니

하고 도리어 그의 꾸지람을 싫어 짐승과 같은 생활을 하게 되는 것입니다. 그러므로 주의 권면을 듣고 금년에는 하나님을 기쁘시게 해드리고 또한 복을 받는 성도들이 되어야 하겠습니다.

1. 장로들이 권면을 받아야 하겠습니다.

본문 1~4 "너희 중 장로들에게 권하노니 나는 함께 장로된 자요 그리스도의 고난의 증인이요 나타날 영광에 참예할 자로라 너희 중에 있는 하나님의 양 무리를 치되 부득이함으로 하지 말고 오직 하나님의 뜻을 좇아 자원함으로 하며 더러운 이를 위하여 하지 말고 오직 즐거운 뜻으로 하며 맡기운 자들에게 주장하는 자세를 하지 말고 오직 양 무리의 본이 되라 그리하면 목자장이 나타나실 때에 시들지 아니하는 영광의 면류관을 얻으리라"하였습니다.

이는 목사와 장로들이 하나님께 받은 사명을 제대로 이행하도록 권면과 사명 이행을 촉구하시는 말씀인 것입니다. 장로는 나이 많아 늙은 이들을 가리키는 것입니다. 그런데 그들은 힘은 없지만 지혜는 풍부하다는 것입니다.

나이가 많다는 것은 오랫동안 세상에서 살았다는 뜻이고 오래 살았다는 것은 많은 일을 경험했다는 것과 통하는 것입니다. 인간의 지혜는 두 가지 면으로 보는데 하나는 솔로몬 처럼 하나님께로부터 받는 것이 있고 하나는 솔로몬이 세상을 오래 살고 얻어진 경험을 통해서 얻는 것이 있는 것입니다.

그리하여 경험을 통해서 얻어진 것은 이론적이나 학술적인 것이 아니고 실제적인 것입니다. 즉 살아 있는 지혜인 것입니다.

그러므로 늙은이들은 금년에 만이라도 하나님의 귀한 권면의 말씀을 귀담아 들어서 젊은이들의 패기만으로 일하다가 시행착오가 생기지 아니하도록 예방하는 차원에서 장로들은 젊은이들을 위하여 주의 권면을 듣고 솔선해서 일 함으로 젊은 이들의 본이 되도록 최선을 다해야 할 것입니다. 장로가 되었다고 다가아니고 장로가 장로답게 사는 것이 매우 중요한 것입니다.

그러므로 금년에는 마지막 산다는 각오로 주의 권면을 받아 그의 권면대로 살려고 몸부림을 치는 생활이 있어야 하겠습니다.

2. 젊은이 들이 권면을 들어야 하겠습니다.

본문 5~6 "젊은 자들아 이와 같이 장로들에게 순복하고 다 서로 겸손으로 허리를 동이라 하나님이 교만한 자를 대적 하시되 겸손한 자들에게는 은혜를 주시느니라 그러므로 하나님의 능하신 손 아래서 겸손하라 때가 되면 너희를 높이시리라"하였습니다.

젊은이들은 패기가 많은 것은 좋은 일이지만 경험이 적어서 시행착오를 범하는 것이 많은 것입니다. 즉 교만한 행동을 자제할 줄 모르는 단점이 있다는 것입니다.

인생살이가 패기로만 살아가는 것이 아니고 지혜로 살아 가야 하는 것입니다. 그래서 예수 그리스도는 젊은 자들에게 권면 하시기를 늙은 장로들의 경험을 인정하고 그들의 지혜를 인정하여 장로들의 말을 들으라고 권면 하십니다. 그렇습니다. 젊은 이들은 노인들이 가지지 못한 힘과 용기가 있고 노인들은 젊은 이들이 가지고 있는 힘은 없지만 젊은 이들이 가지지 못한 지혜와 많은 경험이 있는 것입니다.

그러므로 젊은 이들은 노인들의 권면을 듣고 자신들의 힘을 보태어 좋은 결과를 가지고 오도록 만들어야 합니다. 그리하여 젊은 이들은 장로들이 세운 법과 질서를 지키고 따르며 하나님의 말씀 따라서 합당하게 살아야 하겠습니다.

그러므로 교회 젊은이들은 금년에는 당회의 치리에 복종하고 교회 법에 순응하는 성도들이 되어야 하겠습니다.

3. 모든 성도들이 권면을 들어야 하겠습니다.

본문 7~10 "너희 염려를 다 주께 맡겨 버리라 이는 저가 너희를 권고하심이니라 근신하라 깨어라 너희 대적 마귀가 우는 사자 같이 두루 다니며 삼킬 자를 찾나니 너희는 믿음을 굳게 하여 저를 대적하라 이는 세상에 있는 너희 형제들도 동일한 고난을 당하는 줄을 앎이니라 모든 은혜의 하나님 곧 그리스도 안에서 너희를 부르사 자기의 영원한 영광에 들어가게 하신 이가 잠깐 고난을 받은 너희를 친히 온전케 하시며 굳게 하시며 강하게 하시며 터를 견고케 하시리라"하였습니다. 오늘의 성도들은 하나님을 믿노라고 하지만 근심과 걱정 염려와 두려움은 그대로 가지고 있는 것입니다.

그래서 주님은 권면 하시기를 "너희는 마음에 근심하지 말라 하나님을 믿으니 또 나를 믿으라"(요 14 : 1) 하였고, "내가 너희에게 분부한 모든 것을 가르쳐 지키게 하라 볼지어다 내가 세상 끝날 까지 너희와 항상 함께 있으리라 하시니라"(마 28 : 20) 하였습니다.

그리고 바울사도는 권면하기를 "아무 것도 염려하지 말고 오직 모든 일에 기도와 간구로 너희 구할 것을 감사한 마음으로 하나님께 아뢰라 그리하면 모든 지각에 뛰어난 하나님의 평강이 그리스도 예수 안에서 너희 마음과 생각을 지키시리라"(빌 4 : 6~7) 하였습니다. 그렇습니다. 주님의 권면은 종말론적인 성도상을 정립하여 주님의 인정 받는 성도들이 되어야 하겠습니다. 그리하여 시험에 들지 않게 깨여 기도하고 시험을 물리치는 차원에서 기도하여 마귀로 틈을 타지못하게 해야 하겠습니다.

이것이 바로 주님의 권면을 듣고 합당하게 바로 사는 것입니다. 오직 금년에는 주님의 권면대로 사는 성도들이 되어야 하겠습니다.

결 론

그 동안에도 모든 면에서 하나님의 뜻을 따라서 올바로 산다고 하였지만 금년에는 더욱 바로 살려고 노력해야 하겠습니다.

그리하여 장로들도 주님의 권면 하신 대로 살고 젊은 이들도 마찬가지며 온 성도들 모두가 그렇게 살아야 하겠습니다. 즉 하나님의 권면 따라서 살자는 것입니다.

처음보다 나중이 좋아야지

민 20:1~12

1) 정월에 이스라엘 자손 곧 온 회중(會衆)이 신 광야에 이르러서 백성이 가데스에 거하더니 미리암이 거기서 죽으매 거기 장사(葬事)하니라
2) 회중이 물이 없으므로 모여서 모세와 아론을 공박하니라
3) 백성이 모세와 다투어 말하여 가로되 우리 형제들이 여호와 앞에서 죽을 때에 우리도 죽었더면 좋을 뻔하였도다
4) 너희가 어찌하여 여호와의 총회를 이 광야로 인도하여 올려서 우리의 우리 짐승으로 다 여기서 죽게 하느냐
5) 너희가 어찌하여 우리를 애굽에서 나오게 하여 이 악한 곳으로 인도(引導)하였느냐 이곳에는 파종(播種)할 곳이 없고 무화과(無花果)도 없고 포도도 없고 석류도 없고 마실 물도 없도다
6) 모세와 아론이 총회 앞을 떠나 회막문에 이르러 엎드리매 여호와의 영광이 그들에게 나타나며
7) 여호와께서 모세에게 일러 가라사대
8) 지팡이를 가지고 네 형 아론과 함께 회중을 모으고 그들의 목전에서 너희는 반석에게 명하여 물을 내라 하라 네가 그 반석으로 물을 내게 하여 회중과 그들의 짐승에게 마시울지니라
9) 모세가 그 명대로 여호와의 앞에서 지팡이를 취하니라
10) 모세와 아론이 총회를 그 반석 앞에 모으고 모세가 그들에게 이르되 패역한 너희여 들으라 우리가 너희를 위하여 이 반석에서 물을 내랴 하고
11) 그 손을 들어 그 지팡이로 반석을 두번 치매 물이 많이 솟아 나오므로 회중과 그들의 짐승이 마시니라
12) 여호와께서 모세와 아론에게 이르시되 너희가 나를 믿지 아니하고 이스라엘 자손의 목전에 나의 거룩함을 나타내지 아니한 고로 너희는 이 총회를 내가 그들에게 준 땅으로 인도하여 들이지 못하리라 하시니라

서 론

사람은 태어나면서부터 자라가기 시작 합니다. 예수 그리스도께서 세상에 태어나서부터 자라나는 과정을 누가복음 저자는 기록하기를 "아기가 자라며 강하여지고 지혜가 충족하며 하나님의 은혜가 그 위에 있더라"(눅 2 : 40) 하였습니다.

이는 좋은 현상이었는데 모세는 처음에는 좋았다가 나중에는 좋지 못한 결과를 초래하여 가나안에 들어가지 못하고 죽었습니다. 금년에는 작년보다는 보다 더 진보적이고 발전적이 되어야 하겠습니다. 바울사도는 말하기를 "이 모든 일에 전심전력하여 너의 진보를 모든 사람에게 나타나게 하라"(딤전 4 : 15) 하였습니다.

사람은 태어남보다 삶의 과정에서 살아가면 갈 수록 더욱 진실하고 더욱 신뢰성이 있어야 하며 늙어 가는 과정이 곱게 늙어야 된다는 것입니다. 인생은 젊은 때보다 늙을 때가 더욱 중요한 것입니다. 그래서 처음보다 나중이 더 좋아야 한다는 것입니다.

1. 기도의 사람이었습니다.

본문 6~8 "모세와 아론이 총회 앞을 떠나 회막 문에 이르러 엎드리매 여호와의 영광이 그들에게 나타나며 여호와께서 모세에게 일러 가라사대 지팡이를 가지고 네 형 아론과 함께 회중을 모으고 그들의 목전에서 너희는 반석에게 명하여 물을 내라 하라 네가 그 반석으로 물을 내게 하여 회중과 그들의 짐승에게 마시울지니라"하였습니다.

백성들은 원망과 불평이 많아서 어떻게 할 수 없는 상태에서 하나님께 엎드려 기도하고 하나님의 도우심을 받으려고 하는 그 모습은 매우 귀한 것입니다. 모세는 기도의 사람 입니다. 백성들을 위하여 많은 기도를 드렸습니다. 백성들이 하나님께 큰 죄를 범했을 때에 모세는 어떠한 태도를 취했는가 살펴보면 "이튿날 모세가 백성에게 이르되 너희가 큰 죄를 범하였도다 내가 이제 여호와께로 올라가 노니 혹 너희의 죄를 속할까 하노라 하고 여호와께로 다시 나아가 여짜오되 슬프도소이다. 이 백성이 자기들을 위하여 금신을 만들었아오니 큰 죄를 범하였나이다. 그러나 합의 하시면 이제 그들의 죄를 사하시 옵소서 그렇지 않사 오면 원컨대 주의 기록하신 책에서 내 이름을 지워 버려주옵소서 여호와께서 모세에게 이르시되 누구든지 내게 범죄하면 그는 내가 내 책에서 지워버리리라"(출 32 : 30~33) 하였습니다. 이는 백성을 위하여 진정한 기도를 드리는데 자기의 이름을 생명책에서 지워 달라고 하면서까지 기도를 드렸습니다.

이는 백성들을 위해서는 죽어도 좋을 정도가 아니고 영원히 멸망을 받아도 좋다는 태도인 것입니다. 모세는 백성들을 위하여 많은 기도를 드린 사람 입니다.

모세는 지도자로서 백성들을 인도하는 과정에서 기도로 그들을 인도하는 힘을 얻고 하나님의 지시함을 받은 사람 입니다. 뒤에는 애굽의 군사들이 추격해 오고 앞에는 홍해가 가로 놓일 때에 그는 또 무릎을 꿇고 기도를 하였습니다. 그런데 얼마나 많은 기도를 드렸는지는 알 수 없지만 하나님께서 왜 부르짖고만 있느냐 할 정도까지 기도를 드렸습니다.

사무엘 세사장은 이스라엘 백성들을 미스바로 모이라 하고 자신이 백성들을 위하여 기도하겠다고 하였습니다 (삼상 7 : 3~6). 그리고 그는 "나는 너희를 위하여 기도를 쉬는 죄를 여호와 앞에 결단코 범치 아니한다"(삼상12 : 23) 하였습니다. 금년에는 우리 성도들의 목회자를 위하여 기도하고 주의 종들은 성도들을 위하여 기도하며 서로가 많은 기도를 드려야 할 것입니다. 그리하여 피차가 하나님의 복을 받는 해가 될 것입니다.

2. 순종의 사람이 였습니다.

본문 9 "모세가 그 명대로 여호와의 앞에서 지팡이를 취하니라" 하였습니다. 모세는 백성을 위하여 하나님께 기도하고 하나님의 말씀대로 순종하는 사람이었습니다. 순종은 좋은 것입니다. 모세는 백성들을 위하여 하나님의 말씀을 적극적으로 순종하였습니다. 이는 백성들을 위하는 마음에서 입니다.

이와 같은 순종은 모세의 생명까지도 내어 놓을 수 있는 사람 입니다. 모세는 홍해 앞에서도 하나님께서 시키시는 대로 그는 순종하여 바다 위에다 놓으라고 했을 때에 그는 그대로 순종하였습니다. 그리고 그는 이스라엘 백성들을 위하여 애굽으로 가서 백성들의 해방을 위하여 생명의 위험을 감수하며 그들을 해방시켰습니다. 우리들도 금년에는 순종의 사람들이 되어서 복을 받는 한해가 되어야 하겠습니다.

하나님께서는 그의 말씀대로 순종하는 사람들에게는 무엇이나 아끼지 아니하시고 복을 주시는데 나아가도 복을 주시고 들어와도 복을 주시며 자녀들에게도 복을 주시며 우양의 새끼에게도 복을 주신다는 것입니다. 그리고 머리는 되어도 꼬리는 되지 않게 하시고 꾸어줄지라도 꾸지 않는다는 것입니다(신 28:1~14). 그렇습니다. 하나님께서는 순종하는 사람들에게는 무엇이나 아끼지 않고 주시는 것입니다. 순종은 복 받는 비결인 것입니다.

히브리서 저자는 기록하기를 "그가 아들이시라도 받으신 고난으

로 순종함을 배워서 온전하게 되었은즉 자기를 순종하는 모든 자에
게 영원한 구원의 근원이 되시고"(히 5 : 8~9)하였습니다. 그렇습
니다. 금년에 성도들은 순종하는 법을 배워서 순종함으로 복을 받고
하나님을 기쁘시게 해드리는 성도들이 되어야 하겠습니다.

3. 끝에는 혈기의 사람이었습니다.

본문 10~11 "~패역한 너희여 들으라 우리가 너희를 위하여 이
반석에서 물을 내랴 하고 그 손을 들어 그 지팡이로 반석을 두번 치
매 물이 많이 솟아나오므로 회중과 그들의 짐승이 마시니라"하였습
니다. 모세는 처음에는 백성을 위하여 기도하고 백성을 위하여 순종
하는 사람이었는데 나중에는 그만 그도 사람인지라 마지막까지 참
지를 못하고 화를 내서 반석을 두번이나 꽝꽝 쳤습니다. 그것이 그
만 화근이 되어 가나안을 바라만 보고 들어가지는 못하고 여호수아
가 그 일을 대신 하였습니다.

그러므로 사람은 완전할 수 없고 주께서 함께 하시지 아니하시면
아무 것도 할 수 없는 것입니다. 모세는 그래도 보통 사람들 보다는
뛰어난데 가 있었는데 하나님께서 그를 가리켜 하시는 말씀이 "이
사람 모세는 온유함이 지면의 모든 사람보다 승하더라"(민 12 : 3)
하였습니다. 그런데 어찌하여 그와 같이 온유한 사람이 화를 내었는
가? 이는 백성들의 책임도 없지 아니합니다. 백성들은 처음부터 계
속하여 원망과 불평을 합니다. 그렇게 되니 모세도 사람인지라 인내
의 한계성에 도달하고 말았습니다. 그래서 반석을 두번이나 친 것입
니다. 그런데 하나님께서는 그것을 눈감아 두시지 아니하시고 그에
게 가나안을 들어가지 못하리라 선언하시고 결국 그렇게 되고 말도

록 하셨습니다.

주님께서는 말씀하시기를 "끝까지 참는 자는 구원을 얻으리라" (마 24 : 13) 하였습니다.

바울사도는 악에게 지지 말고 선으로 악을 이기라고 하며 원수 갚는 것은 주께 맡기라고 하였습니다(롬 12 : 17~21). 그리고 그는 말하기를 "마땅히 주의 종은 다투지 아니하고 모든 사람에 대하여 온유하며 가르치기를 잘하며 참으며 거역하는 자를 온유함으로 징계할지니 혹 하나님이 저희에게 회개함을 주사 진리를 알게 하실까 하며 저희로 깨어 마귀의 올무에서 벗어나 하나님께 사로잡힌바 되어 그 뜻을 좇게 하실까 함이라"(딤후 2 : 24~26) 하였습니다.

그리하여 주의 종에게나 백성들에게나 아무런 소득이 없게 하는 것이 원망과 불평이며 성내는 것입니다. 특히 주의 종들은 온유함을 끝까지 지켜야 하겠고 화내는 일은 하지 말아야 하겠습니다.

야고보서 저자는 기록하기를 "사람의 성내는 것이 하나님의 의를 이루지 못함이라"(약 1 : 20) 하였습니다.

결 론

본문 12 "여호와께서 모세와 아론에게 이르시되 너희가 나를 믿지 아니하고 이스라엘 자손의 목전에 나의 거룩함을 나타내지 아니하고 이스라엘 자손의 목전에 나의 거룩함을 나타내지 아니한 고로 너희는 이 총회를 내가 그들에게 준 땅으로 인도하여 들이지 못하리라 하시니라"하였습니다. 그러므로 우리 성도들은 금년에는 처음부터 끝까지 변함 없이 좋게 끝을 내야 하겠습니다. 중도에 실패하는 일은 없어야 하겠습니다.

가르침을 받은 대로 살자

엡 4 : 20~24

20) 오직 너희는 그리스도를 이같이 배우지 아니하였느니라

21) 진리가 예수 안에 있는 것같이 너희가 과연 그에게서 듣고 또한 그 안에서 가르침을 받았을진대

22) 너희는 유혹의 욕심을 따라 썩어져 가는 구습(舊習)을 좇는 옛사람을 벗어 버리고

23) 오직 심령으로 새롭게 되어

24) 하나님을 따라 의와 진리의 거룩함으로 지으심을 받은 새사람을 입으라

서 론

새 해가 되면 언제나 사람들은 각오가 새로워 지는 것입니다. 그러나 그 각오는 피상적이거나 자기 생각에 끝일 때가 많이 있어 해마다 되풀이 되는 오점을 남기고 후회를 계속하는 난맥상을 보이는 일들을 반복하여 연례적인 행사와 같이 되고 마는 것입니다. 그러므로 금년에는 주의 가르침을 받은 대로 살아서 그 삶이 변함 없는 진리의 삶이 되도록 다시금 신앙생활을 정립해야 할 필요가 있는 것입니다.

1. 옛 사람을 벗어 버려야 하겠습니다.

본문 22 "너희는 유혹의 욕심을 따라 썩어져 가는 구습을 좇는

옛 사람을 벗어버리고"하였습니다.

옛 사람이라는 말은 중생 이전의 자연인의 상태를 말하는 것입니다. 그러나 성도들은 중생한 사람들이기 때문에 옛 생활은 버려야 당연한 것입니다. 애굽에서 약 400년이상 종살이를 하던 이스라엘 백성들은 애굽에서 그들의 법과 제도에 의하여 살아 왔습니다. 그러나 이스라엘 백성들은 애굽에서 해방을 받은 후부터는 애굽의 제도에 얽매이지 않고 하나님의 법에 의하여 살아야 할 의무가 있기 때문에 그들에게 십계명을 주시고 그 말씀대로 살아야 합니다.

옛 사람을 벗어버리는 길은 말도 행동도 다 포함이 되고 특히 신앙관이 바로 정립되어 져야 합니다. 옛날에는 이방신을 섬겼지만 이제부터는 오직 하나 뿐인 하나님을 섬겨야 하고 그의 말씀대로 살아야 합니다. 도덕적인 면에서나 신앙적인 면에서 새로와져야 하는 것입니다. 여하간 믿기 전에 있었던 일들은 모두 버리고 믿은 후부터의 생활은 오직 그의 말씀대로 사는 새로운 생활이 금년부터 시작되어 지금까지 그렇게 살지 못한 생활을 만회하는 새로운 해로 정하고 새로워 져서 해마다 되풀이 하지 말고 새로운 삶이 지속되어야 하겠습니다. 그렇게 하기 위해서는 하나님께 기도해야 하는데 시편저자처럼 해야 할 것입니다. "하나님이여 내 속에 정한 마음을 창조하시고 내 안에 정직한 영을 새롭게 하소서 나를 주 앞에서 쫓아 내지 마시며 주의 성신을 내게서 거두지 마소서 주의 구원의 즐거움을 내게 회복시키시고 자원하는 심령을 주사 나를 붙드소서 그러하면 내가 범죄 자에게 주의 도를 가르치리니 죄인들이 주께로 돌아 오리이다" (시 51 : 10~13).

그리하여 바울사도가 기록한 대로 "그런즉 누구든지 그리스도 안에 있으면 새로운 피조물이라 이전 것은 지나 갔으니 보라 새것이 되었도다"(고후 5 : 17) 하는 응답을 받아야 할 것입니다.

2. 새로운 마음을 가져야 하겠습니다.

본문 23 "오직 심령으로 새롭게 되어"하였습니다. 새 해에 새 마음을 가진다는 것은 너무나도 당연한 일이 아닌가 하는 것입니다. 그러나 그것이 그리 쉽지만은 아니한 것입니다. 사람이 마음만 고쳐 먹으면 문제는 간단 한 것입니다. 사람이 무엇보다도 심령의 변화가 없으면 결코 생활의 변화도 없는 것입니다. 사람이 과거의 잘못을 회개한 증거는 내적인 변화와 외적인 변화가 있는데 내적인 변화는 심령의 변화요 외적인 변화는 생활의 변화의 입니다.

누구든지 마음이 변화되지 않고는 생활의 변화를 기대할 수 없는 것입니다.

바울사도는 말하기를 "네가 만일 입으로 예수를 주로 시인하며 또 하나님께서 그를 죽은 자 가운데서 살리신 것을 네 마음에 믿으면 구원을 얻으리니 사람이 마음으로 믿어 의에 이르고 입으로 시인하여 구원에 이르느니라"(롬 10 : 9~10) 하였습니다.

그런데 어떤 마음으로 변해야 할까요 바울사도는 말하기를 "너희 안에 이 마음을 품으라 곧 그리스도 예수의 마음이니 그는 근본 하나님의 본체시나 하나님과 동등 됨을 취할 것으로 여기지 아니하시고 오히려 자기를 비어 종의 형체를 가져 사람들과 같이 되었고 사람의 모양으로 나타나셨으매 자기를 낮추시고 죽기까지 복종하셨으니 곧 십자가에 죽음심이라"(빌 2 : 5~8) 하였습니다. 이는 비하의 신분을 취하신 것을 말한 것입니다.

금년에는 모든 성도들이 예수님 처럼 겸손한 마음으로 새롭게 되어 많은 사람을 나보다 높이는 아름다운 생활이 있어야 하겠고 다른 사람을 칭찬하는 생활들이 있어야 하겠습니다. 그리고 마음이 새롭게 되어 주님을 더욱 열심히 섬겨야 하겠습니다.

그리하여 전무후무한 은혜로운 생활을 해야 하겠습니다.

3. 의로운 생활을 해야 하겠습니다.

본문 24 "하나님을 따라 의와 진리의 거룩함으로 지으심을 받은 새 사람을 입으라"하였습니다. 이는 중생한 사람의 생활을 말하는 것입니다. 이는 자신의 의지로 새로워진 생활을 말하지 아니하고 성령께서 도와 주셔서 새로운 생활을 말하는 것입니다.

즉 성령의 충만한 생활을 말하는 것입니다. 그래서 바울사도는 말하기를 "술 취하지 말라 이는 방탕한 것이니 오직 성령의 충만함을 받으라 시와 찬미와 신령한 노래들로 서로 화답하며 너희 마음으로 주께 노래하며 찬송하며 범사에 우리 주 예수 그리스도의 이름으로 항상 아버지 하나님께 감사하며 그리스도를 경외함으로 피차 복종하라"(엡 5 : 18~21) 하였습니다. 그렇습니다. 성령의 충만함으로 성령의 지배를 받는 생활이 있어야 합니다.

인간은 아무리 노력하여도 주께서 원하시는 의로운 생활은 도저히 해낼 수 없는 것입니다. 그러나 성령께서 역사 하시면 가능한 것입니다.

바울사도는 기록하기를 "내게 능력 주시는 자 안에서 내가 모든 것을 할 수 있느니라"(빌 4 : 13) 하였으며 스가랴서 저자는 기록하기를 "그가 내게 일러 가로되 여호와께서 스룹바벨에게 하신 말씀이 이러하니라 만군의 여호와께서 말씀하시되 이는 힘으로도 되지 아니하며 능으로 되지아니 하고 오직 나의 신으로 되느니라"(슥 4 : 6) 하였습니다.

그러므로 성령의 충만함을 받아 스데반 집사처럼 인생의 마지막 마무리 장식을 성도답게 해야 하겠습니다.

사도행전 저자는 스데반에 대하여 기록하기를 "스데반이 성령이 충만하여 하늘을 우러러 주목하여 하나님의 영광과 및 예수께서 하나님의 우편에 서신 것을 보고 말하되 보라 하늘이 열리고 인자가 하나님 우편에 서신 것을 보노라 한대 저희가 큰 소리를 지르며 귀를 막고 일심으로 그에게 달려들어 성밖에 내치고 돌로 칠새 증인들이 옷을 벗어 사울이라 하는 청년의 발 앞에 두니라 저희가 돌로 스데반을 치니 스데반이 부르짖어 가로되 주 예수여 내 영혼을 받으시옵소서 하고 무릎을 꿇고 크게 불러 가로되 주여 이 죄를 저들에게 돌리지 마옵소서 이 말을 하고 자니라"(행 7 : 55~60) 하였습니다. 그리하여 성령을 근심하게 말아야 할 것입니다(엡 4 : 30).

결 론

금년에는 주님께서 가르치신 교훈의 말씀대로 살아야 하겠는데 기준이 있어야 하지 않겠습니까? 옛 사람을 벗어 버려야 하고 새로운 마음을 가져야 하며 의로운 생활을 해야 하겠습니다.

그리하여 주의 뜻을 이루어 드리는 한 해가 되어야 하겠습니다.

가르침을 받은 대로 살자

엡 4 : 25~28

25) 그런즉 거짓을 버리고 각각 그 이웃으로 더불어 참된 것을 말하라 이는 우리가 서로 지체가 됨이니라
26) 분을 내어도 죄를 짓지 말며 해가 지도록 분을 품지 말고
27) 마귀로 틈을 타지 못하게 하라
28) 도적질하는 자는 다시 도적질하지 말고 돌이켜 빈궁한 자에게 구제할 것이 있기 위하여 제 손으로 수고하여 선한 일을 하라

서 론

바울사도는 기록하기를 "너희는 내게 배우고 받고 듣고 본바를 행하라 그리하면 평강의 하나님이 너희와 함께 계시리라"(빌 4 : 9) 하였습니다.

주의 말씀대로만 하면 복을 받는 것은 물론이고 하나님의 영광이 나타나는 것입니다. 그러므로 금년에는 주의 가르침을 받은 대로 살아야 하겠습니다.

1. 진실하게 살아야 하겠습니다.

본문 25 "그런즉 거짓을 버리고 각각 그 이웃으로 더불어 참된

것을 말하라 이는 우리가 서로 더불어 참된 것을 말하라 이는 우리가 서로 지체가 됨이니라"하였습니다.

솔로몬은 기도하기를 "내가 두 가지 일을 주께 구하였사오니 나의 죽기 전에 주시옵소서 곧 허탄과 거짓말을 내게서 멀리 하옵시며 나로 가난하게도 마옵시고 부하게도 마옵시고 오직 필요한 양식으로 내게 먹이시옵소서 혹 내가 배불러서 하나님을 모른다 여호와가 누구냐 할까 하오며 혹 내가 가난하여 도적질하고 내 하나님의 이름을 욕되게 할까 두려워 함이 니이다"(잠 30 : 7~9) 하였습니다. 진실은 기독교인들의 생명과 같이 중요한 것입니다.

도산 안창호는 "꿈 속에서라도 진실을 버리지 말라 꿈에라도 거짓말을 했거든 애통하며 회개하라"하였고, 월리엄 셰익스피어는 "너 자신에게 진실하라. 그럴 때는 밤이 낮을 따라 오는 것같이 어떠한 사람도 너희에게 거짓말을 하지 않게 되리라"하였으며, 러시아 소설가인 표도르 미카엘로비치 도스토예프스키는 "진실한 생활로 시종일관하라 그것으로 인하여 많은 적을 얻을지 모르나 얼마 안되어 그 적들은 그대들에게 굴복케 될 것이다"하였습니다.

그러므로 우리 성도들은 금년에는 새로운 생활이 시작되어 진실하게 사는 생활이 되어야 하겠습니다. 그리하여 주께서 원하시고 교훈 하신 대로 정직하게 살아야 합니다. 진실한 생활은 두려움을 몰아내는 생활이요 사자와 같이 담대한 생활을 할 수 있는 것입니다.

2. 마귀로 틈타지 못하게 살아야 하겠습니다.

본문 26~27 "분을 내어도 죄를 짓지 말며 해가 지도록 분을 품지 말고 마귀로 틈을 타지 못하게 하라"하였습니다. 마귀는 언제나 사람의 약점을 노리고 공격해 오는데 가장 취약점인 인간의 혈기를 틈타고 공격해 오는 것을 잊어서는 안되는 것입니다. 마귀는 인간을 타락시키기 위해서는 수단과 방법을 가리지 않고 우는 사자 처럼 달려들고 있음을 베드로서 저자는 기록하였는데 "근신하라 깨어라 너희 대적 마귀가 우는 사자 같이 두루 다니며 삼킬 자를 찾나니 너희는 믿음을 굳게 하여 저를 대적하라 이는 세상에 있는 너희 형제들도 동일한 고난을 당하는 줄을 앎이니라"(벧전 5 : 8~9) 하였습니다.

마귀는 최초의 사람 아담을 타락시킨 것은 거짓 말이었지만 지금도 거짓말을 비롯하여 더욱 수단과 방법이 다양해 졌습니다. 혹은 이적으로 혹은 음행으로 혹은 돈을 사랑케 함으로 마귀의 계획을 이루어 나아가고 있는 것입니다.

그리고 때로는 예수님께 접근하던 마귀는 명예나 먹는 것이나 영광을 미끼로 하여 넘어 지게 하다가 실패하면 다른 방법을 사용하는데 가장 친한 사람을 통해서 넘어지게 하는데 하나님의 원하시는 것을 하지 못하게 하는 것입니다 (마 16 : 21~24).

그런데 그 중에서도 가장 무서운 것이 곧 성을 내게 하여 인내력을 무기력하게 하여 타락하게 만드는데 있는 것입니다.

야고보서 저자는 기록하기를 "내 사랑하는 형제들아 사람마다 듣기는 속히 하고 말하기는 더디 하며 성내기도 더디 하라 사람의 성내는 것이 하나님의 의를 이루지 못함이니라"(약 1 : 19~20) 하였습니다.

그러므로 온유함으로 사람을 대하고 인내함으로 모든 사건을 처리하면 마귀가 틈타지 못할 것입니다. 그래서 성도들은 금년에는 분을 내지 아니하려고 노력하고 마귀로 틈탈 기회를 주지 아니하는데 최선을 다해야 하겠습니다.

3. 구제하면서 살아야 하겠습니다.

본문 28 "도적질 하는 자는 다시 도적질하지 말고 돌이켜 빈궁한
자에게 구제할 것이 있기 위하여 제 손으로 수고하여 선한 일을 하
라"하였습니다. 이는 도적질은 남에게 물질의 피해를 주는 것을 말
하고 자신의 이익을 위해서는 수단과 방법을 가리지 않고 무엇이나
하는 사람을 말하는 것입니다. 예수를 믿는 사람은 자기의 유익을
위하여 타인에게 손해를 끼쳐서는 안되는 것입니다. 도적질이라는
것은 남이 땀흘려 모아놓은 재산을 하루 밤에 훔쳐 오는 것을 말하
는 것입니다. 남의 소유권을 침해하는 행위가 바로 도적질인 것입니
다. 그런데 바울사도는 기록하기를 다시는 도적질을 하지 말고 제
손으로 수고하여 빈궁한 자에게 구제할 것이 있기를 위하여 노력하
라 하였습니다. 그렇습니다. 기독교인들은 자기의 이익만을 생각해
서는 안되는 것입니다.

바울사도는 기록하기를 "나와 같이 모든 일에 모든 사람을 기쁘게
하여 나의 유익을 구치 아니하고 많은 사람의 유익을 구하여 저희로
구원을 얻게 하라"(고전 10 : 33) 하였습니다. 그리고 그는 기록하기
를 "범사에 너희에게 모본을 보였노니 곧 이같이 수고하여 약한 사
람을 돕고 또 주 예수의 친히 말씀하신바 주는 것이 받는 것보다 복
이 있다. 하심을 기억하여야 할지니라"(행 20 : 35) 하였습니다.

잠언 저자는 기록하기를 "흩어 구제하여도 더욱 부하게 되는 일이
있어도 과도히 아껴도 가난하게 될 뿐이니라 구제를 좋아하는 자는
풍족하여 질 것이요 남을 윤택하게 하는 자는 윤택하여 지리라 곡식
을 내지 아니하는 자는 백성에게 저주를 받을 것이나 파는 자는 그
머리에 복이 임하니라"(잠 11 : 24~26) 하였습니다. 구제는 남들에

게 유익을 주는 것입니다. 그러므로 금년에는 남을 돕는 해로 삼고 자신의 것을 남에게 주는 해가 되어야 하겠습니다.

결 론

금년에는 모든 성도들이 주님의 가르침을 받은 대로 진실하게 살고 마귀가 틈타지 못하게 해야 하겠으며 구제하면서 살아야 합니다. 그리하여 주님의 가르침을 받은 효과를 나타내야 하겠습니다.

가르침을 받은 대로 살자

엡 4:29~32

29) 무릇 더러운 말은 너희 입 밖에도 내지 말고 오직 덕을 세우
는 데 소용되는 대로 선한 말을 하여 듣는 자들에게 은혜를 끼치
게 하라
30) 하나님의 성령을 근심하게 하지 말라 그 안에서 너희가 구속
의 날까지 인치심을 받았느니라
31) 너희는 모든 악독과 노함과 분냄과 떠드는 것과 훼방하는 것
을 모든 악의와 함께 버리고
32) 서로 인자하게 하며 불쌍히 여기며 서로 용서하기를 하나님
이 그리스도 안에서 너희를 용서하심과 같이 하라

서 론

모세는 기록하기를 "네가 네 하나님 여호와의 말씀을 삼가 듣고
내가 오늘날 네게 명하는 그 모든 명령을 지켜 행하면 네 하나님
여호와께서 너를 세계 모든 민족 위에 뛰어나게 하실 것이라 네가 네
하나님 여호와의 말씀을 순종하면 이 모든 복이 네게 임하며 네게 미
치리니 성읍에서도 복을 받고 들에서도 복을 받을 것이며 네 몸의 소
생과 네 토지의 소산과 네 짐승의 새끼와 우양의 새끼가 복을 받을
것이며 네 광주리와 떡반죽 그릇이 복을 받을 것이며 네가 들어와도

복을 받고 나가도 복을 받는 것이니라"(신 28 : 1~6) 하였습니다.

1. 선한 말을 하고 살아야 하겠습니다

본문 29 "무릇 더러운 말은 너희 입밖에도 내지 말고 오직 덕을 세우는데 소용되는 대로 선한 말을하여 듣는 자들에게 은혜를 끼치게 하라"하였습니다. 말은 그 사람의 인격을 대변하는 중요한 부분을 차지하고 있는 것이기 때문에 항상 삼가하는 것이 옳은 것입니다. 특히 선한 말을 하여 듣는 사람들이 은혜를 받도록 하라는 것입니다.

야고보서 저자는 기록하기를 "우리가 다 실수가 많으니 만일 말에 실수가 없는 자면 곧 온전한 사람이라 능히 온 몸도 굴레 씌우리라 우리가 말을 순종케 하려고 그 입에 재갈 먹여 온 몸을 어거하며 또 배를 보라 그렇게 크고 광풍에 밀려가는 것들을 지극히 작은 키로 사공의 뜻대로 운전하나니 이와 같이 혀도 작은 지체로되 큰 것을 자랑하도다 보라 어떻게 작은 불이 어떻게 많은 나무를 태우는가 혀는 곧 불이요 불의의 세계라 혀는 우리의 지체 중에서 온 몸을 더럽히고 생의 바퀴를 불사르나니 그 사르는 것이 지옥 불에서 나느니라 여러 종류의 짐승과 새며 벌레와 해물은 다 길들이므로 사람에게 길들었거니와 혀는 능히 길들일 사람이 없나니 쉬지 아니하는 악이요 죽이는 독이 가득한 것이라 이것으로 우리가 주 아버지를 찬송하고 또 이것으로 하나님의 형상대로 지음 받은 사람을 저주하나니 한 입으로 찬송과 저주가 나는 도다 내 형제들아 이것이 마땅치 아니하니라 샘이 한 구멍으로 어찌 단 물과 쓴 물을 내겠느뇨 내 형제들아 어찌 무화과나무가 감람 열매를 포도나무가 무화과를 맺겠느뇨 이와 같이 짠 물이 단 물을 내지 못하느니라"(약 3 : 2〜12) 하였습니다.
그렇습니다. 이는 말의 심각성을 나타낸 말이라고 할 수 있습니다.
잠언저자는 사람의 복록이 그 입술에 있느니라 하여 이사야서 저자
는 입술이 부정하여 망하게 되었다고 하였습니다 (사 6 : 5).

그러므로 금년에는 말을 삼가하여 복을 받는 것은 물론이지만 가
정이나 직장에서나 교회에서 다툼을 중단시키는 큰 역할을 해야 할
것입니다 (잠 26 : 20). 그러므로 경우에 합당한 말을 하여 그 말의
효과는 아로새긴 은쟁반에 금사과 격인 역사가 나타나도록 해야 할
것입니다 (잠 25 : 11). 그리고 축복하는데 사용하여 자신을 비롯해
서 많은 사람들이 복을 받도록 노력해야 할 것입니다 (잠 11 : 11).

2. 성령을 근심시키지 말고 살아야 하겠습니다.

본문 30 "하나님의 성령을 근심하게 하지 말라 그 안에서 너희가
구속의 날까지 인치 심을 받았느니라"하였습니다. 그렇습니다. 성령
님께서는 언제나 우리들과 함께 하시며 도와 주시는 편에 계십니다.

바울사도는 기록하기를 "이와 같이 성령도 우리 연약함을 도우시
나 우리가 마땅히 빌바를 알지 못하나 오직 성령이 말할 수 없는 탄
식으로 우리를 위하여 친히 간구하시느니라 마음을 감찰하시는 이
가 성령의 생각을 아시나니 이는 성령이 하나님의 뜻대로 성도를 위
하여 간구하심이니라"(롬 8 : 26〜27) 하였습니다.

성령께서 역사하지 아니하셨다면 누구든지 예수 그리스도를 주라
시인할 수 없었을 것입니다 (고전 12 : 3). 베드로가 신앙을 바로 고
백한 것은 바로 성령의 역사인 것입니다 (마 16 : 16〜17). 그러므로
어떻게 우리가 성령을 근심케 하는 일을 해서야 하겠습니까? 매일

지은 죄를 회개하면 성령의 충만함을 선물로 주시고 (행 2 : 38), 성령의 충만함을 입으면 (엡 5 : 18~21), 그의 지배를 받아 자신의 고집대로 살지 아니하고 오직 성령의 생각대로 살게 되는 은혜와 복이 임하는 것입니다.

그러므로 금년에는 무슨 수를 써서라도 성령을 근심케 하는 일은 하지 말아야 하겠습니다. 그럼 어떻게 하는 것이 성령을 근심케 하지 않는 것인가?

창세기 저자는 기록하기를 "여호와께서 사람의 죄악이 세상에 관영함과 그 마음의 생각의 모든 계획이 항상 악할 뿐임을 보시고 땅위에 사람 지으셨음을 한탄하사 마음에 근심하시고 가라사대 나의 창조한 사람을 내가 지면에서 쓸어 버리되 사람으로부터 육축과 기는 것과 공중의 새까지 그리하리니 이는 내가 그것을 지었음을 한탄함이니라"(창 6 : 5~7) 하였습니다.

이는 성령을 근심케 하지 아니하는 방법은 죄를 멀리하는 것과 지은 죄를 회개하는 것입니다. 그러므로 금년에는 성령을 근심케 하지 말고 성령을 기쁘시게 해드리는 생활을 설계해야 할 것입니다.

3. 악을 버리고 사랑하고 살아야 하겠습니다.

본문 31~32 "너희는 모든 악독과 노함과 분냄과 떠드는 것과 훼방하는 것을 모든 악의와 함께 버리고 서로 인자하게 하며 불쌍히 여기며 서로 용서하기를 하나님이 그리스도 안에서 너희를 용서하심과 같이 하라"하였습니다.

악의 근원은 무엇인가 예레미야서 자자는 기록하기를 "네 악이 너를 징계 하겠고 네 패역이 너를 책할 것이라 그런즉 네 하나님 여호와를 버림과 네 속에 나를 경외함이 없는 것이 악이요 고통인줄 알라 주 만군의 여호와의 말이니라"(렘 2 : 19) 하였습니다.

악의 근원은 하나님을 믿지 아니하는 가운데서 싹트기 시작하는 것이라면 악을 버리는 것은 악을 버리는 첫 관문이 되는 것이고 둘째는 하나님의 말씀을 따라서 사는 것입니다.

시편 저자는 기록하기를 "청년이 무엇으로 그 행실을 깨끗케 하리이까 주의 말씀을 따라 삼갈 것이니이다"(시 119 : 9) 하였습니다. 그러나 더욱 적극적으로 악을 버리는 방법은 성령의 충만함을 받아 그의 지배를 받는 것입니다.

바울사도는 기록하기를 "하나님께 감사할 것은 하나님이 처음부터 너희를 택하사 성령의 거룩하게 하심과 진리를 믿음으로 구원으로 얻게 하심이니"(살후 2 : 13) 하였고 "오직 성령으로서 새롭게 되어진다"(딛 3 : 5) 하였습니다. 그리고 사도요한은 "주께 받은 바 기름 부음이 너희 안에 거하나니 아무도 너희를 가르칠 필요가 없고 오직 그의 기름 부음이 모든 것을 너희에게 가르치며"(요 1서 2 : 27) 하였습니다.

이는 성령의 상징적인 명칭을 기름으로 했는데 기름과 물은 같은 유기체이지만 기름과 물은 하나되지 못하고 객체의 성격을 가지고 있는 반면 기름은 언제나 물위에 떠 있다는 것입니다. 이것은 무엇을 의미하는고 하니 물과 기름이 하나되지 아니하는 것처럼 성도는 죄와 더불어 하나되지는 아니한다는 것입니다. 그러니 성령의 충만함을 받으면 악에서 떠나 선을 행할 수 있다는 것입니다.

금년에는 철저하게 회개하여 성령의 충만함을 받아(행 2 : 28), 악에서 떠나 선을 행하고 악에게 지지 말고 선으로 악을 이기는 한 해가 되시기를 바랍니다(롬 12 : 17~21).

결 론

금년에는 무엇보다도 새로운 면모를 갖추고 새로운 생활을 시작 하여야 할 것입니다. 그리하여 주님의 가르침에 따라서 선한 말을 하면서 살고 성령을 근심케 하는 죄를 멀리하고 살며 악을 버리고 선을 행하는 성도들의 생활이 되어야 할 것입니다.

색　인

〔금년에〕

（렘 28 : 16） 그러므로 여호와께서 말씀하시되 내가 너를 지면에
서 제하리니 네가 여호와께 패역하는 말을 하였음이라 금년에 죽으
리라 하셨느니라 하더니

〔금년에는〕

（왕하 19 : 29） 또 네게 보일 징조가 이러하니 너희가 금년에는
스스로 자라난 것을 먹고 명년에는 그것에서 난 것을 먹되 제 삼년
에는 심고 거두며 포도원을 심고 그 열매를 먹으리라
（사 37 : 30） 왕이여 이것이 왕에게 징조가 되리니 금년에는 스스로
난 것을 먹을 것이요 제 이년에는 또 거기서 난 것을 먹을 것이요 제
삼년에는 심고 거두며 포도나무를 심고 그 열매를 먹을 것이니
이다

〔금년에도〕

（눅 13 : 8） 대답하여 가로되 주인이여 금년에도 그대로 두소서
내가 두루 파고 거름을 주리니

〔나 중〕

（사 41 : 4） 이 일을 누가 행하였느냐 누가 이루었느냐 누가 태초
부터 만대를 명정하였느냐 나 여호와라 태초에도 나요 나중 있을 자
에게도 내가 곧 그니라
（학 2 : 9） 이 전의 나중 영광이 이전 영광보다 크리라 만군의 여
호와의 말이니라 내가 이곳에 평강을 주리라 만군의 여호와의 말이

니라

(마 12 : 45) 이에 가서 저보다 더 악한 귀신 일곱을 데리고 들어 가서 거하니 그 사람의 나중 형편이 전보다 더욱 심하게 되느니라 이 악한 세대가 또한 이렇게 되리라

(마 19 : 30) 그러나 먼저 된 자로서 나중 되고 나중 된 자로서 먼저 될 자가 많으니라

(마 20 : 8) 저물매 포도원 주인이 청지기에게 이르되 품군들을 불러 나중 온 자로부터 시작하여 먼저 온 자까지 삯을 주라 하니

(마 20 : 12) 나중 온 이 사람들은 한 시간만 일하였거늘 저희를 종일 수고와 더위를 견딘 우리와 같게 하였나이다

(마 20 : 14) 네 것이나 가지고 가라 나중 온 이 사람에게 너와 같이 주는 것이 내 뜻이니라

(마 20 : 16) 이와 같이 나중 된 자로서 먼저 되고 먼저 된 자로서 나중 되리라

(막 10 : 31) 그러나 먼저 된 자로서 나중 되고 나중 된 자로서 먼저 될 자가 많으니라

(눅 11 : 26) 이에 가서 저보다 더 악한 귀신 일곱을 데리고 들어 가서 거하니 그 사람의 나중 형편이 전보다 더 심하게 되느니라

(눅 13 : 30) 보라 나중 된 자로서 먼저 될자도 있고 먼저 된 자로서 나중 될 자도 있느니라 하시더라

(벧후 2 : 20) 만일 저희가 우리 주 되신 구주 예수 그리스도를 앎으로 세상의 더러움을 피한 후에 다시 그 중에 얽매이고 지면 그 나중 형편이 처음보다 더 심하리니

(계 2 : 19) 내가 네게 사업과 사랑과 믿음과 섬김과 인내를 아노 니 네 나중 행위가 처음 것보다 많도다

〔나중까지〕

(마 10 : 22) 또 너희가 내 이름을 인하여 모든 사람에게 미움을
받을 것이나 나중까지 견디는 자는 구원을 얻으리라

(막 13 : 13) 또 너희가 내 이름을 인하여 모든 사람에게 미움을
받을 것이나 나중까지 견디는 자는 구원을 얻으리라

〔나중된〕

(스 8 : 13) 아도니감 자손 중에 나중된 자의 이름은 엘리벨렛과
여우엘과 스마야니 그와 함께한 남자가 육십명이요

〔나중에〕

(대하 20 : 35) 유다왕 여호사밧이 나중에 이스라엘 왕 아하시야
와 교제하였는데 아하시야는 심히 악을 행하는 자이었더라

(잠 28 : 23) 사람을 경책하는 자는 혀로 아첨하는 자보다 나중
에 더욱 사랑을 받느니라

(단 8 : 3) 내가 눈을 들어본 즉 강가에 두 뿔 가진 수양이 섰는
데 그 두 뿔이 다 길어도 한 뿔은 다른 뿔보다도 길었고 그 긴 것은
나중에 난 것이더라

(고전 15 : 8) 맨 나중에 만삭되지 못하여 난자 같은 내게도 보이
셨느니라

(고전 15 : 26) 맨 나중에 멸망받을 원수는 사망이니라

〔나중에는〕

(민 24 : 22) 그러나 가인이 쇠미하리니 나중에는 앗수르의 포로

가 되리로다 하고

(잠 29 : 21)   종을 어렸을 때부터 곱게 양육하면 그가 나중에는
자식인체 하리라

〔나중은〕

(욥 8 : 7)   네 시작은 미약하였으나 네 나중은 심히 창대하리라

(잠 5 : 4)   나중은 쑥 같이 쓰고 두 날 가진 칼같이 날카로우며

〔나중이〕

(룻 3 : 10)   가로되 내 딸아 여호와께서 네게 복주시기를 원하노
라 네가 빈부를 물론하고 연소한 자를 좇지 아니하였으니 너의 베푼
인애가 처음보다 나중이 더하도다

(삼하 19 : 11)   다윗왕이 사독과 아비아달 두 제사장에게 기별하
여 가로되 너희는 유다 장로들에게 고하여 이르기를 왕의 말씀이 온
이스라엘이 왕을 궁으로 도로 모셔오자 하는 말이 왕께 들렸거늘 너
희는 어찌하여 궁으로 모시는 일에 나중이 되느냐

(삼하 19 : 12)   너희는 내 형제요 내 골육이어늘 어찌하여 왕을
도로 모셔 오는 일에 나중이 되리요 하셨다 하고

〔나중이니〕

(고전 15 : 24)   그 후에는 나중이니 저가 모든 정사와 모든 권세
와 능력을 멸하시고 나라를 아버지 하나님께 바칠때라

(계 1 : 17)   내가 볼 때에 그 발 앞에 엎드러져 죽은 자같이 되매
그가 오른손을 내게 얹고 가라사대 두려워 말라 나는 처음이요 나중
이니

〔나중이라〕

（계 21 : 6）　또 내게 말씀하시되 이루었도다 나는 알파와 오메가요 처음과 나중이라 내가 생명수 샘물로 목마른 자에게 값없이 주리니

〔나중이요〕

（계 2 : 8）　서머나 교회의 사자에게 편지하기를 처음이요 나중이요 죽었다가 살아나신 이가 가라사대

（계 22 : 13）　나는 알파와 오메가요 처음과 나중이요 시작과 끝이라

〔새롭게〕

（삼상 11 : 14）　사무엘이 백성에게 이르되 오라 우리가 갈길로 가서 나라를 새롭게 하자

（시 51 : 10）　하나님이여 내 속에 정한 마음을 창조하시고 내 안에 정직한 영을 새롭게 하소서

（시 103 : 5）　좋은 것으로 네 소원을 만족케 하사 네 청춘으로 독수리 같이 새롭게 하시는도다

（시 104 : 30）　주의 영을 보내어 저희를 창조하사 지면을 새롭게 하시나이다

（사 41 : 1）　섬들아 내 앞에 잠잠하라 민족들아 힘을 새롭게 하라 가까이 나아오라 그리하고 말하라 우리가 가까이 하여 서로 변론하자

（애 5 : 21）　여호와여 우리를 주께로 돌이키소서 그리하시면 우리가 주께로 돌아 가겠사오니 우리의 날을 다시 새롭게 하사 옛적같게 하옵소서

(겔 18 : 31) 너희는 범한 모든 죄악을 버리고 마음과 영을 새롭게 할지어다 이스라엘 족속아 너희가 어찌하여 죽고자 하느냐

(마 19 : 28) 예수께서 가라사대 내가 진실로 너희에게 이르노니 세상이 새롭게 되어 인자가 자기 영광의 보좌에 앉을 때에 나를 좇는 너희도 열 두 보좌에 앉아 이스라엘 열 두 지파를 심판하리라

(롬 12 : 2) 너희는 이 세대를 본받지 말고 오직 마음을 새롭게 함으로 변화를 받아 하나님의 선하시고 기뻐하시고 온전하신 뜻이 무엇인지 분별하도록 하라

(엡 4 : 23) 오직 심령으로 새롭게 되어

(골 3 : 10) 새 사람을 입었으니 이는 자기를 창조하신 자의 형상을 좇아 지식에까지 새롭게 하심을 받는 자니라

(딛 3 : 5) 우리를 구원하시되 우리의 행한 바 의로운 행위로 말미암지 아니하고 오직 그의 긍휼하심을 좇아 중생의 씻음과 성령의 새롭게 하심으로 하셨나니

(히 6 : 6) 타락한 자들은 다시 새롭게 하여 회개케 할 수 없나니 이는 자기가 하나님의 아들을 다시 십자가에 못박아 현저히 욕을 보임이라

(계 21 : 5) 보좌에 앉으신 이가 가라사대 보라 내가 만물을 새롭게 하노라 하시고 또 가라사대 이 말은 신실하고 참되니 기록하라 하시고

〔세초부터〕

(신 11 : 12) 네 하나님 여호와께서 권고하시는 땅이라 세초부터 세말까지 네 하나님 여호와의 눈이 항상 그 위에 있느니라

〔세초에〕

(대하 36 : 10) 세초에 느브갓네살이 보내어 요호야긴을 바벨론으로 잡아가고 여호와의 전의 귀한 기구도 함께 가져가고 그 아자비 시드기야를 세워 유다와 예루살렘 왕을 삼았더라

〔새것과〕

(마 13 : 52) 예수께서 가라사대 그러므로 천국의 제자된 서기관마다 마치 새것과 옛것을 그 곳간에서 내어오는 집주인과 같으니라

〔새것으로〕

(마 26 : 29) 그러나 너희에게 이르노니 내가 포도나무에서 난 것을 이제부터 내 아버지의 나라에서 새것으로 너희와 함께 마시는 날까지 마시지 아니하리라 하시니라

(막 14 : 25) 진실로 너희에게 이르노니 내가 포도나무에서 난 것을 하나님 나라에서 새것으로 마시는 날까지 다시 마시지 아니하리라 하시니라

〔새것이〕

(막 2 : 21) 생베 조각을 낡은 옷에 붙이는 자가 없나니 만일 그렇게 하면 기운 새것이 낡은 그것을 당기어 해어짐이 더하게 되느니라

(고후 5 : 17) 그런즉 누구든지 그리스도 안에 있으면 새로운 피조물이라 이전것은 지나갔으니 보라 새것이 되었도다

〔시작〕

(출 12 : 2) 이 달로 너희에게 달의 시작 곧 해의 첫 달이 되게 하고

(잠 8 : 22) 여호와께서 그 조화의 시작 곧 태초에 일하시기 전에 나를 가지셨으며

〔시작과〕

(계 22 : 13) 나는 알파와 오메가요 처음과 나중이요 시작과 끝 이라

〔시작되기〕

(사 42 : 9) 보라 전에 예언한 일이 이미 이루었느니라 이제 내가 새 일을 고하노라 그 일이 시작되기 전이라도 너희에게 이르노라

〔시작되어〕

(행 10 : 37) 곧 요한이 그 세례를 반포한 후에 갈릴리에서 시작 되어 온 유대에 두루 전파된 그것을 너희도 알거니와

〔시작되었으며〕

(창 10 : 10) 그의 나라는 시날땅의 바벨과 에렉과 악갓과 갈레 에서 시작되었으며

〔시작되었음이니라〕

(민 16 : 46) 이에 모세가 아론에게 이르되 너는 향로를 취하고 단의 불을 그것에 담고 그 위에 향을 두어 가지고 급히 회중에게로 가서 그들을 위하여 속죄하라 여호와께서 진노하셨으므로 염병이

시작되었음이니라

〔시작된즉〕

(단 7 : 26) 그러나 심판이 시작된즉 그는 권세를 빼앗기고 끝까지 멸망할 것이요

〔시작될〕

(대하 20 : 22) 그 노래와 찬송이 시작될 때에 여호와께서 복병을 두어 유다를 치러 온 암몬 자손과 모압과 세일산 사람을 치게 하시므로 저희가 패하였으니

〔시작보다〕

(전 7 : 8) 일의 끝이 시작보다 낫고 참는 마음이 교만한 마음보다 나으니

〔시작은〕

(욥 8 : 7) 네 시작은 미약하였으나 네 나중은 심히 창대하리라

(잠 17 : 14) 다투는 시작은 방축에서 물이 새는 것 같은 즉 싸움이 일어나기 전에 시비를 그칠 것이니라

(전 10 : 13) 그 입의 말의 시작은 우매요 끝은 광패니라

〔시작을〕

(시 78 : 51) 애굽에서 모든 장자 곧 함의 장막에 있는 그 기력의 시작을 치셨으나

[시작이니라]

(마 24 : 8) 이 모든 것이 재난의 시작이니라

(막 13 : 8) 민족이 민족을 나라가 나라를 대적하여 일어나겠고 처처에 지진이 있으며 기근이 있으리니 이는 재난의 시작이니라

[시작이라]

(창 49 : 3) 르우벤아 너는 내 장자요 나의 능력이요 나의 기력의 시작이라 위광이 초등하고 권능이 탁월하도다마는

(신 21 : 17) 반드시 그 미움을 받는 자의 아들을 장자로 인정하여 자기의 소유에서 그에게는 두 몫을 줄 것이니 그는 자기의 기력의 시작이라 장자의 권리가 그에게 있음이니라

(막 1 : 1) 하나님의 아들 예수 그리스도 복음의 시작이라

[시작이로다]

(시 105 : 36) 여호와께서 또 저희 땅의 모든 장자를 치시니 곧 저희 모든 기력의 시작이로다

[시작점이요]

(욥 26 : 14) 이런 것은 그 행사의 시작점이요 우리가 그에게 대하여 들은 것도 심히 세미한 소리뿐이니라 그 큰 능력의 우뢰야 누가 능히 측량하랴

[시작하거늘]

(행 18 : 26) 그가 회당에서 담대히 말하기를 시작하거늘 브리스길라와 아굴라가 듣고 데려다가 하나님의 도를 더 자세히 풀어 이르더라

[시작하거든]

(눅 21 : 28) 이런 일이 되기를 시작하거든 일어나 머리를 들라
너희 구속이 가까왔느니라 하시더라

[시작하겠느냐]

(고후 3 : 1) 우리가 다시 자천하기를 시작하겠느냐 우리가 어찌
어떤 사람처럼 천거서를 너희에게 부치거나 혹 너희에게 맡거나 할
필요가 있느냐

[시작하고]

(대상 27 : 24) 스루야의 아들 요압이 조사하기를 시작하고 끝내
지 못하여서 그 일로 인하여 진노가 이스라엘에게 임한지라 그 수효
를 다윗왕의 역대지략에 기록하지 아니하였더라

(스 3 : 8) 예루살렘 하나님의 전에 이른지 이년 이월에 스알디엘
의 아들 스룹바벨과 요사닥의 아들 예수아와 다른 형제 제사장들과
레위 사람들과 무릇 사로잡혔다가 예루살렘에 돌아온 자들이 역사
를 시작하고 이십세 이상의 레위 사람들을 세워 여호와의 전 역사를
감독하게 하매

(눅 14 : 30) 가로되 이 사람이 역사를 시작하고 능히 이루지 못
하였다 하리라

[시작하는]

(삼하 21 : 9) 저희를 기브온 사람의 손에 붙이니 기브온 사람이
저희를 산 위에서 여호와 앞에 목매어 달매 저희 일곱 사람이 함께

죽으니 죽은 때는 곡식 베는 처음 날 곧 보리 베기 시작하는 때더라

(대하 29 : 27) 히스기야가 명하여 번제를 단에 드릴새 번제 드리기를 시작하는 동시에 여호와의 시로 노래하고 나팔을 불며 이스라엘 왕 다윗의 악기를 울리고

[시작하니]

(대하 3 : 1) 솔로몬이 예루살렘 모리아산에 여호와의 전 건축하기를 시작하니 그곳은 전에 여호와께서 그 아비 다윗에게 나타나신 곳이요 여부스 사람 오르난의 타작마당에 다윗이 정한 곳이라

[시작하니라]

(민 25 : 1) 이스라엘이 싯딤에 머물러 있더니 그 백성이 모압 여자들과 음행하기를 시작하니라

(삿 16 : 22) 그의 머리털이 밀리운 후에 다시 자라기 시작하니라

(행 2 : 4) 저희가 다 성령의 충만함을 받고 성령이 말하게 하심을 따라 다른 방언으로 말하기를 시작하니라

[시작하더라]

(겔 9 : 6) 늙은 자와 젊은 자와 처녀와 어린 아이와 부녀를 다 죽이되 이마에 표 있는 자에게는 가까이 말라 내 성소에서 시작할지니라 하시매 그들이 성전 앞에 있는 늙은 자들로부터 시작하더라

[시작하리라]

(삿 13 : 5) 보라 네가 잉태하여 아들을 낳으리니 그 머리에 삭도를 대지 말라 그 아이는 태어서 나옴으로부터 하나님께 바치운 나실

인이 됨이라 그가 블레셋 사람의 손에서 이스라엘을 구원하기 시작하리라

(호 8 : 10) 저희가 열방 사람에게 값을 주었을지라도 이제 내가 저희를 모으리니 저희가 모든 방백의 임금의 지워준 짐을 인하여 쇠하기 시작하리라

[시작하리이까]

(왕상 20 : 14) 아합이 가로되 누구로 하시리이까 대답하되 여호와의 말씀이 각 도의 방백의 소년들로 하리라 하셨나이다 아합이 가로되 누가 싸움을 시작하리이까 대답하되 왕이니이다

[시작하매]

(창 41 : 54) 요셉의 말과 같이 일곱해 흉년이 들기 시작하매 각 국에는 기근이 있으나 애굽 온 땅에는 식물이 있더니

(스 5 : 2) 이에 스알디엘의 아들 스룹바벨과 요사닥의 아들 예수아가 일어나 예루살렘 하나님의 전 건축하기를 시작하매 하나님의 선지자들이 함께 하여 돕더니

(행 27 : 35) 떡을 가져다가 모든 사람 앞에서 하나님께 축사하고 떼어 먹기를 시작하매

[시작하며]

(삿 20 : 31) 베냐민 자손이 나와서 백성을 맞더니 꾀임에 빠져 성읍을 떠났더라 그들이 큰 길 곧 한편은 벧엘로 올라가는 길이요 한편은 기브아의 들로 가는 길에서 백성을 쳐서 전과 같이 이스라엘 사람 삼십명 가량을 죽이기 시작하며

(삿 20 : 39)   이스라엘 사람은 싸우다가 물러가고 베냐민 사람은
이스라엘 사람 삼십명 가량을 쳐 죽이기를 시작하며 이르기를 이들
이 정녕 처음 싸움같이 우리에게 패한다 하다가

[시작하신]

(빌 1 : 6)   너희 속에 착한 일을 시작하신 이가 그리스도 예수의
날까지 이루실 줄을 우리가 확신하노라

[시작하심부터]

(행 1 : 1)   데오빌로여 내가 먼저 쓴 글에는 무릇 예수의 행하시
며 가르치시기를 시작하심부터

[시작하여]

(창 9 : 20)   노아가 농업을 시작하여 포도 나무를 심었더니

(창 44 : 12)   그가 나이 많은 자에게서부터 시작하여 나이 적은
자에게까지 수탐하매 잔이 베냐민의 자루에서 발견된지라

(민 34 : 3)   너희 남방은 에돔 곁에 접근한 신 광야니 너희 남편
경계는 동편으로 염해 끝에서 시작하여

(수 3 : 7)   여호와께서 여호수아에게 이르시되 내가 오늘부터 시
작하여 너를 온 이스라엘의 목전에서 크게 하여 내가 모세와 함께
있던 것같이 너와 함께 있는 것을 그들로 알게 하리라

(대하 29 : 17)   정월 초하루에 성결케 하기를 시작하여 그달 초
팔일에 여호와의 낭실에 이르고 또 팔일동안 여호와의 전을 성결케
하여 정월 십 륙일에 이르러 마치고

(대하 31 : 7)   삼월에 쌓기를 시작하여 칠월에 마친지라

(마 20 : 8) 저물매 포도원 주인이 청지기에게 이르되 품군들을 불러 나중 온 자로부터 시작하여 먼저 온 자까지 삯을 주라 하니

(눅 23 : 5) 무리가 더욱 굳세게 말하되 저가 온 유대에서 가르치고 갈릴리에서부터 시작하여 여기까지 와서 백성을 소동케 하나이다

(눅 24 : 27) 이에 모세와 및 모든 선지자의 글로 시작하여 모든 성경에 쓴바 자기에 관한 것을 자세히 설명하시니라

(눅 24 : 47) 또 그의 이름으로 죄 사함을 얻게 하는 회개가 예루살렘으로부터 시작하여 모든 족속에게 전파될 것이 기록되었으니

(요 8 : 9) 저희가 이 말씀을 듣고 양심의 가책을 받아 어른으로 시작하여 젊은이까지 하나씩 하나씩 나가고 오직 예수와 그 가운데 섰는 여자만 남았더라

(요 13 : 5) 이에 대야에 물을 담아 제자들의 발을 씻기시고 그 두르신 수건으로 씻기기를 시작하여

(행 8 : 35) 빌립이 입을 열어 이 글에서 시작하여 예수를 가르쳐 복음을 전하니

[시작하였는데]

(민 10 : 13) 이와 같이 그들이 여호와께서 모세로 명하신 것을 좇아 진행하기를 시작하였는데

[시작하였다가]

(갈 3 : 3) 너희가 이같이 어리석으냐 성령으로 시작하였다가 이제는 육체로 마치겠느냐

〔시작하였더라〕

(신 1 : 5) 모세가 요단 저편 모압 땅에서 이 율법 설명하기를 시
작하였더라 일렀으되

(왕상 6 : 1) 이스라엘 자손이 애굽 땅에서 나온지 사백 팔십년이
요 솔로몬이 이스라엘 왕이 된지 사년 시브월 곧 이월에 솔로몬이
여호와를 위하여 전 건축하기를 시작하였더라

(대하 3 : 2) 솔로몬이 왕위에 나아간지 사년 이월 초이일에 건축
하기를 시작하였더라

〔시작하였사오니〕

(신 3 : 24) 주 여호와여 주께서 주의 크심과 주의 권능을 주의 종
에게 나타내시기를 시작하였사오니 천지간에 무슨 신이 능히 주의 행
하신 일 곧 주의 큰 능력으로 행하신 일같이 행할 수 있으리이까

〔시작하였으니〕

(창 11 : 6) 여호와께서 가라사대 이 무리가 한 족속이요 언어도
하나이므로 이같이 시작하였으니 이후로는 그 경영하는 일을 금지
할 수 없으리로다

(에 6 : 13) 자기의 당한 모든 일을 그 아내 세레스와 모든 친구
에게 고하매 그 중 지혜로운 자와 그 아내 세레스가 가로되 모르드
개가 과연 유다 족속이면 당신이 그 앞에서 굴욕을 당하기 시작하였
으니 능히 저를 이기지 못하고 분명히 그 앞에 엎드러지리이다

〔시작하였은즉〕

(렘 25 : 29) 보라 내가 내 이름으로 일컬음을 받는 성에서부터

재앙 내리기를 시작하였은즉 너희가 어찌 능히 형벌을 면할 수 있느냐 면치 못하리니 이는 내가 칼을 불러 세상의 모든 거민을 칠 것임이니라 하셨다 하라 만군의 여호와의 말이니라

(고후 8 : 6) 이러므로 우리가 디도를 권하여 너희 가운데서 시작하였은즉 이 은혜를 그대로 성취케 하라 하였노라

[시작한]

(요 4 : 52) 그 낫기 시작한 때를 물은 즉 어제 제 칠시에 열기가 떨어졌나이다 하는지라

(히 7 : 3) 아비도 없고 어미도 없고 족보도 없고 시작한 날도 없고 생명의 끝도 없어 하나님 아들과 방불하여 항상 제사장으로 있느니라

[시작한대로]

(에 9 : 23) 유다인이 자기들의 이미 시작한대로 또는 모르드개의 보낸 글대로 계속하여 행하였으니

[시작할]

(창 6 : 1) 사람이 땅 위에 번성하기 시작할 때에 그들에게서 딸들이 나니

(룻 1 : 22) 나오미가 모압 지방에서 그 자부 모압 여인 룻과 함께 돌아왔는데 그들이 보리 추수 시작할 때에 베들레헴에 이르렀더라

(삼하 21 : 10) 아야의 딸 리스바가 굵은 베를 가져다가 자기를 위하여 반석위에 펴고 곡식 베기 시작할 때부터 하늘에서 비가 시체에 쏟아지기 까지 그 시체에 낮에는 공중의 새가 앉지 못하게 하고

밤에는 들짐승이 범하지 못하게 한지라

(단 9 : 23) 곧 네가 기도를 시작할 즈음에 명령이 내렸으므로 이제 네가 고하러 왔느니라 너는 크게 은총을 입은 자라 그런즉 너는 이 일을 생각하고 그 이상을 깨달을지니라

(암 7 : 1) 주 여호와께서 내게 보이신 것이 이러하니라 왕이 풀을 벤 후 풀이 다시 움돋기 시작할 때에 주께서 황충을 지으시매

(눅 3 : 23) 예수께서 가르치심을 시작할 때에 삼십세쯤 되시니라 사람들의 아는 대로는 요셉의 아들이니 요셉의 이상은 헬리요

(행 11 : 15) 내가 말을 시작할 때에 성령이 저희에게 임하시기를 처음 우리에게 하신 것과 같이 하는지라

(히 3 : 14) 우리가 시작할 때에 확실한 것을 끝까지 견고히 잡으면 그리스도와 함께 참예한 자가 되리라

(벧전 4 : 17) 하나님 집에서 심판을 시작할 때가 되었나니 만일 우리에게 먼저하면 하나님의 복음을 순종치 아니하는 자들의 그 마지막이 어떠하며

〔시작할꼬〕

(삿 10 : 18) 길르앗 백성과 방백들이 서로 이르되 누가 먼저 나가서 암몬 자손과 싸움을 시작할꼬 그가 길르앗 모든 거민의 머리가 되리라 하니라

〔시작할뿐〕

(고후 8 : 10) 이 일에 내가 뜻만 보이노니 이것은 너희에게 유익함이라 너희가 일년 전에 행하기를 먼저 시작할 뿐 아니라 원하기도 하였은즉

[시작할지니라]

(겔 9:6) 늙은 자와 젊은 자와 처녀와 어린 아이와 부녀를 다
죽이되 이마에 표 있는 자에게는 가까이 말라 내 성소에서 시작할지
니라 하시매 그들이 성전 앞에 있는 늙은 자들로부터 시작하더라

[시작함으로부터]

(대하 31:10) 사독의 족속 대제사장 아사랴가 대답하여 가로되
백성이 예물을 여호와의 전에 드리기 시작함으로부터 우리가 족하
게 먹었으나 남은 것이 많으니 이는 여호와께서 그 백성에게 복을
주셨음이라 그 남은 것이 이렇게 많이 쌓였나이다

(롬 11:16) 제사하는 처음 익은 곡식 가루가 거룩한즉 떡덩이
도 그러하고 뿌리가 거룩한즉 가지도 그러하니라

(롬 13:11) 또한 너희가 이 시기를 알거니와 자다가 깰 때가 벌
써 되었으니 이는 이제 우리의 구원이 처음 믿을 때보다 가까왔음이
니라

(롬 16:5) 또 저의 교회에게도 문안하라 나의 사랑하는 에배네
도에게 문안하라 저는 아시아에서 그리스도께 처음 익은 열매니라

(딤전 5:12) 처음 믿음을 저버렸으므로 심판을 받느니라

(딤후 4:16) 내가 처음 변명할 때에 나와 함께한 자가 하나도
없고 다 나를 버렸으나 저희에게 허물을 돌리지 않기를 원하노라

(벧후 3:4) 가로되 주의 강림하신다는 약속이 어디 있느뇨 조상
들이 잔후로부터 만물이 처음 창조할 때와 같이 그냥 있다 하니

(계 2:4) 그러나 너를 책망할 것이 있나니 너의 처음 사랑을 버
렸느니라

(계 2 : 5) 그러므로 어디서 떨어진 것을 생각하고 회개하여 처음 행위를 가지라 만일 그리하지 아니하고 회개치 아니하면 내가 네게 임하여 네 촛대를 그 자리에서 옮기리라

(계 2 : 19) 내가 네 사업과 사랑과 믿음과 섬김과 인내를 아노니 네 나중 행위가 처음 것보다 많도다

(계 13 : 12) 저가 먼저 나온 짐승의 모든 권세를 그 앞에서 행하고 땅과 땅에 거하는 자들로 처음 짐승에게 경배하게 하니 곧 죽게 되었던 상처가 나은 자니라

(계 14 : 4) 이 사람들은 여자로 더불어 더럽히지 아니하고 정절이 있는 자라 어린 양이 어디로 인도하든지 따라가는 자며 사람 가운데서 구속을 받아 처음 익은 열매로 하나님과 어린 양에게 속한 자들이니

(계 21 : 1) 또 내가 새 하늘과 새 땅을 보니 처음 하늘과 처음 땅이 없어졌고 바다도 다시 있지 않더라

(계 21 : 4) 모든 눈물을 그 눈에서 씻기시매 다시 사망이 없고 애통하는 것이나 곡하는 것이나 아픈 것이 다시 있지 아니하리니 처음 것들이 다 지나갔음이러라

[처음과]

(신 10 : 1) 그 때에 여호와께서 내게 이르시기를 너는 처음과 같은 두 돌판을 다듬어 가지고 산에 올라 내게로 나아오고 또 나무궤 하나를 만들라

(신 10 : 4) 여호와께서 그 총회 날에 산 위 불 가운데서 너희에게 이르신 십계명을 처음과 같이 그 판에 쓰시고 그것을 내게 주시기로

(신 10 : 10) 내가 처음과 같이 사십 주야를 산에서 유하였고 그 때에도 여호와께서 내 말을 들으사 너를 참아 멸하지 아니하시고

(수 8 : 5) 나와 나를 좇는 모든 백성은 다 성읍으로 가까이 가리니 그들이 처음과 같이 우리에게로 쳐 올라 올 것이라 그리할 때에 우리가 그들 앞에서 도망하면

(수 8 : 6) 그들이 나와서 우리를 따르며 스스로 이르기를 그들이 처음과 같이 우리 앞에서 도망한다 하고 우리의 유인을 받아 그 성읍에서 멀리 떠날 것이라 우리가 그 앞에서 도망하거든

(삿 20 : 32) 스스로 이르기를 이들이 처음과 같이 우리 앞에서 패한다 하나 이스라엘 자손은 이르기를 우리가 도망하여 그들을 성읍에서 큰 길로 꾀어내자 하고

(사 1 : 26) 내가 너의 사사들을 처음과 같이, 너의 모사들을 본래와 같이 회복할 것이라 그리한 후에야 네가 의의 성읍이라, 신실한 고을이라 칭함이 되리라 하셨나니

(렘 33 : 7) 내가 유다의 포로와 이스라엘의 포로를 돌아오게 하여 그들을 처음과 같이 세울 것이며

(계 21 : 6) 또 내게 말씀하시되 이루었도다 나는 알파와 오메가요 처음과 나중이라 내가 생명수 샘물로 목마른 자에게 값없이 주리니

(계 22 : 13) 나는 알파와 오메가요 처음과 나중이요 시작과 끝이라

〔처음날〕

(삼하 21 : 9) 저희를 기브온 사람의 손에 붙이니 기브온 사람이 저희를 산위에서 여호와 앞에 목매어 달매 저희 일곱사람이 함께 죽으니 죽은 때는 곡식 베는 처음날 곧 보리 베기 시작하는 때더라

〔처음보다〕

(룻 3 : 10) 가로되 내 딸아 여호와께서 네게 복주시기를 원하노라 네가 빈부를 물론하고 연소한 자를 좇지 아니하였으니 너의 베푼 인애가 처음보다 나중이 더하도다

(겔 36 : 11) 내가 너희 위에 사람과 짐승으로 많게 하되 생육이 중다하고 번성하게 할 것이라 너희 전 지위대로 사람이 거하게 하여 너희를 처음보다 낫게 대접하리니 너희가 나를 여호와인줄 알리라

(마 21 : 36) 다시 다른 종들을 처음보다 많이 보내니 저희에게도 그렇게 하였는지라

(벧후 2 : 20) 만일 저희가 우리 주 되신 구주 예수 그리스도를 앎으로 세상의 더러움을 피한 후에 다시 그 중에 얽매이고 지면 그 나중 형편이 처음보다 더 심하리니

〔처음부터〕

(삼상 3 : 12) 내가 엘리의 집에 대하여 말한 것을 처음부터 끝까지 그날에 그에게 다 이루리라

(사 41 : 26) 누가 처음부터 이 일을 우리에게 고하여 알게 하였느뇨 누가 이전부터 우리에게 고하여 이가 옳다고 말하게 하였느뇨 능히 고하는 자도 없고 보이는 자도 없고 너희 말을 듣는 자도 없도다

(사 46 : 10) 내가 종말을 처음부터 고하며 아직 이루지 아니한 일을 옛적부터 보이고 이르기를 나의 모략이 설 것이니 내가 나의 모든 기뻐하는 것을 이루리라 하였노라

(사 48 : 16) 너희는 내게 가까이 나아와 이 말을 들으라 내가 처음부터 그것을 비밀히 말하지 아니하였나니 그 말이 있을 때부터 내

가 거기 있었노라 하셨느니라 이제는 주 여호와께서 나와 그 신을
보내셨느니라

(눅 1 : 2) 처음부터 말씀의 목격자되고 일군된 자들의 전하여 준
그대로 내력을 저술하려고 붓을 든 사람이 많은지라

(요 6 : 64) 그러나 너희 중에 믿지 아니하는 자들이 있느니라 하
시니 이는 예수께서 믿지 아니하는 자들이 누구며 자기를 팔 자가
누군지 처음부터 아심이러라

(요 8 : 25) 저희가 말하되 네가 누구냐 예수께서 가라사대 나는
처음부터 너희에게 말하여 온 자니라

(요 8 : 44) 너희는 너희 아비 마귀에게서 났으니 너희 아비의 욕
심을 너희도 행하고자 하느니라 저는 처음부터 살인한 자요 진리가
그 속에 없으므로 진리에 서지 못하고 거짓을 말할 때마다 제것으로
말하나니 이는 저가 거짓말쟁이요 거짓의 아비가 되었음이니라

(요 15 : 27) 너희도 처음부터 나와 함께 있었으므로 증거하느니라

(요 16 : 4) 오직 너희에게 이 말을 이른 것은 너희로 그 때를 당
하면 내가 너희에게 이 말한 것을 기억나게 하려 함이요 처음부터
이 말을 하지 아니한 것은 내가 너희와 함께 있었음이니라

(행 26 : 4) 내가 처음부터 내 민족 중에와 예루살렘에서 젊었을
때 생활한 상태를 유대인이 다 아는바라

(살후 2 : 13) 주의 사랑하시는 형제들아 우리가 항상 너희를 위
하여 마땅히 하나님께 감사할 것은 하나님이 처음부터 너희를 택하
사 성령의 거룩하게 하심과 진리를 믿음으로 구원을 얻게 하심이니

(요일 2 : 7) 사랑하는 자들아 내가 새 계명을 너희에게 쓰는 것
이 아니라 너희가 처음부터 가진 옛 계명이니 이 옛 계명은 너희의
들은바 말씀이거니와

(요일 2 : 24)   너희는 처음부터 들은 것을 너희 안에 거하게 하라 처음부터 들은 것이 너희 안에 거하면 너희가 아들의 안과 아버지의 안에 거하리라

(요일 3 : 8)   죄를 짓는 자는 마귀에게 속하나니 마귀는 처음부터 범죄함이니라 하나님의 아들이 나타나신 것은 마귀의 일을 멸하려 하심이니라

(요일 3 : 11)   우리가 서로 사랑할지니 이는 너희가 처음부터 들은 소식이라

(요이 1 : 5)   부녀여, 내가 이제 네게 구하노니 서로 사랑하자 이는 새 계명같이 네게 쓰는 것이 아니요 오직 처음부터 우리가 가진 것이라

(요이 1 : 6)   또 사랑은 이것이니 우리가 그 계명을 좇아 행하는 것이요 계명은 이것이니 너희가 처음부터 들은 바와 같이 그 가운데서 행하라 하심이라

[처음에]

(삿 20 : 38)   처음에 이스라엘 사람과 복병 사이에 상약하기를 성읍에서 큰 연기가 치미는 것으로 군호를 삼자고

(왕상 20 : 9)   그러므로 왕이 벤하닷의 사자에게 이르되 너희는 내 주 왕께 고하기를 왕이 처음에 보내어 종에게 구하신 것은 내가 다 그대로 하려니와 이것은 내가 할 수 없나이다 하라 사자들이 돌아가서 고하니라

(잠 20 : 21)   처음에 속히 잡은 산업은 마침내 복이 되지 아니하느니라

(단 8 : 1)   나 다니엘에게 처음에 나타난 이상 후 벨사살 왕 삼년

에 다시 이상이 나타나니라

(요 12 : 16) 제자들은 처음에 이 일을 깨닫지 못하였다가 예수
께서 영광을 얻으신 후에야 이것이 예수께 대하여 기록된 것임과 사
람들이 예수께 이같이 한것인줄 생각났더라

(갈 4 : 13) 내가 처음에 육체의 약함을 인하여 너희에게 복음을
전한 것을 너희가 아는바라

(히 2 : 3) 우리가 이같이 큰 구원을 등한히 여기면 어찌 피하리
요 이 구원은 처음에 주로 말씀하신 바요 들은 자들이 우리에게 확
증한 바니

(계 4 : 1) 이 일 후에 내가 보니 하늘에 열린 문이 있는데 내가
들은 바 처음에 내게 말하던 나팔소리 같은 그 음성이 가로되 이리
로 올라 오라 이 후에 마땅히 될 일을 내가 네게 보이리라 하시더라

[처음에는]

(렘 50 : 17) 이스라엘은 흩어진 양이라 사자들이 그를 따르도다
처음에는 앗수르 왕이 먹었고 다음에는 바벨론 왕 느부갓네살이 그
뼈를 꺾도다

(막 4 : 28) 땅이 스스로 열매를 맺되 처음에는 싹이요 다음에는
이삭이요 그 다음에는 이삭에 충실한 곡식이라

[처음으로]

(창 13 : 4) 그가 처음으로 단을 쌓은 곳이라 그가 거기서 여호와
의 이름을 불렀더라

(삼상 14 : 14) 요나단과 그 병기 든 자가 반일경 지단안에서 처
음으로 도륙한 자가 이십인 가량이라

(왕하 17 : 25) 저희가 처음으로 거기 거할 때에 여호와를 경외치 아니한고로 여호와께서 사자들을 그 가운데 보내시매 몇 사람을 죽인지라

(느 7 : 5) 내 하나님이 내 마음을 감동하사 귀인들과 민장과 백성을 모아 그 보계대로 계수하게 하신고로 내가 처음으로 돌아온 자의 보계를 얻었는데 거기 기록한 것을 보면

(렘 7 : 12) 너희는 내가 처음으로 내 이름을 둔 처소 실로에 가서 내 백성 이스라엘의 악을 인하여 내가 어떻게 행한 것을 보라

(요 10 : 40) 다시 요단강 저편 요한이 처음으로 세례 주던 곳에 가사 거기 거하시니

(행 15 : 14) 하나님이 처음으로 이방인 중에서 자기 이름을 위할 백성을 취하시려고 저희를 권고하신 것을 시므온이 고하였으니

[처음의]

(삼상 22 : 15) 내가 그를 위하여 하나님께 물은 것이 오늘이 처음이니이까 결단코 아니니이다 원컨대 왕은 종과 종의 아비의 온 집에 아무것도 돌리지 마옵소서 왕의 종은 이 모든 일의 대소간에 아는 것이 없나이다

[처음이요]

(사 44 : 6) 이스라엘 왕인 여호와, 이스라엘의 구속자인 만군의 여호와가 말하노라 나는 처음이요 나는 마지막이라 나 외에 다른 신이 없느니라

(사 48 : 12) 야곱아 나의 부른 이스라엘아 나를 들으라 나는 그니 나는 처음이요 또 마지막이라

(계 1 : 17) 내가 볼 때에 그 발 앞에 엎드러져 죽은 자같이 되매 그가 오른 손을 내게 얹고 가라사대 두려워 말라 나는 처음이요 나중이니

(계 2 : 8) 서머나 교회의 사자에게 편지하기를 처음이요 나중이요 죽었다가 살아나신 이가 가라사대

〔끝과〕

(시 65 : 5) 우리 구원의 하나님이시여 땅의 모든 끝과 먼 바다에 있는 자의 의지할 주께서 의를 좇아 엄위하신 일로 우리에게 응답하시리이다

〔끝까지〕

(민 22 : 41) 아침에 발락이 발람과 함께 하고 그를 인도하여 바알의 산당에 오르매 발람이 거기서 이스라엘 백성의 진 끝까지 보니라

(신 4 : 32) 네가 있기 전 하나님이 사람을 세상에 창조하신 날부터 지금까지 지나간 날을 상고하여 보라 하늘 이 끝에서 저 끝까지 이런 큰 일이 있었느냐 이런 일을 들은 적이 있었느냐

(신 13 : 7) 곧 네 사방에 둘러 있는 민족 혹 네게서 가깝든지 네게서 멀든지 땅 이 끝에서 저 끝까지 있는 민족의 신들을 우리가 가서 섬기자 할지라도

(신 28 : 64) 여호와께서 너를 땅 이 끝에서 저 끝까지 만민 중에 흩으시리니 네가 그 곳에서 너와 네 열조의 알지 못하던 목석 우상을 섬길 것이라

(신 31 : 30) 모세가 이스라엘 총회에게 이 노래의 말씀을 끝가지 읽어 들리니라

(신 33 : 17) 그는 첫 수송아지 같이 위엄이 있으니 그 뿔이 들소의 뿔같도다 이것으로 열방을 받아 땅 끝까지 이르리니 곧 에브라임의 만민이요 므낫세의 천천이리로다

(수 17 : 18) 그 산지도 네 것이 되리니 비록 삼림이라도 네가 개척하라 그 끝까지 네 것이 되리라 가나안 사람이 비록 철병거를 가졌고 강할지라도 네가 능히 그를 쫓아내리라

(삼상 3 : 12) 내가 엘리의 집에 대하여 말한 것을 처음부터 끝까지 그날에 그에게 다 이루리라

(왕상 6 : 24) 한 그룹의 이 날개는 다섯 규빗이요 저 날개도 다섯 규빗이니 이 날개 끝으로부터 저 날개 끝까지 십 규빗이며

(욥 28 : 3) 사람이 흑암을 파하고 끝까지 궁구하여 음예와 유암 중의 광석을 구하되

(욥 28 : 24) 이는 그가 땅 끝까지 감찰하시며 온 천하를 두루 보시며

(욥 34 : 36) 욥이 끝까지 시험받기를 내가 원하노니 이는 그 대답이 악인과 같음이라

(시 19 : 4) 그 소리가 온 땅에 통하고 그 말씀이 세계 끝까지 이르도다 하나님이 해를 위하여 하늘에 장막을 베푸셨도다

(시 19 : 6) 하늘 이 끝에서 나와서 하늘 저 끝까지 운행함이여 그 온기에서 피하여 숨은 자 없도다

(시 46 : 9) 저가 땅 끝까지 전쟁을 쉬게 하심이여 활을 꺾고 창을 끊으며 수레를 불사르시는도다

(시 48 : 10) 하나님이여 주의 이름과 같이 찬송도 땅 끝까지 미쳤으며 주의 오른손에는 정의가 충만하였나이다

(시 59 : 13) 진노하심으로 소멸하시되 없기까지 소멸하사 하나님

이 야곱 중에 다스리심을 땅 끝까지 알게 하소서 (셀라)

(시 72 : 8) 저가 바다에서부터 바다까지와 강에서부터 땅 끝까지 다스리리니

(시 119 : 33) 여호와여 주의 율례의 도를 내게 가르치소서 내가 끝까지 지키리이다

(시 119 : 112) 내가 주의 율례를 길이 끝까지 행하려고 내 마음을 기울였나이다

(사 10 : 23) 이미 작정되었은즉 주 만군의 여호와께서 온 세계 중에 끝까지 행하시리라

(사 40 : 28) 너는 알지 못하였느냐 듣지 못하였느냐 영원하신 하나님 여호와, 땅 끝까지 창조하신 자는 피곤치 아니하시며 곤비치 아니하시며 명철이 한이 없으시며

(사 48 : 20) 너희는 바벨론에서 나와서 갈대아인을 피하고 즐거운 소리로 이를 선파하여 들리며 땅 끝까지 반포하여 이르기를 여호와께서 그 종 야곱을 구속하셨다 하라

(사 49 : 6) 그가 가라사대 네가 나의 종이 되어 야곱의 지파들을 일으키며 이스라엘 중에 보전된 자를 돌아오게 할 것은 오히려 경한 일이라 내가 또 너로 이방의 빛을 삼아 나의 구원을 베풀어서 땅 끝까지 이르게 하리라

(사 62 : 11) 여호와께서 땅 끝까지 반포하시되 너희는 딸 시온에게 이르라 보라 네 구원이 임하느니라 보라 상급이 그에게 있고 보응이 그 앞에 있느니라 하셨느니라

(렘 3 : 5) 노를 한 없이 계속하시겠으며 끝까지 두시겠나이까 하지 않겠느냐 보라 네가 이같이 말하여도 악을 행하여 네 욕심을 이루었느니라 하시니라

(렘 12 : 12) 훼멸하는 자들이 광야 모든 자산 위에 이르렀고 여호와의 칼이 땅이 끝에서 저 끝까지 삼키니 무릇 혈육 있는 자가 평안치 못하도다

(렘 25 : 31) 요란한 소리가 땅 끝까지 이름은 여호와께서 열국과 다투시며 모든 육체를 심판하시며 악인을 칼에 붙이심을 인함이라 하라 여호와의 말이니라

(단 4 : 22) 왕이여 이 나무는 곧 왕이시라 이는 왕이 자라서 견고하여지고 창대하사 하늘에 닿으시며 권세는 땅 끝까지 미치심이니이다

(단 7 : 26) 그러나 심판이 시작된즉 그는 권세를 빼앗기고 끝까지 멸망할 것이요

(단 9 : 26) 육십 이 이레 후에 기름부음을 받은 자가 끊어져 없어질 것이며 장차 한 왕의 백성이 와서 그 성읍과 성소를 훼파하려니와 그의 종말은 홍수에 엄몰됨 같을 것이며 또 끝까지 전쟁이 있으리니 황폐할 것이 작정되었느니라

(합 3 : 13) 주께서 주의 백성을 구원하시려고, 기름 받은 자를 구원하시려고 나오사 악인의 집머리를 치시며 그 기초를 끝까지 드러내셨나이다 (셀라)

(슥 9 : 10) 내가 에브라임의 병거와 예루살렘의 말을 끊겠고 전쟁하는 활도 끊으리니 그가 이방 사람에게 화평을 전할 것이요 그의 정권은 바다에서 바다까지 이르고 유브라데강에서 땅 끝까지 이르리라

(마 24 : 13) 그러나 끝까지 견디는 자는 구원을 얻으리라

(마 24 : 31) 저가 큰 나팔 소리와 함께 천사들을 보내리니 저희가 그 택하신 자들을 하늘 이 끝에서 저 끝까지 사방에서 모으리라

(막 13 : 27) 또 그 때에 저가 천사들을 보내어 자기 택하신 자들을 땅 끝으로부터 하늘 끝까지 사방에서 모으리라

(요 13 : 1) 유월절 전에 예수께서 자기가 세상을 떠나 아버지께로 돌아가실 때가 이른 줄 아시고 세상에 있는 자기 사람들을 사랑하시되 끝까지 사랑하시니라

(행 13 : 47) 주께서 이같이 우리를 명하시되 내가 너를 이방의 빛을 삼아 너로 땅 끝까지 구원하게 하리라 하셨느니라 하니

(고전 1 : 8) 주께서 너희를 우리 주 예수 그리스도의 날에 책망할 것이 없는 자로 끝까지 견고케 하시리라

(고후 1 : 13) 오직 너희가 읽고 아는 것 외에 우리가 다른 것을 쓰지 아니하노니 너희가 끝까지 알기를 내가 바라는 것은

(살전 2 : 16) 우리가 이바인에게 말하여 구원 얻게 함을 저희가 금하여 자기 죄를 항상 채우매 노하심이 끝까지 저희에게 임하였느니라

(히 3 : 6) 그리스도는 그의 집 맡은 아들로 충성하였으니 우리가 소망의 담대함과 자랑을 끝까지 견고히 잡으면 그의 집이라

(히 3 : 14) 우리가 시작할 때에 확실한 것을 끝까지 견고히 잡으면 그리스도와 함께 참예한 자가 되리라

(히 6 : 11) 우리가 간절히 원하는 것은 너희 각 사람이 동일한 부지런을 나타내어 끝까지 소망의 풍성함에 이르러

(계 2 : 26) 이기는 자와 끝까지 내 일을 지키는 그에게 만국을 다스리는 권세를 주리니

[끝까지도]

(사 52 : 10) 여호와께서 열방의 목전에서 그 거룩한 팔을 나타

내셨으므로 모든 땅 끝까지도 우리 하나님의 구원을 보았도다

[끝까지라]

(수 13 : 27) 골짜기에 있는 벧 하람과 벧니므라와 숙곳과 사본 곧 헤스본 왕 시혼의 나라의 남은 땅 요단과 그 강가에서부터 요단 동편 긴네렛 바다의 끝까지라

[끝까지요]

(수 15 : 5) 그 동편 경계는 염해니 요단 끝까지요 그 북편 경계 는 요단 끝에 당한 해만에서부터

[끝까지의]

(창 47 : 21) 요셉이 애굽이 끝에서 저 끝까지의 백성을 성읍들 에 옮겼으나

[끝나게]

(단 5 : 26) 그 뜻을 해석하건대 메네는 하나님이 이미 왕의 나라 의 시대를 세어서 그것을 끝나게 하셨다 함이요

[끝나리라]

(단 12 : 7) 내가 들은즉 그 세마포 옷을 입고 강물 위에 있는 자 가 그 좌우 손을 들어 하늘을 향하여 영생하시는 자를 가리켜 맹세 하여 가로되 반드시 한때 두때 반때를 지나서 성도의 권세가 다 깨 어지기까지니 그렇게 되면 이 모든 일이 다 끝나리라 하더라

〔끝나매〕

(느 6 : 15) 성 역사가 오십 이일만에 엘룰월 이십 오일에 끝나매

〔끝나며〕

(단 9 : 24) 네 백성과 네 거룩한 성을 위하여 칠십 이레로 기한
을 정하였나니 허물이 마치며 죄가 끝나며 죄악이 영속되며 영원한
의가 드러나며 이상과 예언이 응하며 또 지극히 거룩한 자가 기름부
음을 받으리라

〔끝날〕

(단 11 : 27) 이 두 왕이 마음에 서로 해하고 하여 한 밥상에 앉
았을 때에 거짓말을 할 것이라 일이 형통하지 못하리니 이는 작정된
기한에 미쳐서 그 일이 끝날 것임이니라

(요 7 : 37) 명절 끝날 곧 큰날에 예수께서 서서 외쳐 가라사대
누구든지 목마르거든 내게로 와서 마시라

〔끝날까지〕

(느 8 : 18) 에스라는 첫날부터 끝날까지 날마다 하나님의 율법
책을 낭독하고 무리가 칠일 동안 절기를 지키고 제 팔일에 규례를
따라 성회를 열었느니라

(마 28 : 20) 내가 너희에게 분부한 모든 것을 가르쳐 지키게 하라
볼지어다 내가 세상 끝날까지 너희와 항상 함께 있으리라 하시니라

〔끝날에〕

(신 4 : 30) 이 모든 일이 네게 임하여 환난을 당하다가 끝날에

네가 네 하나님 여호와께로 돌아와서 그 말씀을 청종하리니

(렘 49 : 39) 그러나 끝날에 이르러는 내가 엘람의 포로를 돌아오게 하리라 여호와의 말이니라

(겔 38 : 16) 구름이 땅에 덮임 같이 내 백성 이스라엘을 치러 오리라 곡아 끝날에 내가 너를 이끌어다가 내 땅을 치게 하리니 이는 내가 너로 말미암아 이방 사람의 목전에서 내 거룩함을 나타내어 그들로 다 나를 알게 하려 함이니라

〔끝날에는〕

(단 12 : 13) 너는 가서 마지막을 기다리라 이는 네가 평안히 쉬다가 끝날에는 네 업을 누릴 것임이니라

〔끝날이〕

(창 6 : 13) 하나님이 노아에게 이르시되 모든 혈육 있는 자의 강포가 땅에 가득하므로 그 끝날이 내 앞에 이르렀으니 내가 그들을 땅과 함께 멸하리라

〔끝났고〕

(사 40 : 2) 너희는 정다이 예루살렘에 말하여 그것에게 외쳐 고하라 그 복역의 때가 끝났고 그 죄악의 사함을 입었느니라 그 모든 죄를 인하여 여호와의 손에서 배나 받았느니라 할지니라

〔끝났도다〕

(겔 7 : 2) 너 인자야 주 여호와 내가 이스라엘 땅에 대하여 말하노라 끝났도다 이 땅 사방의 일이 끝났도다

〔끝내시리라〕

(롬 9 : 28) 주께서 땅 위에서 그 말씀을 이루사 필하시고 끝내시리라 하셨느니라

〔끝내었나이다〕

(삼하 20 : 18) 여인이 말하여 가로되 옛 사람들이 흔히 말하기를 아벨에 가서 물을 것이라 하고 그 일을 끝내었나이다

〔끝내지〕

(대상 27 : 24) 스류야의 아들 요압이 조사하기를 시작하고 끝내지 못하여서 그 일로 인하여 진노가 이스라엘에게 임한지라 그 수효를 다윗왕의 역대지략에 기록하지 아니하였더라

〔끝도〕

(히 7 : 3) 아비도 없고 어미도 없고 족보도 없고 시작한 날도 없고 생명의 끝도 없어 하나님 아들과 방불하여 항상 제사장으로 있느니라

〔끝때에〕

(겔 35 : 5) 네가 옛날부터 한을 품고 이스라엘 족속의 환난 때 곧 죄악의 끝때에 칼의 권능에 그들을 붙였도다

〔끝만〕

(민 23 : 13) 발락이 가로되 나와 함께 그들을 달리 볼 곳으로 가

자 거기서는 그들을 다 보지 못하고 그 끝만 보리니 거기서 나를 위하여 그들을 저주하라 하고

〔끝물〕

(삿 8 : 2)   기드온이 그들에게 이르되 나의 이제 행한 일이 너희의 한 것에 비교되겠느냐 "에브라임의 끝물 포도가 아비에셀의 맏물 포도보다 낫지 아니하냐

〔끝없는〕

(딤전 1 : 4)   신화와 끝없는 족보에 착념치 말게 하려 함이라 이런 것은 믿음 안에 있는 하나님의 경륜을 이룸보다 도리어 변론을 내는 것이라

〔끝없이〕

(시 119 : 44)   내가 주의 율법을 항상 영영히 끝없이 지키리이다

(암 1 : 11)   여호와께서 가라사대 에돔의 서너가지 죄로 인하여 내가 그 벌을 돌이키지 아니하리니 이는 저가 칼로 그 형제를 쫓아가며 긍휼을 버리며 노가 항상 맹렬하며 분을 끝없이 품었음이라

〔끝에〕

(출 13 : 20)   그들이 숙곳에서 발행하여 광야 끝에 담에 장막을 치니

(출 25 : 18)   금으로 그룹 둘을 속죄소 두 끝에 쳐서 만들되

(출 25 : 19)   한 그룹은 이 끝에, 한 그룹은 저 끝에 곧 속죄소 두 끝에 속죄소와 한 덩이로 연하게 할지며

(출 26 : 28) 널판 가운데 있는 중간 띠는 이 끝에서 저 끝에 미치게 하고

(출 28 : 23) 또 금고리 둘을 만들어 흉패 위 곧 흉패 두 끝에 그 두 고리를 달고

(출 36 : 33) 그 중간 띠를 만들되 널판 중간 이 끝에서 저 끝에 미치게 하였으며

(출 37 : 8) 한 그룹은 이편 끝에 한 그룹은 저편 끝에 곧 속죄소와 한 덩이로 그 양편에 만들었으니

(출 39 : 4) 에봇을 위하여 견대를 만들어 그 두 끝에 달아 서로 연하게 하고

(출 39 : 16) 또 금테 둘과 금고리 둘을 만들어 그 두 고리를 흉패 두 끝에 달고

(출 39 : 19) 또 금고리 둘을 만들어 흉패 두 끝에 달았으니 곧 그 에봇에 대한 안쪽 가에 달았으며

(신 14 : 28) 매 삼년 끝에 그 해 소산의 십분 일을 다 내어 네 성읍에 저축하여

(신 15 : 1) 매 칠년 끝에 면제하라

(수 15 : 5) 그 동편 경계는 염해니 요단 끝까지요 그 북편 경계는 요단 끝에 당한 해만에서부터

(삼상 9 : 27) 성읍 끝에 이르매 사무엘이 사울에게 이르되 사환으로 우리를 앞서게 하라 사환이 앞서매 또 가로되 너는 이제 잠간 서 있으라 내가 하나님의 말씀을 네게 들리리라

(왕하 19 : 23) 네가 사자로 주를 훼방하여 이르기를 내가 많은 병거를 거느리고 여러 산꼭대기에 올라가며 레바논 깊은 곳에 이르러 높은 백향목과 아름다운 잣나무를 베고 내가 그 지경 끝에 들어

가며 그 동산의 무성한 수풀에 이르리라

(느 1 : 9) 만일 내게로 돌아와서 내 계명을 지켜 행하면 너희 쫓긴 자가 하늘 끝에 있을지라도 내가 거기서부터 모아 내 이름을 두려고 택한 곳에 돌아오게 하리라 하신 말씀을 이제 청컨대 기억하옵소서

(시 65 : 8) 땅 끝에 거하는 자가 주의 징조를 두려워하나이다 주께서 아침되는 것과 저녁되는 것을 즐거워하게 하시며

(시 139 : 9) 내가 새벽 날개를 치며 바다 끝에 가서 거할지라도

(잠 17 : 24) 지혜는 명철한 자의 앞에 있거늘 미련한 자는 눈을 땅 끝에 두느니라

(렘 25 : 33) 그 날에 나 여호와에게 살륙을 당한 자가 땅 이 끝에서 땅 저 끝에 미칠 것이나 그들이 슬퍼함을 받지 못하며 염습함을 입지 못하며 매장함을 얻지 못하고 지면에서 분토가 되리로다

(겔 29 : 13) 나 주 여호와가 말하노라 사십년 끝에 내가 만민 중에 흩은 애굽 사람을 다시 모아 내되

(단 8 : 17) 그가 나의 선 곳으로 나아왔는데 그 나아올 때에 내가 두려워서 얼굴을 땅에 대고 엎드리매 그가 내게 이르되 인자야 깨달아 알라 이 이상은 정한 때 끝에 관한 것이니라

(단 8 : 19) 가로되 진노하시는 때가 마친 후에 될 일을 내가 네게 알게 하리니 이 이상은 정한 때 끝에 관한 일임이니라

(눅 16 : 24) 불러 가로되 아버지 아브라함이여 나를 긍휼히 여기사 나사로를 보내어 그 손가락 끝에 물을 찍어 내 혀를 서늘하게 하소서 내가 이 불꽃 가운데서 고민하나이다

(히 9 : 26) 그리하면 그가 세상을 창조할 때부터 자주 고난을 받았어야 할 것이로되 이제 자기를 단번에 제사로 드려 죄를 없게 하

시려고 세상 끝에 나타나셨느니라

〔끝에는〕

(마 24 : 3)　예수께서 감람산 위에 앉으셨을 때에 제자들이 종용히 와서 가로되 우리에게 이르소서 어느 때에 이런 일이 있겠사오며 또 주의 임하심과 세상 끝에는 무슨 징조가 있사오리이까

〔끝에도〕

(잠 14 : 13)　웃을 때에도 마음에 슬픔이 있고 즐거움의 끝에도 근심이 있느니라

(마 13 : 49)　세상 끝에도 이러하리라 천사들이 와서 의인 중에서 악인을 갈라 내어

〔끝에서〕

(창 47 : 21)　요셉이 애굽 이 끝에서 저 끝까지의 백성을 성읍들에 옮겼으나

(출 26 : 28)　널판 가운데 있는 중간 띠는 이 끝에서 저 끝에 미치게 하고

(출 36 : 33)　그 중간 띠를 만들되 널판 중간 이 끝에서 저 끝에 미치게 하였으며

(민 34 : 3)　너희 남방은 에돔 곁에 접근한 신 광야니 너희 남편 경계는 동편으로 염해 끝에서 시작하여

(신 4 : 32)　네가 있기 전 하나님이 사람을 세상에 창조하신 날부터 지금까지 지나간 날을 상고하여 보라 하늘 이 끝에서 저 끝까지 이런 큰 일이 있었느냐 이런 일을 들은 적이 있었느냐

(신 13 : 7) 곧 네 사방에 둘러 있는 민족 혹 네게서 가깝든지 네게서 멀든지 땅 이 끝에서 저 끝까지 있는 민족의 신들을 우리가 가서 섬기자 할지라도

(신 28 : 49) 곧 여호와께서 원방에서 땅 끝에서 한 민족을 독수리의 날음같이 너를 치러 오게 하시리니 이는 네가 그 언어를 알지 못하는 민족이요

(시 19 : 6) 하늘 이 끝에서 나와서 하늘 저 끝까지 운행함이여 그 온기에서 피하여 숨은 자 없도다

(시 135 : 7) 안개를 땅 끝에서 일으키시며 비를 위하여 번개를 만드시며 바람을 그 곳간에서 내시는도다

(사 43 : 6) 내가 북방에게 이르기를 놓으라 남방에게 이르기를 구류하지 말라 내 아들들을 원방에서 이끌며 내 딸들을 땅 끝에서 오게 하라

(렘 10 : 13) 그가 목소리를 발하신즉 하늘에 많은 물이 생기나니 그는 땅 끝에서 구름이 오르게 하시며 비를 위하여 번개하게 하시며 그 곳간에서 바람을 내시거늘

(렘 16 : 19) 여호와 나의 힘, 나의 보장, 환난날의 피난처시여 열방이 땅 끝에서 주께 이르러 말하기를 우리 열조의 계승한 바는 허무하고 망탄하고 무익한 것 뿐이라

(렘 25 : 32) 나 만군의 여호와가 말하노라 보라 재앙이 나서 나라에서 나라에 미칠 것이며 대풍이 땅 끝에서 일어날 것이라

(렘 25 : 33) 그 날에 나 여호와에게 살륙을 당한 자가 땅 이 끝에서 땅 저 끝에 미칠 것이나 그들이 슬퍼함을 받지 못하며 염습함을 입지 못하며 매장함을 얻지 못하고 지면에서 분토가 되리로다

(렘 50 : 41) 보라 한 족속이 북방에서 오고 큰 나라와 여러 왕이

격동을 받아 땅 끝에서 오나니

(렘 51 : 16) 그가 목소리를 발하신즉 하늘에 많은 물이 생기나니 그는 땅 끝에서 구름이 오르게 하시며 비를 위하여 번개하게 하시며 그 곳간에서 바람을 내시거늘

(겔 17 : 22) 나 주 여호와가 말하노라 내가 또 백향목 꼭대기에서 높은 가지를 취하여 심으리라 내가 그 높은 새가지 끝에서 연한 가지를 꺾어 높고 빼어난 산에 심되

(마 12 : 42) 심판 때에 남방 여왕이 일어나 이 세대 사람을 정죄하리니 이는 그가 솔로몬의 지혜로운 말을 들으려고 땅 끝에서 왔음이어니와 솔로몬보다 더 큰이가 여기 있느니라

(마 24 : 31) 저가 큰 나팔 소리와 함께 천사들을 보내리니 저희가 그 택하신 자들을 하늘 이 끝에서 저 끝까지 사방에서 모으리라

(눅 11 : 31) 심판 때에 남방 여왕이 일어나 이 세대 사람을 정죄하리니 이는 그가 솔로몬의 지혜로운 말을 들으려고 땅 끝에서 왔음이어니와 솔로몬보다 더 큰이가 여기 있으며

〔끝에서도〕

(단 4 : 11) 그 나무가 자라서 견고하여지고 그 고는 하늘에 닿았으니 땅 끝에서도 보이겠고

(단 4 : 20) 왕의 보신 그 나무가 자라서 견고하여지고 그 고는 하늘에 닿았으니 땅 끝에서도 보이겠고

〔끝에서부터〕

(수 18 : 15) 남방 경계는 기랏 여아림 끝에서부터 서편으로 나아가 넵도아 물 근원에 이르고

(시 61 : 2) 내 마음이 눌릴 때에 땅 끝에서부터 주께 부르짖으오리니 나보다 높은 바위에 나를 인도하소서

(사 5 : 26) 기를 세우시고 먼 나라들을 불러 땅 끝에서부터 오게 하실 것이라 보라 그들이 빨리 달려 올 것이로되

(사 24 : 16) 땅 끝에서부터 노래하는 소리가 우리에게 들리기를 의로우신 자에게 영광을 돌리세 하도다 그러나 나는 이르기를 나는 쇠잔하였고 나는 쇠잔하였으니 내게 화가 있도다 궤휼자가 궤휼을 행하도다 궤휼자가 심히 궤휼을 행하도다 하였도다

(사 42 : 10) 항해하는 자와 바다 가운데 만물과 섬들과 그 거민들아 여호와께 새 노래로 노래하며 땅 끝에서부터 찬송하라

(렘 6 : 22) 여호와께서 이같이 말씀하시되 보라 한 민족이 북방에서 오며 큰 나라가 땅 끝에서부터 떨쳐 일어나나니

(렘 31 : 8) 보라 내가 그들을 북편 땅에서 인도하며 땅 끝에서부터 모으리니 그들 중에는 소경과 절뚝발이와 잉태한 여인과 해산하는 여인이 함께하여 큰 무리를 이루어 이곳으로 돌아오되

[끝으로]

(수 18 : 16) 르바임 골짜기 북편 힌놈의 아들 골짜기 앞에 있는 산 끝으로 내려가고 또 힌놈의 골짜기로 내려가서 여부스 남편에 이르러 엔 로겔로 내려가고

(삼상 14 : 43) 사울이 요나단에게 가로되 너의 행한 것을 내게 고하라 요나단이 고하여 가로되 내가 다만 내 손에 가진 지팡이 끝으로 꿀을 조금 맛보았을 뿐이오나 내가 죽을 수 밖에 없나이다

〔끝으로부터〕

(왕상 6 : 24) 한 그룹의 이 날개는 다섯 규빗이요 저 날개도 다
섯 규빗이니 이 날개 끝으로부터 저 날개 끝까지 십 규빗이며

(막 13 : 27) 또 그 때에 저가 천사들을 보내어 자기 택하신 자들
을 땅 끝으로부터 하늘 끝까지 사방에서 모으리라

〔끝은〕

(수 15 : 11) 또 에그론 북편으로 나아가 식그론에 이르러 바알
라 산에 미치고 얍느엘에 이르나니 그 끝은 바다며

(수 16 : 3) 서편으로 내려가서 야블렛 사람의 경계에 이르러 아
래 벧호론 곧 게셀에 미치고 그 끝은 바다라

(수 16 : 8) 또 답부아에서부터 서편으로 지나서 가나 시내에 미
치나니 그 끝은 바다라 에브라이 자손의 지파가 그 가족대로 얻은
기업이 이러하였고

(수 17 : 9) 또 경계가 가나 시내로 내려가서 그 시내 남편에 이
르나니 므낫세의 성읍 중에 이 성읍들은 에브라임에게 속하였으며
므낫세의 경계는 그 시내 북편이요 그 끝은 바다며

(수 19 : 22) 그 경계는 다볼과 사하수마와 벧 세메스에 미치고
그 끝은 요단이니 모두 십륙 성읍이요 또 그 촌락이라

(수 19 : 33) 그 경계는 헬렙과 사아난님의 상수리나무에서부터
아다미 네겝과 얍느엘을 지나 락굼까지요 그 끝은 요단이며

(전 10 : 13) 그 입의 말의 시작은 우매요 끝은 광패니라

(마 24 : 6) 난리와 난리 소문을 듣겠으나 너희는 삼가 두려워 말
라 이런 일이 있어야 하되 끝은 아직 아니니라

(막 13 : 7) 난리와 난리 소문을 들을 때에 두려워 말라 이런 일

이 있어야 하되 끝은 아직 아니니라

(눅 21 : 9) 난리와 소란의 소문을 들을 때에 두려워 말라 이 일이 먼저 있어야 하되 끝은 곧 되지 아니하니라

[끝을]

(출 28 : 7) 그것에 견대 둘을 달아 그 두 끝을 연하게 하고

(출 28 : 25) 두 땋은 사슬의 다른 두 끝을 에봇 앞 두 견대의 금테에 매고

(출 39 : 18) 그 땋은 두 사슬의 다른 두 끝을 에봇 앞 두 견대의 금테에 매고

(레 19 : 27) 머리 가를 둥글게 깎지 말며 수염 끝을 손상치 말며

(민 11 : 1) 백성이 여호와의 들으시기에 악한 말로 원망하매 여호와께서 들으시고 진노하사 여호와의 불로 그들 중에 붙어서 진 끝을 사르게 하시매

(삿 6 : 21) 여호와의 사자가 손에 잡은 지팡이 끝을 내밀어 고기와 무교전병에 대매 불이 반석에서 나와 고기와 무교전병을 살랐고 여호와의 사자는 떠나서 보이지 아니한지라

(삼상 14 : 27) 요나단은 그 아비가 맹세로 백성에게 명할 때에 듣지 못하였으므로 손에 가진 지팡이 끝을 내밀어 꿀을 찍고 그 손을 돌이켜 입에 대매 눈이 밝아졌더라

(에 5 : 2) 왕후 에스더가 뜰에 선 것을 본즉 심히 사랑스러우므로 손에 잡았던 금홀을 그에게 내어미니 에스더가 가까이 가서 금홀 끝을 만진지라

(잠 30 : 4) 하늘에 올라갔다가 내려온 자가 누구인지, 바람을 그 장중에 모은자가 누구인지, 물을 옷에 싼자가 누구인지, 땅의 모든

끝을 정한 자가 누구인지, 그 이름이 무엇인지, 그 아들의 이름이 무엇인지 너는 아느냐

(겔 15 : 4) 불에 던질 화목이 될 뿐이라 불이 그 두 끝을 사르고 그 가운데도 태웠으면 제조에 무슨 소용이 있겠느냐

(겔 17 : 4) 그 연한 가지 끝을 꺾어 가지고 장사하는 땅에 이르러 상고의 성읍에 두고

〔끝의〕

(사 45 : 22) 땅 끝의 모든 백성아 나를 앙망하라 그리하며 구원을 얻으리라 나는 하나님이라 다른 이가 없음이니라

〔끝이〕

(수 15 : 4) 거기서 아스몬에 이르고 애굽 시내에 미치며 바다에 이르러 경계의 끝이 되나니 이것이 너희 남편 경계가 되리라

(수 18 : 14) 벧 호론 앞 남편 산에서부터 서방으로 돌아 남편으로 향하여 유다 자손의 성읍 기럇바알 곧 기럇 여아림에 이르러 끝이 되나니 이는 서방 경계며

(수 18 : 19) 또 북으로 벧 호글라 곁을 지나서 요단 남단에 당한 염해의 북편 해만이 그 경계의 끝이 되나니 이는 남편 경계며

(수 19 : 14) 북으로 돌아 한나돈에 이르고 입다엘 골짜기에 이르러 끝이되며

(수 19 : 29) 돌아서 라마와 견고한 성읍 두로에 이르고 돌아서 호사에 이르고 악십 지방 곁 바다가 끝이 되며

(삿 3 : 22) 칼자루도 날을 따라 들어가서 그 끝이 등뒤까지 나갔고 그가 칼을 그 몸에서 빼어내지 아니하였으므로 기름이 칼날에 엉

기었더라

(왕상 8 : 8) 채가 긴 고로 채 끝이 내전 앞 성소에서 보이나 밖
에서는 보이지 아니하며 그 채는 오늘까지 그곳에 있으며

(대하 5 : 9) 그 채가 길어서 궤에서 나오므로 그 끝이 내전 앞에서
보이나 밖에서는 보이지 아니하며 그 궤가 오늘까지 그곳에 있으며

(욥 16 : 3) 허망한 말이 어찌 끝이 있으랴 네가 무엇에 격동되어
이같이 대답하는고

(시 22 : 27) 땅의 모든 끝이 여호와를 기억하고 돌아오며 열방의
모든 족속이 주의 앞에 경배하리니

(시 67 : 7) 하나님이 우리에게 복을 주시리니 땅의 모든 끝이
하나님을 경외하리로다

(시 98 : 3) 저가 이스라엘 집에 향하신 인자와 성실을 기억하셨
으므로 땅의 모든 끝이 우리 하나님의 구원을 보았도다

(시 119 : 96) 내가 보니 모든 완전한 것이 다 끝이 있어도 주의
계명은 심히 넓으니이다

(전 7 : 8) 일의 끝이 시작보다 낫고 참는 마음이 교만한 마음보
다 나으니

(전 12 : 12) 내 아들아 또 경계를 받으라 여러 책을 짓는 것은
끝이 없고 많이 공부하는 것은 몸을 피곤케 하느니라

(사 41 : 5) 섬들이 보고 두려워하며 땅 끝이 무서워 떨며 함께
모여와서

(애 4 : 18) 저희가 우리 자취를 엿보니 우리가 거리에 행할 수
없음이여 우리의 끝이 가깝고 우리의 날이 다하였고 우리의 마지막
이 이르렀도다

(겔 7 : 3) 이제는 네게 끝이 이르렀나니 내가 내 진노를 네게 발

하여 네 행위를 국문하고 너의 모든 가증한 일을 보응하리라

(겔 7 : 6) 끝이 났도다 끝이 났도다 끝이 너를 치러 일어났나니 볼지어다 임박하도다

(단 11 : 45) 그가 장막 궁전을 바다와 영화롭고 거룩한 산 사이에 베풀것이나 그의 끝이 이르리니 도와줄 자가 없으리라

(단 12 : 6) 그 중에 하나가 세마포 옷을 입은 자 곧 강물 위에 있는 자에게 이르되 이 기사의 끝이 어느 때까지냐 하기로

(암 8 : 2) 가라사대 아모스야 네가 무엇을 보느냐 내가 가로되 여름 실과 한 광주리니이다 하매 여호와께서 내게 이르시되 내 백성 이스라엘의 끝이 이르렀은즉 내가 다시는 저를 용서치 아니하리니

(마 24 : 14) 이 천국 복음이 모든 민족에게 증거되기 위하여 온 세상에 전파되리니 그제야 끝이 오리라

(막 9 : 35) 예수께서 앉으사 열 두 제자를 불러서 이르시되 아무든지 첫째가 되고자 하면 뭇사람의 끝이 되며 뭇사람을 섬기는 자가 되어야 하리라 하시고

[끝이나]

(욥 39 : 28) 그것이 낭떠러지에 집을 지으며 뾰족한 바위 끝이나 험준한데 거하며

[끝이라]

(계 22 : 13) 나는 알파와 오메가요 처음과 나중이요 시작과 끝이라

〔끝이며〕

(수 15 : 8) 또 힌놈의 아들의 골짜기로 올라가서 여부스 곧 예루살렘 남편 어깨에 이르며 또 힌놈의 골짜기 앞 서편에 있는 산꼭대기로 올라가나니 이곳은 르바임 골짜기 북편 끝이며

〔끝이요〕

(마 13 : 39) 가라지를 심은 원수는 마귀요 추수때는 세상 끝이요 추숫군은 천사들이니

새해의 시모음

새해의 기원(祈願)

한 형 세   詩

주여
벌써 지나가게 하시는
이 광음은
또 하나의
번개불이 겠습니까?

주여
벌써
오늘이
또다시 오늘
새해 새아침 입니다

주여
용서해 주시옵소서
한 해도 또
이것 뿐입니다
주홍빛과
진홍빛의
인간냄새

주여
새해는
금보다 더 귀한
참 보배
믿음을
더욱 주시옵소서
소망과
사랑을
더욱 주시옵소서

(1976. 1. 17. 기독신보)

새해 아침을 주님의 이름으로

허 형 만 詩

할렐루야
새해
새 아침을
주님의 이름으로
송축하나이다

여호와 우리 하나님
새해에는
우리의 뜨거운 기도 안에서
거만한 눈으로
세상을 바라보지 않게 하시고
짧은 혀로
거짓말 하지 않게 하시고

여호와 우리 하나님 새해에는
새해에는
우리의 반석 같은 믿음 안에서
손과 손이
무고한 피를 흘리지 않게 하시고
마음과 마음이
흉계를 꾸미지 않게 하시고

여호와 우리 하나님
새해에는

우리의 풍요로운 사랑 안에서
거짓 증언하는 자를
어루만지게 하시고
이간질 하는 자에게는
용서하게 하시고

여호와 우리 하나님
새해에는
오직 평화와 화해 안에서
비굴한 자는 일으켜 세우게 하시고
갇힌 자는
해방 받게 하시고

할렐루야
새해
새 아침을
주님의 이름으로
송축하나이다.

(1990. 1. 6. 기독신보)

새벽을 보며

김 남 식   詩

이제는 뜨거운 가슴으로
새벽을 맞자
야곱의 돌베게이기를
아리마데 요셉의 무덤이기를
어둠을
가르고 솟아나는
태양의 입김처럼
벗어버린 지난날 오욕의 자취
흐느이는 죽음의 소리는
이미 신앙 없는 사람의 신앙
고요를 안고
새날을 사는
슬기로운 새벽을 맞자
누가 그 여인에게 돌을 던지랴
누가 그 여인에게 침을 뱉으랴
다섯 남편을 가진
슬픈 여인이여
목이 마른
고독한 여자여
모두들 외면 할 때
심장의 고동으로 인지한 사랑
그 사람의 손길

생명을 녹이는
새벽의 입김
삶의 꿈이여
새날이 오는 순간
하루살이의 생명처럼
불꽃같이 연소하는
그 신비로움
어둠을 벗고
환하게 단장한
술람미의 아름다움
새날에는 산으로 가자
새명으로 가득한
부활의 노래를 부르자
미움이 변하여 사랑이 되고
질투가 변하여 아낌이 되는
우리의 동산이기 위해
새벽에 산으로 가자
우리 모두의 가슴을 열고
순아한 부딪침으로
새벽을 맞자
우리의 날을 맞자

(1976. 1. 3. 기독신보)

신년송

장 수 詩

무슨 놀라운 기쁨을 주려고
이 아침 찬란하게 밝아오는가?

흰눈 소복이 대지를 감싸
불의와 부정을 정화시키고
고난과 질곡에 허덕이는
무리에
쾌유의 서광을 내려주려나

기다리던 이의 반가운 소식
우리 활달한 웃음으로 맞이하고서
새로이 다짐하는 이 아침의 결심
결코 되풀이 되어서는 안될
지나간 날의 상처 허물들

우리 엄숙하게 머리 숙여 기도 드리세
마음 저변에 퇴적한 진실된 소망을.

저 동강난 허리로 오열에 떠는
민족의 서름을 들어주소서
패역한 세대에 끊임 없는 반항은
그 어느 때까지니이까

비록 오늘은 눈물을 흘릴지라도
아름다운 유산을 후대에 전할

우리의 참된 신앙 일으키소서

오 우리 같이 감사의 념(念)
하늘에 고하세
우리 오늘 있음은
이 역시 사라의 섭리 아니겠는가?

우리 모두 손에 손 마주 잡고서
힘차게 줄기차게 달려나가세
찬란하게 밝아오는
새 아침을 향해.

(1974. 1. 12. 기독신보)

정월(正月)에

김 태 규 詩

햇살이 곱게 퍼진 하늘에
연기는 피어오른다

지각을 뚫고 서린 입김으로 하여
온 누리에
일부의 가슴처럼 맥박이 뛴다

북향한 골짜기엔 흰눈이 덮이고
졸 졸 졸……
살얼음 사이에서 들리는 물가락
푸드득……
꿩 한쌍이 계곡을 가로지른다

땅 밑의 씨앗
지열로 하여 움터오는 생명이
으악
소리지를 것 같은
정월의 하늘
싸늘한 공기를 휘저으며
기러기 떼는 어디로 날아가는가?

(1977. 1. 22. 장로회보)

아 침

김 태 규 詩

부끄럼을 가린
어둠이 가면
참새 소리에
비쳐오는 황금 빛깔
동창이 환하다.

창문을 열면
싱그러운 냉기
처마 끝 고드름에
칠색 꿈이 매달리고
파아란 햇빛이
금운(金雲)곱게 부서진다.

언제부턴가
연기 없는 굴뚝에선
매캐한 탄산가스 내뿜어도
아랑곳 없이
사람들마다 가슴을 펴고
심호흡한다.

하여
또 하루의 설계를
사뿐한 발걸음으로 그리며
파도 속으로 파묻혀 간다.

이래서 아침은
삶을 반추하는 시간
언제나 새롭다.

(1986. 1. 5. 장로신보)

새해에 드리는 기도(祈禱)

박 두 진　詩

푸른 하늘의 태양을 우러르듯
향기로운 풀밭의 적은 풀꽃을 굽어보듯
그렇게 당신을 대하고
모두를 대할 수 있는 맑은 마음을 주소서.

모래벌이 불타듯
팍팍할 때
새 풀을 싹틔우는 봄 숲의 비처럼
그렇게 신생하는 사상의 비를 내리소서

사랑하는 사람들을 사랑으로 사랑하고
죽이고 싶도록 미워지는 사람들도 사랑으로
사랑하고
노함에는 너그러움
슬픔에는 슬픔, 즐거움엔 즐거움으로
위로를 줄 수 있는,
당신의 피와 같은 피흘림이
솟아나 용솟음 쳐 불타보게 하소서.

그리고 또 우리에게
공포에는 안심, 속박에는 자유를
굶주림엔 배부름을, 추위에는 따스함을
이별에는 만남을 외로움엔 위로를
전쟁에는 평화를 주소서.

아기들 잘 자라고 젊은이는 씩씩하고
이웃들은 서로 믿고 다정하게 하소서.

무엇 보다도 우리들은
불멸하고 숭고한 사랑과 진리와
아름다움에 대한 신념에
확고하고 불타 올라
그것을 거역하는 일체의 악에 대한 항거에
용감하게 하소서 열렬하게 하소서.

무엇보다도 올해에는
모든 일이 우리에게 정상(正常)하게 하소서
마땅히 있을 것이 있고 일어날 것이 일어나고
될 것만이 되고 이룰 것만이 이루어지게 하소서.

슬프고 괴롭고 처절하고 아픈 일
끔찍하고 통분한 일이 안 일어나게 하소서.
우리들로는 어쩌지 못할 일이
일어나지 않게 하소서.

(1988. 1. 2. 장로신보)

새 해 에 는……

너 보 의 詩중에서

나는 빤짝한 불꽃 갔아오나
나로 하여금 불길 되게 하소서
나는 한 오라기 줄 갔아오나
나로 하여금 거문고 되게 하소서

나는 적은 물방울 갔아오나
나로 하여금 솟는 샘이 되게 하소서
나는 한 개미집 갔아오나
나로 하여금 태산이 되게 하소서
나는 한 오라기 깃털 갔아오나
나로 하여금 독수리의 날개 만드소서

나는 한 거지 갔아오나
나로 하여금 왕이 되게 하소서
나는 아래로 떨어지는 낙엽갔아오나
나로 하여금 주께로 올라가게 하소서
나는 한 가지 마른 나무 갔아오나
나로 하여금 열매가 풍성하게 하소서

(1980. 2. 15. 장로신보)

오십 삼주 (五十三 週)의 아침

강 득 송 詩

너의 살을 에어 피를 뽑던 날
먼지를 먹고사는 너에게
나는 자갈을 먹여야 한다고 외쳤다.

한발 짝이라도 디딜 틈 없는
지우(地遇)의 변동은
너와나로 하여금 곡예를 하려고 하는데
기억상실증에 걸린 나의 자세는
싸구려 여인숙에서
숙박계를 제출한다.

선명하거나 대단할 만큼 특출한 이름은
아닌데
얼마만큼 뒤져 가는 나의 초라함에
환멸보다 자부의 트림을 한다.

이 오십 삼주의 되돌아올 수 없는 아침에
불신과 불안의 후예로 태어날
또 새로운 언어의 출현에
두근거리는 가슴팍

피나도록 걸어도 내가 쉴 집은 없구나
뼈가 부러지도록 애써도
나를 지켜줄 불기둥은 없구나.

                    (1968. 1. 13. 기독신보)

빛을 주소서

문 영 식 詩

주여
내게도 빛을 주소서

멸망의 대로
하늘을 등진 폐허를
삶의 여리고를 거두시고
내게도
빛을 내려 주소서

헬렌이
절규하며 애닯이 갈구하든
그 빛이 아니로소이다

방주의 노아가
시러움에 지쳐 지쳐서
소망하며 기다리는 빛
그 빛이 아니로소이다

알렉산더 대왕을 무색케 한
디오게네스가 부르짖는 그런
그러한 빛은 더욱 아니로소이다.

주여
네게
내게도 빛을 주소서

마이다스의 절망을
다니엘의 신앙으로 바꿔주시고

아브라함에게 나리시는 복의 손길을
내게도 나려주소서

주여
내 영혼에도
빛이 이으라는
한 말씀만 하옵소서

빛
그렇습니다
당신은 정녕 빛이 아니시나이까?

주여
나의 하나님이여
말씀으로 지어주신 그 빛을
비춰주소서

(1966. 1. 17. 기독신보)

무 화 과

한 형 세 詩

주여
벌써
또
새해랍니까?

쉬지 않는 이 연륜(年輪)은
번갯불 처럼
도라 갑니다.

주여
이 새벽 아침
내 애통의 눈물도
주의 병에 담아 주소서

주여
오오 주여
구합니다
찾습니다
두다립니다.

올해는 주렁 주렁 맺어 있어
즐겨 잡수실 것
무화과로 소이다.

(1966. 12. 31. 기독신보)

새해의 기원

한 형 세   詩

주여!
여기
오고 가는 이 광음은
번갯불이 랍니까?

그 삼백 하고 육십 오일이
번쩍 번쩍 하고는
벌써 오늘이
또 오늘이 랍니까.

주여!
마구 번쩍이는 이 광음은
너무나
빠르지 않습니까?

주여!
충성 다못한 이 죄인은
한해도 열매없이
세월만 허비 했습니다.

주여!
받으시옵소서
이 상한 심령과
붉은 통곡입니다.

주시옵소서
주시옵소서.

주여!
내주여!
올해는
주시옵소서
주시옵소서.

(1965. 1. 25. 기독신보)

새벽 종

강 득 송 詩

죄악의 강물속에 파묻혀서
소용돌이 치는
나무 이파리.

과즙을 짜서 마시는 그날.
새벽의
긴
울음이 있었음은

진리를 송두리째 두들기는
아픔
아픔들.
눈(眼)이 있어서
보태버린 마음이어서
허공만 울리 치던
가슴아 !

뼈를 깎는 순간이 되어지이다.
세포를
하나 하나 찍어 파내는
그런 표정이 되어지이다.

(1971. 1. 30. 기독신보)

12월의 노래

김 범 중 詩

감사의
황금빛 잎새가
하아얀
함박눈 꽃 가루로
변조를 이루고,

차가운
겨울 바람이
메마른 대지에 불어
외로운 맘을
얼게 할 때,

탄일의
따스한 종소리는
12월 오선위에
영광과 평화를 꽃피운다.

(1984. 12. 22. 기독신보)

새 아침의 기원

정 병 찬 詩

이전 것은 지나갔으니
보라 새것이 되었도다
그 말씀이 고맙도록
사무치는 아침입니다.

오늘 민주의 새날을 밝히려고
어제의 파도는 그렇게 미친 듯 짓까불었나 봅니다.
민주화의 포구를 향해
돛을 올린 우리의 쪽배는
너무 거센 풍랑속에서
된 몸살을 겪었습니다.
안에서는 오랜만에 촌장을 뽑느라 티격태격 했으며
울밖에 선 붉은 무리의 분탕질이 도를 넘어 저질러졌습니다.
우리는 모두 놀라 쫓기는 참새처럼
팔닥거리며 아파했습니다.

주여 !
이제 새 아침의 발자국소리 들려옵니다.
해묵은 감정의 응어리는
당신사랑의 용광로에 녹여주옵소서.
이제 무진년 새롬의 날이 밝아옵니다.
이 아침은 큰 아침이요
이 해는 큰 해이옵니다.
세계를 향한 한국과 한국교회의 소망위에 큰 빛을 비추소서.

(1988. 1. 30. 기독신보)

어떻게 당신에게 갚을까

박 두 진 **詩**

어떻게 당신의 눈물을 갚을까.

나 하나 영의 상처

스스로는 못 멈추는 피흘림을 위하여

천길 깎아 질린 낭떨어지

폭포로 쏟아 붓는 당신의 푸른 눈물

내 영혼 씻고 새로 살게 하신

어떻게 당신의 눈물을 갚을까.

어떻게 당신의 피흘림은 갚을까.

나 하나 영의 죽음

스스로는 못 살아날 영죽음을 위하여

뜨거우신 피를 흘려 죄를 씻으신

당신 하나 죽으심의 억조 창생 살음

대신 흘려 살게 하신 십자가의 구원

어떻게 당신의 피흘림을 갚을까.

(1990. 12. 목회와 신학)

예언의 세월에

박 이 도   詩

일찍이 나는 예언의 의미를 생각지 못했었네,
앞으로 오는 세월,
그 세월에 대한 예언에 귀를 기울여 왔네.

아, 나는 이제 지나간 시절,
기록된 예언의 말씀에 귀기울여야 하리라.

때가 가까이 왔음을
당신은 아는가
우리의 때가 소리없이
최후의 시각을 향해
다가오고 있음을
당신은 알고 있는가

해 저물어 흐르는 강물에
손을 씻어 그 더러움을 흘려 보내고
강언덕에 앉아
마음속의 죄악을 생각함이니
이미 기록된 예언의 말씀을
새로이 읽고
기록된 바 그대로
지켜갈 수 있으랴

지금부터 영원까지
예언의 세월은
우리를 힘주시리니
많은 족속이 모여
한사람 예수를 선택하는
새 세월을 우리는 믿을 수 있음이니.

(1992. 1. 4. 기독신보)

사랑의 연가

詩

당신은 힘으로 충만하시고
고요한 속삭임으로 찾아 오십니다.
가느다란 잎새에 나부끼는
크신 의미 음미한
위대한 순간
당신은 새론 역사이십니다.

미끄러지는 빙판 산동성이
초라한 생존의 무리 속에서도
우리의 가슴만은
무한대로 뻗어갑니다.

당신이 꿈이시기에.

생명으로 노래하는 오게소트라의 크라이막스에
심장의 고동은 심해만 하고
당신과 대면한 그 자리는
수줍은 아가씨의 모습이 됩니다.

괴로운 오늘
당신께 의지하는 바램의 기폭 있어
항해를 계속하는
어슬픈 선장이 됩니다.

당신은 힘이십니다.
사랑의 덩어리입니다.
소망의 연속입니다.
님이여 !
오셔서 가슴을 뜨겁게
당신의 불길로 태워 주소서.

(1970. 1. 17. 기독신보)

살바에는

전 봉 건 詩

올해도
살아야지요
살바에는
사는 것처럼
살아야지요.

살다보면
자칫 마음마자
가난해져서
더러는 거짓말을
하게도 될 것이지만.

하늘이
맑은 날에는
하늘 맑은
그 하늘을
보면서 살고.

새가
노래할 때에는
노래하는 새의
그 노래를
들으면서 살고.

꽃이
피는 날에는
꽃피는 꽃
그 꽃을
보면서 살고.

아무리
가난하여도
꼭 한 분 어딘가에 계실
하나님 그 분을
잊지는 말고.

올해도
살아야지요
살바에는
사는 것처럼
살아야지요.

(1977. 1. 월간 목회)

종 소 리

김 원 석   詩

어둠을 깨뜨리며
새벽종소리가
내 앞으로 온다
날이 퇴지 않아
길이 잘 보이질 않는데
잘 찾아온다.

집집마다
빠뜨리지 않고

문안드리는 새벽종소리
눈보라 속을 헤치며
종소리가
내 앞으로 온다
나무며 지붕들이
모두 하얀데.
종소리는 푸른 빛을 띠운 채
내곁으로 온다
마음마다

푸른 빛 들이는
종소리.

창밖
멀리 !
언덕을 바라보면
종소리는
늘 내 귓가에 울린다.

(1981. 1. 3. 기독신보)

새해의 아침에

최 은 하   詩

이제 날이 밝아 온다.
우리의 새로운 역사가 동터온다.
저마다 깊은 가슴을 열고
새힘의 아침을 맞는다.

어제까지의 소망은
드높은 교훈의 주춧돌이 되고
간밤까지의 기도는
약진의 합창으로 비상하여
하늘문을 두드린다.

새하늘로 떠오르는 태양은
묵은 어둠을 살우고
새길로 구르는 수레바퀴는
뒤를 돌아보지 않는다.

우리는 깊은 수렁으로부터
오늘을 차지해 자리했다.
1984년 새해 첫날
말간 이마위에 빛나는
우리의 이야기를 뜨겁게 마련하자.
화답의 눈빛으로 어우르는
우리의 품안을 드높게 펼쳐가자.
정한 손길 모아 우러르는

우리의 노래를 드높게 휘날리자.

새출발은 감격의 불꽃이다.
우리 신앙의 감격은
온갖 역경과 어려움을 이겨내어
광영으로 바치게 한다.

빛의 말씀으로
사위지 않고 넘처나게 한다.
온전히 이루어 내게 한다.

어제까지의 소망은
교훈의 튼튼한 주춧돌이 되고
간밤까지의 기도는
모두의 합창으로
하늘문에 이르른다.

이제 새날이 밝는다.
우리의 새역사가 빛살을 뻗친다.
새힘의 아침이다.

                    (1984. 1. 7. 기독신보)

'83년 섣달 그믐께

이 진 우   詩

I

참으로 슬픈 사람은
울지 않습니다.
정말입니다.
우리의 백성은 그래서
소리내어 울지도 못했습니다.
하늘에서
바다에서
이국에서
한을 모아드리고만 지냈습니다.
하나님이 없으면
우리는 제일 불쌍한 사람들이
될뻔하였습니다.

II

울리지 않는 종은
아직도 종이 아니었습니다.
하나되게 하소서.
기도도, 구호도, 설교도 만발했지만
교회도
신학교도
교단도
많아지기만 했습니다.

허지만 하나님 오랜만에
얼굴들 일 하나 했습니다.
한국 찬송가
송년예배에는 큰 소리로 찬송가 좀 불러야 하겠습니다.

Ⅲ

손바닥만한 인생
그 인생은 풀
그래 그런지 내게도 좁쌀만한 얘기들이 많았습니다.
썰렁한 병원 복도에서
첫 딸의 울음을 듣던 새벽
하나님은 신비하였습니다.
삼백 예순날 내 뜨락에 머문
무사고라는 기적이
가슴 겨워집니다.
해서 이 저녁엔 골목에 나가
불켜진 창마다 알려줄 겁니다.
하나님은 사랑이셨다고.

(1983. 12. 31. 기독신보)

새해의 기원

한 형 세　詩

주여
1977년 새해는!
이 오복(五福)을
내게 주십시오.

주여!
새해는 보다도
당신을 더 사랑하는 사랑
최고의 사랑을
내게 주십시오.

주여!
새해는 보다도
당신을 더 믿는 믿음을
제일 큰 믿음을
내게 주십시오.

주여!
보다도 더 기도하는 기도
강한 무릎을
내게 주십시오.

주여!
새해에는 보다도 말씀을 애독하는
붉은 관습을
내게 주십시요.

주여!
새해는 보다도
더 충성하는 충성의
푸른 정열을
내게 주십시요.

주여!
1977년 새해는
보다도 五福을
이 五福을
내게 주십시요.

(1977. 1. 15. 기독신보)

은총의 계절

김 남 식   詩

어둠이 가시고
찾아오는 광명
깊은 수렁속에서 발돋움하는
꿈의 나래는
굳은 지표를 깨뜨리고 솟아나는
생명의 환희이어라

밤이 깊으면
새벽이 가까와 오는
말씀의 진리는 오늘도 살아
역사의 새 소망을 여는
크나큰 열쇠
불의와 부정 속에서
어두운 날들이 소멸되고
뜻으로 사는
아름다운 개가를 부르는데
소망은 우리의 것이어라.

황량한 가슴마다
먹구름 없어지고
경건한 자세로
삶을 염원하는
거룩한 순간

절망은 없어라
슬픔도 없어라
생명으로 사는 오늘
하늘로서 쌓이는
은총의 계절에는
하늘 천사들의 노래소리 따라
하늘과 땅이
열리는
영원한 새 아침이어라.

(1970. 12. 26. 기독신보)

종소리 울리면

조 정 애   詩

12월의 종소리 울리기 전에
나의 바구니에 정리해야할 일
믿음 !
소망 !
그리고 빨간 리본으로 묶은 장미빛 사랑을

구멍난 양말에도 가득 쌓이는 별들
포장지 속에 감추어진 환희로
사람들의 빨간 두 뺨을 녹여야 한다.

종소리 울리면
내 기억의 모두를 쏟아내고
먼 그리움도 잊지 말아야 한다
외로울 때 따뜻했던 손길
그 끝없는 사랑
종소리 되어 울려 퍼져야 한다

12월의 종소리 울리기 전
얼버무린 이야기들을 정리해야 한다
몇 개의 바구니에 나눠 담아야 할 것들
우정 !
은혜 !
용서 !

우리의 한 해가 저물기 전에
시린 나뭇가지 위에 첫눈이 내릴 때
우리가 촛불로 밤을 밝히고
싼타처럼
소중히 사람들을 생각해야 한다

그리하여
은종이 울리는 날
사랑으로 메워진 가슴 열어
내 유년의 성탄보다 더 빛난
하양 축복을 나누기 위해 거리에 나서야 한다.

(1992. 12. 현대종교)

새해의 기도

김 경 수 詩

겨울이 가면 봄이 오듯이
묵은 해가 저물면 새해가
오색 무지개 옷을 입고
휘엉청 밝아 온다.

기다리는 사람에게
기다리지 않는 사람에게도.
해마다 높이 쌓아 가는
바벨탑들이여

재물이 넘치는 사람에게는
돈으로 포장된 새해가 호령을 하며
꾸역 꾸역 찾아 모이고

떡살도
갈아 입을 새옷도 없는
아낙네들에게는
주름살만 더해 가는 새해가

교회는 교회마다 새해의 새아침
조국의 통일을 기도하며
잃어버린 고향을 찾는다.

구븐 길이 곧아지고
비뚤어진 길이 바로 잡히기를

어둠의 묵은 해가
밝음의 새날 되기를 기도하며
새해는 새해마다
나는 빛의 아들들과 빛의 딸들을 찾아
묵은 해의 언덕을 넘어선다.

(1979. 1. 월간 목회)

아침의 기도

황 금 천 詩

93년
새 아침입니다.
이 날
주님께 드리고 있는
세계의 신도들의 기도를
하나도 버리지 마시고
들어주십시오.

주여 !
우리들의 마음속에
사랑이 고갈되어 가고 있습니다.
한 그루의 나무와
한 송이의 꽃까지도 사랑하게 하고
저 바다속의 물고기와
허공을 나는 새들도
사랑하게 하여 주십시오.

우리에게 사랑이 있으면
이 병들어 가는 지구와
우주의 질서
그리고 허물어지는 윤리와 도덕도
그 사랑안에 들 수 있겠습니다.

주여 !
가련한 사람들을 위하여
드리는 기도를 들어주십시오.
저 헐벗고 굶주리는
검은 대륙에 사랑의 비를 주시고
그들의 기근을 면하게 하여 달라고
우리들이 하나님께 기도 드리고
서로 사랑하며 그리하여 평화가
구름 같게 하여 주십시오. 기도 드립니다.

이 한해는 우리와 전 세계를 위하여
기도하게 하여 주십시오.
새 아침의 기도가 끝나지 않게
하여 주십시오.

(1993. 1. 월간목회)

묵상. 깨끗한 들밭

유 경 환 詩

하나님은
모두가 잠자는
겨울밤에
몇번쯤 날을 받아
평화라는 것 보여준다.

깨끗한 골목 깨끗한 언덕 깨끗한
들밭
높고 낮음 보듬어진
하얀 가슴
작은 깃발로 날리던
풀잎들
짙 푸르던 소리
먼저간 이들의 소리
깃발에 실렸던 목소리

아무도 들려주지 않아
누워서 들어야 들리던
작은 것들 살아가는 이야기
풀잎 눈빛에
나부끼던 하나님 숨결

이제 모두
높고 낮음 보듬어진
깨끗한 골목 깨끗한 언덕 깨끗한
들밭

하나님은
모두가 웅크린
겨울밤에
또 무엇인가 가르쳐 주는데
그건 아직 알 수가 없다.

(1991. 1. 1. 월간목회)

새해의 기원 　(祈願)

박 재 천　詩

새로운 사람을
창조하시는
하나님의 능력이
온 누리에 임하소서

옛 사람의
절망의 심연에서
죄악의 수렁에서
소망의 은빛 날개로
거룩의 갑옷으로
새 사람 새 겨레 되게 하소서

세례요한의
약대 털옷 가죽띠
메뚜기와 석청
주님의
세번의 눈물,
공중 나는 새
들의 백합화
명상하게 하소서
그리고
은혜와 진리
충만케 하소서

우리 모두
양심에 부끄럼 없이
한 해를 살게 하소서

남북의 이웃이 하나되어
하나의 찬송 찬양
삼천리 메아리치게 하소서
2세기 순교의 피 얼룩진 강토에
복음의 밀알 씨를
속 깊이 박혀
열매 맺게 하소서
본래
사람은 그 크신 뜻따라
사람으로 심으심을
깨닫게 하소서

주여 !
새해에는 새마음으로
울며 웃으며 느끼며
또한 깨달으며
깊고 넓게 살게 하소서
항상
우리의 영광은

이 세상에서가 아니라
영원한 세상에서 있음을 바라보고 또
바라며
힘차게 살게 하소서

그리고 하나의 풀잎에도
신비로운 의미를 찾는
초자연적 영혼의
긴 안테나를 주시고
진리를 분별하는
영혼의 주파수를
알게 하소서

주여!
새 아침
내 잔이 넘치옵니다.

(1985. 1. 5. 기독신보)

*
연말 연시를 위한 설교

*
초판 1쇄 ― 2006년 12월 30일

*
지은이 ― 이 윤 근
펴낸이 ― 채 주 희
펴낸곳 ― 엘맨출판사
*
서울시 마포구 합정동 433-62
출판등록 ― 제10-1562호(1985. 10. 29.)
*
TEL. ― (02) 323-4060
FAX. ― (02) 323-6416
e-mail ― elman1985@hanmail.net
*
잘못된 책은 바꾸어 드립니다.
*
값 15,000원